«¡La vía segura para llegar a ser de Cristo!"»

Karen Kingsbury,
autora de *Between Sundays*

«La lectura grupal de *Remodelación del carácter* resultó una experiencia magnífica y llena de gracia para edificar a nuestro equipo de liderazgo del ministerio de mujeres. Pudimos explorar, llorar, crecer y estrechar nuestra relación de amor con Dios y los demás de maneras insospechadas».

Debbie Eaton, directora del Ministerio
de Mujeres de la Iglesia de Saddleback

«Representa un desafío formidable para rehacerse desde adentro».

Honorable Kay Coles James,
presidente del Gloucester Institute

«Este libro es una lectura obligada para todos aquellos que deseen cambiar su vida explorando con pasión en el corazón de Dios».

Patsy Clairmont,
autora del libro de éxito de ventas
Women of Faith y conferencista ante
más de tres millones de mujeres en todo el mundo

«El amor que siento por la Palabra de Dios cambió mi forma de ser. Este libro enseña el camino para alcanzar ese mismo cambio en tu propia vida».

Dr. Gary Smalley, autor de
Cambia tu corazón, cambia tu vida.

«Esta guía para embellecer nuestra personalidad nos recuerda que cada día de nuestra vida debemos entregarnos como arcilla en las manos del alfarero».

Catherine Hart Weber, doctora en filosofía,
terapeuta, autora y oradora; profesora adjunta
del Fuller Theological Seminary

«*Remodelación del carácter* es un viaje de ocho semanas que causará un impacto poderoso en tu vida».

Rdo. Jeff Jernigan, asesor pastoral,
autor de *The Power of a Loving Man*
y *Leadership with Panache*

Katie Brazelton y Shelley Leith

Remodelación del Carácter

40 DÍAS PARA DESARROLLAR LO MEJOR DE TI

La misión de Editorial Vida es ser la compañía líder en comunicación cristiana que satisfaga las necesidades de las personas, con recursos cuyo contenido glorifique a Jesucristo y promueva principios bíblicos.

REMODELACIÓN DEL CARÁCTER
Edición en español publicada por
Editorial Vida – 2010
Miami, Florida

© 2010 por Katie Brazelton y Shelley Leith

Originally published in the USA under the title:
    Character Makeover
    Translation Copyright © 2008 by Katie Brazelton and Shelley Leith
    Translated by Good Idea Production
Published by permission of Zondervan, Grand Rapids, Michigan 49530

Traducción, edición y diseño interior: *Good Idea Production*
Adaptación de cubierta: *Good Idea Production*

RESERVADOS TODOS LOS DERECHOS. A MENOS QUE SE INDIQUE LO CONTRARIO, EL TEXTO BÍBLICO SE TOMÓ DE LA SANTA BIBLIA NUEVA VERSIÓN INTERNACIONAL. © 1999 POR BÍBLICA INTERNACIONAL.

ISBN: 978-0-8297-5716-3

CATEGORÍA: *Vida cristiana/Mujeres*

IMPRESO EN ESTADOS UNIDOS DE AMÉRICA
PRINTED IN THE UNITED STATES OF AMERICA

10 11 12 13 ❖ 6 5 4 3 2 1

A nuestras familias,
que nos dan la seguridad para mantenernos humildes,
que son generosas en amor
y paciencia cuando nos tornamos insoportables
y que nos acompañan en el viaje
del desarrollo espiritual permanente.

Contenido

*Remodela tu personalidad con un
asesoramiento lleno de gracia*.................... 9

Primera parte
Entabla una relación adecuada con Dios

1. La humildad 23

Segunda parte
Entabla una relación adecuada contigo misma

2. La confianza 65
3. La valentía 105

Tercera parte
Entabla una relación adecuada con los demás

4. El autocontrol 153
5. La paciencia......................... 197

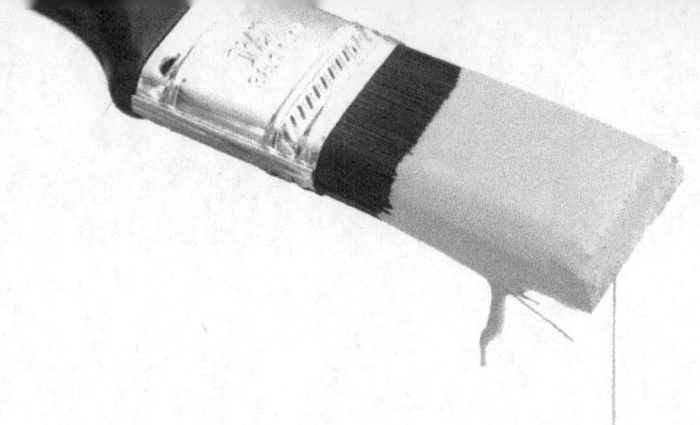

Cuarta parte
Entabla una relación adecuada con las cosas

6. La satisfacción. 237

7. La generosidad 275

Quinta parte
Entabla una relación adecuada con el futuro

8. La perseverancia 309

Epílogo 349
Apéndice A: Plan Maestro de Acción 352
Apéndice B: Oraciones enriquecedoras
para cada rasgo del carácter. 353
Apéndice C: Empezar de nuevo con Jesús. 362
Agradecimientos 365

Remodela tu personalidad con un asesoramiento lleno de gracia.

Para los seguidores de Cristo, la transformación espiritual es esencial, no opcional.
La transformación espiritual es un proceso, no una circunstancia.
La transformación espiritual es tarea de Dios, pero requiere de mi participación.
John Ortberg, pastor y autor

Tu asesora a la distancia

¿Alguna vez deseaste que existiera algo así como una «renovación de vida», similar al cambio de apariencia que te puede ofrecer un arreglo de cabello diferente en la peluquería, o como cuando un asesor de imagen revoluciona tu vestuario y sales transformada? Desearía que la remodelación de mi vida fuera tan sencilla como esas ocasiones en las que decidí cambiar mi apariencia exterior con un enfoque cosmético. Ya se tratara de una fiesta de cumpleaños importante o para lucirme en una fotografía familiar, debo admitir que esos cambios siempre me resultaron fascinantes. De hecho, ¡me encantaría que todas las mujeres fueran invitadas a disfrutar tan siquiera por una vez de esa experiencia deliciosa!

En mi caso particular, viví una remodelación pequeña de mi propiedad y gracias a una mano de pintura y alfombras nuevas el estilo de mi hogar cambió radicalmente. Debo admitir que la mejora fue rápida y evidente. Sin embargo, existen otras renovaciones más profundas, como el caso en que las familias deben mudarse por un período de tres meses mientras un equipo de personas dedicado a la construcción realiza arreglos en los cimientos, derrumba paredes, instala cableado eléctrico o tuberías nuevas. Estos cambios resultan más angustiantes, causan incomodidad y suelen ser costosos —a menudo emocional y físicamente estresantes—, y por lo general requieren de la colaboración de más de un experto.

Shelley Leith, quien es coautora de este libro, y yo profundizamos en la idea de remodelar el carácter o de renovar la personalidad. Tanto para Shelley como para su marido, Greg, el enfoque que utilizaron en la crianza de sus cinco hijos podría considerarse algo así como lo que ella misma llamaría paternidad basada en la personalidad. Ellos establecieron cuáles eran los rasgos de carácter que creían necesarios para que sus niños vivieran como cristianos prósperos y luego se enfocaron en edificar esos rasgos en sus hijos durante los años que pasaron junto a ellos. Desde otro ángulo, Shelley y Greg son conferencistas en temas matrimoniales, y pudieron observar una y otra vez que la *ausencia* de atributos importantes de la personalidad tales como la humildad, la satisfacción, el autocontrol, la paciencia o la perseverancia puede conducir a las parejas al borde del divorcio.

Para mí, este tema del desarrollo de la personalidad se convirtió en una pasión por motivos diferentes. Durante años me desempeñé como asesora en objetivo de vida, ayudando a que las mujeres descubran —y aquí tomo prestada una frase de Billy Cristal en la película *City Slickers*— su «gran asunto en la vida». Me interesé no solo en ayudarlas a encontrar su propósito mayor en la vida, sino en crear un plan para asegurarles que dejaran un legado. Incluso escribí una serie de libros (*Pathway to Purpose, Praying for Purpose, Conversaciones con propósito para mujeres,* y *Pathway to Purpose Personal Journal*) para asesorar a las mujeres en el hallazgo de su misión específica en la segunda mitad de sus vidas.

Sin embargo, se ha vuelto evidente para mí luego de analizar mis propios patrones de vida y los de mis pacientes por más de una década, que algunos de nosotros vivimos una brecha entre el entendimiento de nuestro legado diseñado por Dios y la realización efectiva de ese propósito magnífico. Nos autosaboteamos, sucumbimos ante patrones antiguos de derrota, heridas, inseguridad, falta de autoestima o egocentrismo, lo cual nos mantiene incapaces de llevar a cabo los designios de Dios para nuestra vida.

Puede que sepas todo acerca de ti misma, de tu potencial y de tus objetivos, pero si te sientes dubitativa sobre el desarrollo de las cualidades esenciales de la personalidad para concretar tus sueños divinos como la humildad, la generosidad y la confianza, perderás el camino de tu vocación en cada giro. Comencé a advertir que mi rol de asesora debía llegar más lejos. Así nació *Remodelación del carácter*. En este libro, me convierto en tu virtual asesora personal, y te llevaré a una aventura de 40 días en la que irás al fondo de tu personalidad de la mano de Dios, de guías modelo y de mí misma, para que te prepares en el cumplimiento de tu legado.

Pat Summitt, de la Universidad de Tennessee, es la entrenadora de baloncesto universitario más exitosa de todos los tiempos. Sus más de 900 victorias la convirtieron en la única entrenadora que sobrepasó el récord anterior de 900 partidos ganados. Un entrenador así sueña con muchas cosas: dirigir un equipo del campeonato nacional o el equipo olímpico, preparar jugadoras para que se conviertan en las mejores profesionales de todos los tiempos, o ser escogida para integrar el Hall de la Fama. Summitt alcanzó todas estas cimas, ¡y a veces en varias ocasiones! En su libro *Reach for the Summit* (Broadway Books, 1998), dice lo siguiente acerca del rol de entrenador:

> Nuestras jugadoras comprenden que lo único que pretendo es ayudarlas. Ellas quieren ganar el campeonato nacional. Pues bien, haré todo cuanto me sea posible para que eso suceda [...] El éxito prolongado y repetido que alcanzaron consiste en construir un sistema de principios y apegarse a él. Los principios son anclas; sin ellos, irás a la deriva.

Esto resume la esencia de este libro. ¿Si te lo propones, eres capaz de lograr tu «campeonato nacional»? *Remodelación del carácter* te entrenará en la tarea de hacer realidad tus sueños a través de la «construcción de un sistema de principios y su seguimiento». Sin carácter, señala Summitt, «irás a la deriva», ¡y los náufragos no concretan sus metas!

Seré una buena asesora de personalidad para ti, porque fui muy exigente conmigo misma hasta hace seis o siete años atrás, y recuerdo con nitidez lo que era sufrir el síndrome del «no soy lo suficientemente buena». Puedes confiar en que hoy día soy del todo consciente del privilegio que significa caminar a tu lado en este viaje de *gracia* (¡imagina esa palabra subrayada tres veces!) dirigido a la verdad en tu propia vida. Esto será un ejercicio hacia la novedad y el júbilo, no uno que cause que te sientas derrotada. Me lastimaría el corazón si así fuera. ¡La vida tiene ya batallas suficientes como para que yo llegue y te ocasione un agotamiento mayor y culpa por vivir una vida más santa!

En cambio, lo que sí necesitas de mí es que camine a tu lado y te muestre el modo en que el desarrollo de tu personalidad podrá llevarte sobre las alas de los ángeles durante los épocas más difíciles de tu vida. Mi compromiso contigo será enseñarte, con la evocación de la gracia y de la piedad de Dios brillando fuerte sobre mis propias elecciones de vida equivocadas, no juzgarte o poner sobre tus hombros una carga mayor de la que puedas tolerar.

He aquí algunas cosas importantes que sabemos por anticipado: Dios se preocupa más por el carácter que traemos a nuestra misión de vida, que por el plan estratégico de nuestro ministerio. Dios se interesa más por nuestra integridad a la imagen de Cristo que por la productividad con que edificamos su reino. Dios desea nuestra honradez en todas las áreas de nuestra vida más que nuestros logros para él. En su Libro Sagrado, el punto principal es aprender a ser santos (1 Pedro 1:15-16). Nosotros, que soñamos con realizar actos magníficos para la gloria del Señor, somos llevados a niveles más altos por el mismo Dios Todopoderoso. Nosotros, que amamos la vida rectificada, no podemos llevar intencionalmente una vida equivocada. Debemos hacer cuanto nos sea posible por convertirnos en los líderes que Dios nos requiere ser en nuestros hogares, comunidades, iglesias, escuelas, ministerios y vocaciones.

Caracter vs. Fortalezas

Literalmente con docenas de rasgos de la personalidad de entre los cuales escoger, te preguntarás por qué seleccioné las ocho cualidades que hallarás en este libro: *humildad, confianza, valentía, autocontrol, paciencia, satisfacción, generosidad* y *perseverancia*. Mi elección tiene que ver con el reverso de estas mismas cualidades, lo que el Nuevo Testamento (2 Corintios 10:4) denomina fortalezas.

¿Qué son las fortalezas?

El término *fortalezas* hace referencia a aquellas áreas en las que nuestro enemigo, Satanás, levantó campamento y cavó un foso, creándose una fortificación desde la cual dirige sus ataques destructivos hacia nosotros. Estos son los sitios donde experimentamos repetidamente el desánimo, la angustia, la derrota y el dolor causado por un daño. Estos son los monstruos que nos alejan de los sueños que Dios preparó para nosotros.

Las ocho cualidades de la personalidad que escogí están enfocadas en las fortalezas predominantes que detecté en las mujeres de hoy. Mientras leas cada una de las cualidades y fortalezas que figuran en la lista detallada que encontrarás a continuación, pregúntate: «¿Poseo en mi vida alguna de estas buenas cualidades o sus opuestas asperezas? ¿Estoy volando como las águilas (Isaías 40:31), o llevo una vida vacía y herida, retenida por alguna de aquellas fuerzas?». Creo con toda seguridad que, cuando nos damos a la tarea de reflexionar sobre cómo reafirmar estas buenas cualidades específicas de la personalidad en nuestras vidas, al mismo tiempo transformamos sus fortalezas respectivas en zonas de victoria.

Notarás que la mitad de estos rasgos del carácter se manifiestan de manera interna, en tanto que los restantes son más bien visibles. Y ellos involucran cinco tipos de relación diferentes, las cuales afectan definitiva y repetidamente el resultado de nuestro propósito de vida:

Relación con Dios

1. **La humildad** conduce a la fortaleza *interior* del orgullo, el egocentrismo, el criticismo y —créase o no— de la falta de amor propio. (Por cierto, la humildad es de primer orden; si no comenzamos por ella, ¡cualquier labor que realicemos en otras áreas puede volvernos orgullosos!)

Relación con nosotras mismas

2. **La confianza** es una cualidad *interior* que se dirige a las fortalezas de la inseguridad, la autoestima baja y el perfeccionismo.
3. **La valentía** es una cualidad *exterior* perseguida con ahínco por mujeres que luchan contra el miedo, la ansiedad y la falsedad.

Relación con los demás

4. **El autocontrol** es un rasgo que las mujeres deben mostrar *interiormente* si es que poseen una personalidad impulsiva, adictiva, indisciplinada, emocional en exceso o propensa al estrés.
5. **La paciencia** es una valiosa cualidad *exterior* del carácter para mujeres intolerantes o demandantes.

Relación con las cosas

6. **La satisfacción** es una característica *interior* importante para aquellas mujeres que combaten contra las fortalezas de la envidia, la insatisfacción o la permanente inquietud.
7. **La generosidad** es una expresión *exterior* que viene a combatir la codicia y los delirios de grandeza.

Relación con el futuro

8. **La perseverancia** es una cualidad *exterior* del carácter que se necesita cuando una mujer está al borde de la renuncia, duda, evita tomar decisiones o concluir una actividad.

> **Personaliza tu secuencia de lectura**
>
> Puede que desees hacer algo diferente y encares la lectura de este libro en otro orden que el propuesto. Lee con atención los rasgos de carácter enunciados en la lista precedente y luego invita al Espíritu Santo a que te hable acerca de cada uno. ¿Reconoces alguna de las fortalezas mencionadas como tus propios campos de batalla? ¿Vives tribulaciones inusuales, o sientes un sentido de quebranto en alguna de esas áreas? Quizá se trate del punto de partida que Dios planeó para ti. Intenta leer este libro en la secuencia que te indique el Señor, dirigiéndote a las cualidades que sientas más débiles en tu personalidad primero, luego aborda las restantes.

TRES MODOS DE COLABORAR

La remodelación del carácter es un esfuerzo en colaboración, sobre todo entre tú y Dios. Se inicia con tu salvación y continúa hasta que alcanzas la semejanza de Cristo. Es un proceso que no se completa hasta el momento en que logras verlo cara a cara (1 Juan 3:2). Dios acelera este proceso al otorgarte oportunidades para edificar tu personalidad, circunstancias orquestadas en pos de desarrollar el carácter que necesitas para honrarlo con tus esfuerzos cada día más. Por ejemplo, si adviertes que te hallas en un derrotero de situaciones irritantes, pregúntate si Dios no intenta enseñarte la *paciencia*. Si las circunstancias te vuelven temerosa, tal vez sea la *valentía* lo que Dios está fomentando en tu vida. ¿Aún sigues cruzándote con gente a la que envidias de alguna manera? ¿Quisieras conversar acerca de la *satisfacción*?

> Cuando olvides que el carácter
> es uno de los propósitos de Dios en tu vida,
> te verás frustrado por las circunstancias.
>
> **Rick Warren, pastor, autor**

¿Quizá Dios puso algunas circunstancias frustrantes en tu camino? No olvides que Dios dispone de esos momentos para edificar tu personalidad. Cuando comienzas a advertir que esas situaciones son las herramientas que Dios provee para que profundices en tu carácter, entonces estás preparado para hacer tu parte en el trabajo mancomunado de la remodelación del carácter. En este libro, te daré la guía y el consejo necesarios para que desarrolles tu personalidad utilizando tres métodos eficaces de colaboración con Dios: la preparación, la oración y la práctica.

1. Preparación

Una de las maneras en que podemos colaborar con Dios en la remodelación del carácter es a través de la preparación. Esto significa que por medio de este libro aprenderemos todo lo que podamos acerca de lo que Dios desea de nosotros, para así consolidar sus principios en nuestros pensamientos y actitudes.

2. Oración

Otro modo esencial de unirnos a la labor de Dios para hacernos más semejantes a Cristo es por medio de la oración. Orar significa conversar con Dios. A través de las oraciones escritas en este libro, invitaremos a Dios para que nos transforme, y entonces seremos capaces de apoyarnos en el poder del Espíritu Santo para que edifique en nuestro interior los principios del carácter que aquí tratamos.

3. Práctica

Remodelación del carácter te ayudará a ser proactiva y dar los pasos para desarrollar y profundizar las ocho cualidades esenciales del carácter que han de tener impacto en el plan de Dios para tu vida y alistarte en su servicio como sea que él disponga. Quizá nunca pensaste que tu personalidad fuera algo sobre lo que pudieras llegar a realizar un trabajo. Sin embargo, con el Plan de Acción te levantarás por ti misma y trabajarás codo a codo con el Espíritu Santo para lograrlo.

Cómo sacar el mayor provecho de este libro

En *Remodelación del carácter,* para cada una de las ocho cualidades tratadas, dispondrás de cinco días de lecturas, evaluaciones, escritura guiada de un diario y oraciones. Recomiendo que no te apures en leer los cinco días juntos. Detente al final de cada día de lectura. Reflexiona acerca de los conceptos y medita sobre los versículos. Cava hondo y sé sincera; no te conformes con respuestas superfluas que disminuyan el crecimiento en tu vida espiritual. Eleva la oración en voz alta o escribe una tú misma.

Con el objetivo de mantenernos organizadas en este esfuerzo que emprenderemos, la lectura de cada día ha de transportarte a un escenario especial entre asesor y cliente, para que puedas centrarte con atención en un tópico específico:

Día 1: ¡Bienvenida a mi hogar! Deseo que cada semana imagines que te encuentras conmigo en mi hogar. Podremos escoger entre sentarnos en el comedor o la sala; relajarnos en el banco situado en la entrada principal o en la hamaca del patio de atrás; o también podríamos caminar por los alrededores. La imagen mental que te pintaré será la de mi tiempo real en los lugares auténticos de mi vida diaria, sin exagerar ni hacer alarde. Cuando me visites en mi propio entorno hogareño, pronto verás cuán similares somos en muchos aspectos. En mi rol de tu asesora de carácter (!o si prefieres de socia de crecimiento espiritual o colaboradora de sueños!), quiero invitarte a que entres en mi vida y mi corazón, para que así logres sentirte más dispuesta a recibir lo que tengo para compartir contigo.

El primer día se inicia con el entrenamiento de fuerza por medio del cual levantaremos los cimientos para la cualidad del carácter a tratar en particular. Empezamos por aprender acerca del rasgo de carácter y cómo puede ser mejor expuesto en nuestra vida. Más importante aún, aprenderemos acerca de una cualidad complementaria de los modos de Dios, tales como su piedad, compasión, poder o amor. Nuestro firme punto de apoyo y la convicción en cada atributo de Dios nos ayudará a profundizar esas características en nuestras propias vidas y a librarnos de las fortalezas que bloquean nuestra santidad y productividad para Dios.

Día 2: Un mensaje. Estarás leyendo un mensaje de mi corazón dedicado a ti. El segundo día examina las fortalezas a las que se dirige el rasgo de carácter de la semana. Este panorama general te dará una base de conocimiento superior, más verdades para que incluyas en tus oraciones, y una convicción profunda para asegurarte los próximos pasos.

En los días 2 y 3, te presentaré a una maravillosa amiga mía, una mujer real de la vida cotidiana como nosotras, una mujer que intenta afianzar algunas cualidades específicas en su propia vida. No veo la hora de que conozcas a estas amigas imperfectas, pero tan adorables asesoras en objetivo de vida. ¡Ellas sienten pasión verdadera por completar con obediencia el trabajo que Dios les encomendó!

Día 3: Tienes correo. Cada semana estarás leyendo un mensaje especial de parte mía. Quiero que imagines que me has dado tu dirección de correo y que mis palabras de aliento aterrizaron en tu buzón. El día tres penetra más hondo en el rasgo de carácter, ya que, llegada esa instancia, habrás visto las dos caras, la buena y la mala, y desearás mayor información sobre cómo vivirlo con diligencia en tu propia vida. ¡Adelante, disfruta del asesoramiento en el ciberespacio!

Día 4: Una excursión que cambiará tu perspectiva. ¡He planificado un viaje de estudios cada semana! Nos encontraremos «lejos» de mi casa, en algún lugar que sea propicio para ayudarnos a cambiar nuestra perspectiva y salir del tedio y la pasividad de nuestro modo de vida. En este día especial, debes proponerte «dejar la ciudad» y disfrutar para regresar a tu hogar vigorizada. El cuarto día es una ocasión crítica en este proceso. Aquí es cuando yo, asistida por la gracia, te ayudo a que logres realizar tu autoevaluación, y te pediré que respondas con sinceridad acerca de tu experiencia en cada una de las áreas tratadas. Los progresos de este día serán como un salto gigante que te llevará más lejos en el cumplimiento de las tareas que Dios te asignó desde antes de nacer.

Día 5: Siéntate en paz junto a tu Creador. Este día es un momento de reflexión y retiro en la intimidad de tu propio espacio de paz con Dios. El ejercicio de esta jornada te permitirá adoptar ciertas prácticas que tendrán como efecto profundizar en tu vida la cualidad específica tratada durante la semana. Las decisiones finales que tomes serán un asunto entre tú y Dios. Un buen asesor o colaborador nunca intentará convencerte de hacer algo para lo que no estés preparada; ¡eso no funciona para nadie! Encontrarás estrategias de oración, estudio de las Escrituras, ideas para trabajar, y metas desafiantes que puedes utilizar en la formulación de tus pasos de acción.

Plan de acción maestro

Cada semana serás alentada a elegir un paso clave de tu plan de acción, algo que deberás realizar en primer término, para así elaborar un Plan de Acción Maestro. Si puedes avanzar un paso firme en el camino del fortalecimiento de una de las cualidades, encontrarás que el resto se te dará naturalmente. (Ver el Apéndice A en la página 362, en la sección en línea, si deseas un anticipo).

> **Tres formas de profundizar tu experiencia**
>
> 1. **Diario del carácter:** Intenta iniciar un diario del carácter en el que guardes registro de tus pensamientos, escribas tu propias oraciones, e incluso dejes constancia de otras tantas preguntas y respuestas a medida que avanzas en la lectura de *Remodelación del carácter*.
> 2. **Cuarenta días:** Como señalamos previamente, utiliza cuarenta días (cinco días por semana durante ocho semanas) para trabajar con el libro. O, si lo prefieres, puedes extenderlo a cincuenta y seis días (siete días por semana en ocho semanas completas), leyendo durante cinco días y luego meditando acerca de las oraciones de las Escrituras que encontrarás en el Apéndice B antes de pasar al aspecto del carácter de la próxima semana.
> 3. **Compañero a quien rindes cuentas:** Procura la asistencia de un compañero de lectura y oración, alguien capaz de brindarte apoyo y mantenerte responsable mientras avanzas a través del libro.

La oración de una asesora para ti

En primer lugar, quisiera hacerte la pregunta más importante para alcanzar la remodelación: ¿Estás absolutamente segura de que deseas hacer esto? Eso es lo que cualquier buen estilista te preguntaría antes de cortarte la cabellera de sesenta centímetros, ¿no es así? O lo que cualquier capataz de la construcción inteligente te preguntaría antes de comenzar una refacción completa en tu casa. Asumiré que la respuesta será: «¡Sí, deseo ser la mejor versión de mí misma para agradar a Dios!»

En este sentido, recuerda concederte alguna gracia en la medida que aprendes más acerca de la personalidad semejante a Cristo que expone este libro. Incluso el apóstol Pablo dijo: «De hecho, no hago el bien que quiero, sino el mal que no quiero» (Romanos 7:19). Me encanta la sinceridad de Pablo al admitir que es meramente humano. Debes saber que Dios se complace en ver el esfuerzo que realizas. Él se regocijará por tus avances, y no te reprenderá por tus debilidades. Como ya lo comenté, si este libro no está lleno de amor y esperanza, ¿qué beneficio representará para ti? Lo último que necesitas es una presión mayor. ¡Entonces, respira hondo y prepárate para gozar convirtiéndote en la mejor cristiana que puedas llegar a ser!

Cuando lleguen los tiempos en que la marcha se vuelva pesada en el camino de este sueño de la renovación del carácter en colaboración, —¡y dejemos en claro que así será!— quiero que te comprometas a mantener tu mirada puesta en el premio de alcanzar una personalidad semejante a la de Cristo, que te pondrá en una mejor posición para vivir el sueño que Dios ideó desde siempre para ti. Ahora, mientras nos alistamos para dar inicio, haré algo fundamental en toda sesión de asesoría espiritual, y eso es orar.

Amado Señor:
Mi hermana en Cristo inicia desde este momento la labor divina de llegar a ser lo mejor que pueda para ti. Ella tomó este libro acerca de cómo remodelar su personalidad porque, desde lo más íntimo de su ser, desea complacerte. Tú, Señor, eres el arquitecto de su vida, y edificaste algo hermoso en ella desde antes que fuera concebida. Ella desea unirse a ti en la tarea que realizas en su vida. Asimismo, anhela preparar su corazón, orar por el cambio, y poseer los hábitos de una mujer de carácter.

Ella tiene el sueño de hacer algo por ti, pero el enemigo la retiene en fortalezas que utiliza para desalentarla y derrotarla. Señor, muéstrale quién eres en verdad y quién es ella por medio de la verdad de tu Palabra y el poder de tu Espíritu Santo, para lograr así sobreponerse ante las cosas que la detienen.

Elevo mi oración para que la envuelvas en tu protección mientras inicia el reto de su renovación. Bríndale valentía cuando los obstáculos o la autocondena amenacen menoscabar sus esfuerzos. Muéstrale la cualidad del carácter por la que deseas que empiece, transforma su vida de oración y asístela en su labor para que no decaiga hasta el final. Ruego tus bendiciones para que su colaboración contigo la convierta en la mujer humilde, segura, valiente, medida, paciente, satisfecha, generosa y perseverante que tú creaste. Que el tiempo y la energía que dedique al desarrollo de su personalidad te lleven a emplearla más poderosamente en propósitos que edifiquen tu reino, lo cual permitirá cosechar recompensas eternas para ella y aquellos a quienes la envíes a servir.

Te alabo en el nombre poderoso de Jesús, amén.

PRIMERA PARTE

Entabla una relación adecuada con Dios

Capítulo 1

La humildad

No hagan nada por egoísmo o vanidad; más bien, con humildad consideren a los demás como superiores a ustedes mismos.

Filipenses 2:3

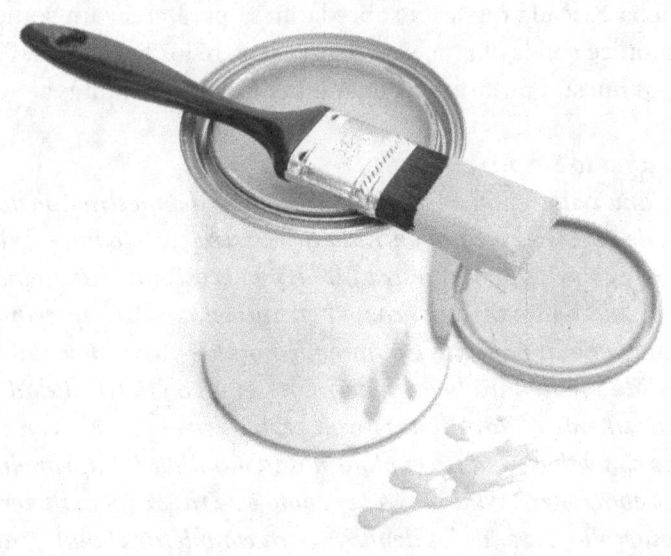

Humildad: Día 1

Ver a Dios

*Todos quisiéramos ser humildes. Sin embargo,
¿qué pasaría si nadie reparara en ello?*
John Ortberg, pastor, autor

¡Bienvenida a mi hogar!

¡Que alegría verte, bienvenida a mi hogar! ¿Por qué no me acompañas hasta la sala y damos comienzo a la conversación sobre la renovación actualizadora que decidiste experimentar? Estoy emocionada con este encuentro. Tengo un sillón grande y cómodo que te va a gustar, creo que le dicen *sillón y medio*. Siéntete como en tu propio hogar, así que puedes quitarte los zapatos y recostarte en los almohadones mullidos como te plazca. Ya encendí la pequeña cascada que está sobre la mesa para crear un sonido de fondo que armonice con la charla, y en seguida traeré los bocadillos. Pero primero iniciemos nuestra aventura de cuarenta días orando juntas:

Dulce y amado Señor:

Ninguna renovación es sencilla, ya se trate de nuestra apariencia, el interior de nuestro hogar la entrada de nuestra casa, o nuestro carácter. Ya que hoy comenzamos nuestra tarea, no necesitamos una tenaza ni un rodillo ni una pala jardinera como herramientas; solo requerimos de ti y la sabiduría de tu Palabra. Comprendemos que esta remodelación de la personalidad no tendrá lugar si permanecemos en la frivolidad y la pasividad; únicamente se dará si nos involucramos en el proceso con entusiasmo. Guíanos con valor en tanto exploramos la humildad. Imprímela hoy en nuestros corazones. Ayúdanos a ver cómo este rasgo del carácter es esencial en el desarrollo de todos los demás y para completar el plan maravilloso que ideaste para nuestras vidas. Siéntate a nuestro lado en este momento inicial de la transformación de nuestras almas, en esta renovación de la personalidad.

Amén.

¿Nos zambulliremos en este concepto de la humildad que cambiará nuestras vidas y en verdad nos dará la ayuda necesaria para ver con los ojos de Dios?

Katie: un buen acercamiento a la humildad

Recuerdo la actitud arrogante que yo tenía años atrás cuando era directora de relaciones públicas de una compañía estatal altamente rentable. Me hallaba en el cenit de mi época usar ropas caras y joyas valiosas, y era muy consentida por mis patrones, tanto en la económico como en lo emocional. Yo era de las pocas personas que pertenecían al círculo de los que eran invitados a la casa del jefe en ocasión de las celebraciones navideñas. ¡Había llegado a la cumbre! Creo que lo que más amaba de aquel empleo era que tenían en cuenta mi opinión, tenía una voz propia. El problema estaba en que no sentía vergüenza de jactarme de mi buena fortuna. Entonces sobrevino la crisis cuando en un instante, se produjo una reorganización corporativa como consecuencia de la puesta en venta de la compañía, y yo terminé «en la calle» en búsqueda de un nuevo trabajo junto a muchos otros compañeros.

Fue por aquella época cuando alguien me llamó *caja de vapor*. Era la única manera que esa persona encontró para decir que solo había vapor dentro del recipiente de mi vida, que yo no tenía nada para ofrecer. Nada. Cero. Vacío. Mi corazón se hundió en la pena. ¡Me habían humillado! Yo sabía que eso no era cierto, pero me dolía demasiado advertir que alguien pensaba tan pobremente de mí. Lo que aprendí aquel día fue que la humillación cruel no era la manera de Dios, solo del hombre. Decidí cambiar mi vida a partir de aquel comentario hostil. Me sumergí en una búsqueda personal para «hacerme real» y llenar mi vida plástica con sustancia cristiana. Podría decir que Dios utilizó el despido de ese empleo que acrecentaba mi orgullo, así como el comentario humillante, para atraer mi atención y generar en mí el deseo de trabajar en mi edificación, desarrollando una mayor humildad en mi vida. Le estaré agradecida eternamente por ello.

Casos típicos de humildad

La humildad es una cualidad movilizadora y atractiva en una persona. Las personas verdaderamente humildes son agradables, hasta irresistibles. Cuando pienso acerca de algunos cuentos reconocidos que crecí leyendo, advertirto que aquello que los hacía tan cautivantes era el hecho de presentar personajes humildes, solidarios y generosos. En *Willie Wonka y la fábrica de chocolate*[1] nos ponemos del lado del niño pobre Charlie Bucket, el único pequeño amable en el paseo por la fábrica de chocolate. Cenicienta es una muchacha criticada pero de corazón humilde que se gana nuestro corazón en su trayecto hacia la conquista del príncipe. *To Kill a Mockingbird*[2] nos transporta cerca de un abogado blanco en el profundo sur llamado Atticus Finch, un hombre de humildad verdadera, quien siente un gran respeto por el hombre de color al que defiende. En *It's a Wonderful Life*[3] se nos presenta a George Bailey, un hombre tan humilde que solo por medio de un ángel pudo reconocer el valor que tenía para las otras personas. Y *Chariots of Fire*[4] es la historia real de Eric Liddell, un misionero convertido en atleta olímpico que se gana nuestro respeto honrando a Dios por sobre su posibles medallas. Son estos héroes diferentes, humildes y altruistas quienes logran que nos encariñemos con ellos, ya sea en la ficción como en la vida misma.

La humildad es la perspectiva adecuada

Entonces, ¿qué debemos hacer para volvernos humildes? ¿Es necesario provenir de un medio humilde, como Charlie Bucket? ¿O ser mortificado, como Cenicienta? ¿Debemos tolerar difamaciones por ayudar al acusado, como Atticus Finch? ¿O acaso debemos despreciarnos a nosotros mismos, como George Bailey? ¿Significa el sacrificio de nuestra propia gloria, como lo hizo Eric Liddell? De hecho, ninguno de estos métodos garantiza la humildad. Del mismo modo, podrían causarnos ira, pretensión de superioridad moral, deseos de venganza, orgullo y/o depresión.

El único camino seguro para alcanzar la humildad es consiguiendo la perspectiva adecuada. La humildad es el resultado natural de poseer una visión precisa de quién es Dios y asimismo la correcta perspectiva de quién eres tú en relación a él. La gente humilde no se compara con otros, solo con Cristo. Ellos advierten su condición de pecadores y comprenden sus limitaciones.

Por otro lado, las personas humildes reconocen sus dones y fuerzas, y desean utilizarlos de la manera que Cristo les indica. Una persona verdaderamente humilde servirá a Dios en cualquier medida que le sea posible, incluso si no se considera habilidosa en esa área particular. ¿Qué podemos decir acerca de aquel que se presenta con diligencia cada semana para sa-

---
1 *Willie Wonka and the Chocolate Factory (Nota del T.)*
2 *Matar a un ruiseñor (Nota del T.)*
3 *La vida es maravillosa (Nota del T.)*
4 *Carrozas de fuego (Nota del T.)*

carles punta a los lápices de la congregación? ¿Acaso se le puede considerar habilidoso en el afilado de lápices? No, él sabe que ese trabajo debe realizarse y no se pregunta si su capacidad está por encima de la tarea ni tampoco evalúa si debería conservar la energía para otra actividad más acorde a su talento. ¿Con qué frecuencia oímos que el ministro de una iglesia solicita voluntarios? Generalmente decimos: «Ese no es mi punto fuerte». ¿Sería otra manera de decir: «Yo podría ganar mayor prestigio al hacer algo en lo que estoy capacitado»?

Tal vez nosotros pensamos que la humildad es algo que no es en realidad. Quizá asumimos que consiste en descubrir nuestro ser interior, pero, como ilustra mi ejemplo personal, humildad no es lo mismo que humillación. La humillación es una automortificación que evoca la sensación de deshonra, vergüenza, de no ser merecedores. ¡Nos dice a gritos que hicimos algo mal y que, por lo tanto, somos despreciables! Es mi deseo aclarar que Dios nos ama profundamente para querer que nos sintamos de ese modo; su anhelo no es avergonzarnos o humillarnos. Ese es el propósito corruptor del demonio. La Biblia dice que Dios nos honra, nos escoge, nos sigue, se sacrifica por nosotros, nos da valentía, nos protege y nos brinda cuanto necesitamos, pero no dice que Dios quiere humillarnos. Debemos dar por sentado que Dios nos disciplina para que quitemos nuestros ojos de nosotros mismos y los posemos sobre él, pero disciplina no es lo mismo que humillación.

La humildad puede coexistir junto con el valor propio, la estima y la dignidad personal. El pensamiento adecuado acerca de ti misma en relación a Dios es un pensamiento realista, un cuadro completo de tus fuerzas y debilidades, de tu apariencia verdadera, talentos genuinos, hábitos negativos y valor auténtico. Creer que eres una persona más valiosa de lo que eres en verdad es caer en el orgullo, y pensar que eres más desdichada de lo que en verdad eres es caer en la falsa humildad; otra forma de orgullo en tanto continúa siendo una actitud egocéntrica.

No te confundas: somos los elegidos de Dios, sus valiosas posesiones. Isaías 62:4 nos dice:

Ya no te llamarán «abandonada», ni a tu tierra la llamarán «desolada»,
sino que serás llamada «mi deleite»; tu tierra se llamará «mi esposa»;
porque el Señor se deleitará en ti, y tu tierra tendrá esposo.

Conclusión: es necesario que resolvamos esta cuestión de la falsa humildad versus la divina humildad versus el orgullo con firmeza en nuestra mente por medio de la comprensión de que nuestro valor reside en Dios, no en nosotros. Para graficarlo con un rango, piensa en la humildad como encontrarse en la mitad de la escala:

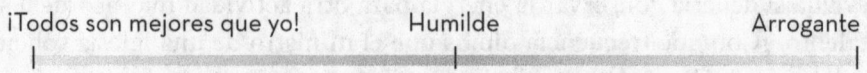

¡Todos son mejores que yo!   Humilde   Arrogante

La falsa humildad está en el extremo izquierdo de la escala, es decir, en pensar que todos son mejores que tú. En el extremo derecho de la escala se halla el pensamiento arrogante, orgulloso. La humildad ocupa el espacio intermedio, el equilibrio, con una visión adecuada de quién eres y quién no eres, de quién es Dios y de que tú no eres él. Cuando tus ojos se fijan solo en ti y en lo maravillosa que eres, eso equivale al orgullo. Cuando tus ojos están fijos en Dios, no puedes más que ser humilde.

La humildad está en la base

De todos los rasgos de carácter sobre los que trabajaremos juntos, la humildad es no solo el más entrañable, sino el más fundacional de todos los demás. No puedes edificar cualidades genuinas sin disponer de la humildad como parte constitutiva de ellas. Permíteme ponerlo de la siguiente manera. Sería algo natural para mí, con mi tendencia al asesoramiento, utilizar el modelo de desarrollo de la personalidad de los «diez pasos fáciles hacia el carácter», o las «veinte maneras para ser el mejor», o las «ocho cualidades de la personalidad triunfadora», y así reducir el proceso a una fórmula superficial. La dificultad con dichas fórmulas reside en el hecho de que, una vez seguidas las indicaciones, podrías suponer que *conseguiste* desarrollar tu persona, cuando en verdad atravesaste una serie de ejercicios para el orgullo.

Se trata de la mentalidad potencialmente peligrosa del «poder del pensamiento positivo» que dice: «Si lo creo, puedo lograrlo». Esto elimina la dependencia de Dios y le roba cualquier gloria en el proceso.

Una mujer humilde recibe su fuerza para el viaje con Dios, luego le da su reconocimiento cuando algo bueno sucede. La humildad ha de ser el punto de partida para transitar el angosto pasaje que nos conduce a la profundidad de carácter. Sin ella, todos nos convertiremos en personas de grandes logros y altos principios, quienes no están más próximas a la verdadera semejanza de Cristo que cuando iniciaron el viaje. ¡Y de seguro no es así como deseamos acabar!

Humildad significa confianza en ti misma

Ya que nos referimos a la semejanza de Cristo, es fascinante descubrir cómo describía Jesús su propio carácter. Hallamos una única instancia en la que Jesús habla de sí mismo en este sentido, y en esa conversación utilizó solo dos palabras para describirse. Puede que estas palabras te sorprendan. No son «fuerte y poderoso», u «omnisciente y sabio», o «perfecto y hombre de Dios». Su autodescripción dice: *Soy amable y humilde de corazón* (Mateo 11:29b). Tiempo después, al final de su vida, Jesús brindó a los discípulos una ilustración gráfica de su carácter amable y humilde mientras les lavaba los pies:

> *Sabía Jesús que el Padre había puesto todas las cosas bajo su dominio, y que había salido de Dios y a él volvía; así que se levantó de la mesa, se quitó el manto y se ató una toalla a la cintura.*
> *Luego echó agua en un recipiente y comenzó a lavarles los pies a sus discípulos y a secárselos con la toalla que llevaba a la cintura.*
>
> Juan 13:3-5

Esta historia no comienza con las acciones de Jesús, sino con su sabiduría. Jesús sabía de su poder, sin embargo, no lo utilizó para dominar o manipular; su poder se hallaba bajo el control de Dios ... y esta es la definición bíblica de amabilidad. Jesús era humilde. No obstante, advierte que humildad no significa minimizarte con cosas tales como «no soy así de talentoso», o «simplemente lo improvisé, no es para nada valioso». Jesús tenía conocimiento de su naturaleza verdadera, sus fuerzas, su identidad y su porvenir brillante. No obstante a ello, sin dar aviso interrumpió su comida, hizo los preparativos y se dispuso a servir a los demás. Por la solidez de la imagen que tenía de sí mismo, Jesús servía con humildad.

¿Consideraste alguna vez que poseer humildad y una imagen propia consistente son conceptos contradictorios? Jesús no lo hizo. Su humilde acto de servicio nació del sentido de seguridad que guardaba acerca de todo aquello que era bueno y verdadero en él. La lección en este punto es tener en cuenta que es necesaria una imagen propia favorable para realizar actos de servicio humildes. G. K. Chesterton, un influyente escritor inglés de principios del siglo veinte, dijo: «Los humildes son siempre seguros de sí».

¿Deberías orar por la humildad?

Pedirle a Dios humildad es algo que asusta. Todo lo que puedo decir es: ¡Ten cuidado con lo que pides! Quizá te preguntes: ¿Responderá Dios a mis oraciones por humildad avergonzándome? ¿Humillándome? Bueno, ciertamente yo pensaba que la respuesta era sí muchos años atrás, cuando realizaba tareas de limpieza en casas de familias adineradas. Un día, luego de pasar una hora lavando un magnífico baño principal, me encontré de rodillas en la planta baja, fregando un piso de mármol que parecía extenderse por millas desde la entrada hacia la sala de estar y el cuarto familiar, pasando por la cocina hasta la puerta trasera deslizante. De pronto, levanté la vista al cielo, agité mi puño ante Dios y grité con ira: «¿Así es como respondes mi oración sincera y constante por humildad? ¡Cómo te atreves a tratarme de este modo!» Estaba furiosa con Dios. Había orado que me librara de todo orgullo, ¡pero fregar retretes y pisos semana tras semana era demasiado! Advierte que incluso mi reacción iracunda hacia Dios era evidencia de un corazón sin humildad. (Por cierto, esto ocurrió en 1989, inmediatamente antes de obtener el empleo fantástico de relaciones públicas ... ¡y ya expusimos mi orgullo allí!)

Ahora bien, la gran pregunta: ¿Dios me había puesto en el sitio de mucama para así responder a mi oración de humildad? No, ser una derrochadora madre soltera cursando la universidad fue lo que me había llevado a ese sitio. Yo misma había dispuesto las circunstancias, por lo menos en parte. Pero, aun cuando *levanté la vista* con enojo, él conocía el deseo de humildad que albergaba en mi corazón. No tenía que lavar retretes para volverme humilde... debía enfocarme en el poder de Dios y la humildad le seguiría. Debo admitir que el proceso que atravesé fue largo y dificultoso, como ya te debes imaginar, sin embargo, estoy agradecida por la paciencia que él me tuvo. Una advertencia final: ¡Ten cuidado con lo que pides en la oración!

Si la humildad consiste en poseer la perspectiva adecuada acerca de quién es Dios y quién soy yo en relación a él, empecemos por afirmar dicha perspectiva en nuestra mente. Este concepto es descrito poderosamente en el Salmo 103. Lee cada parte del salmo, luego resume tus respuestas a las tres preguntas:

Salmo 103:1-5

¿Quién es Dios? _____

¿Quién soy yo en relación a Dios? _____

¿Cómo puede volverme humilde esta comprensión? _____
_____
_____

Salmo 103:6-10

¿Quién es Dios? _____

¿Quién soy yo en relación a Dios? _____

¿Cómo puede volverme humilde esta comprensión? _____
_____
_____

Salmo 103:11-14

¿Quién es Dios? _____

¿Quién soy yo en relación a Dios? _____

¿Cómo puede volverme humilde esta comprensión? _____
_____
_____

Salmo 103:15-18

¿Quién es Dios? _____

¿Quién soy yo en relación a Dios? _____

¿Cómo puede volverme humilde esta comprensión? _____
_____
_____

Salmo 103:19-22

¿Quién es Dios? _____

¿Quién soy yo en relación a Dios? _____

¿Cómo puede volverme humilde esta comprensión? _____
_____
_____

Oración

Amado Señor:

Te agradezco que no causes mi humillación, sino que la redimas para bien en mi vida. Esto me alivia. Deseo tener humildad, pero es intimidante orar por ella, ¡pienso en qué circunstancias utilizarás para que yo pueda aprenderla! Confío en ti, Señor, y me entrego para que me enseñes la humildad del modo que escojas. Reafirma mi identidad en ti para que pueda tener la confianza necesaria y así volverme humilde. Retiene mi mirada en ti, para que deje de estar centrada en mí misma. Muéstrame las necesidades de los que me rodean; luego ayúdame a hacer algo para modificar lo que me muestras. Y en tanto voy dejando de pensar en mí y poso mis ojos en ti y en los demás, espero ansiosa ser advertida por ti como una más de tus humildes servidoras.

En el nombre de Jesús, amén.

Humildad: Día 2

Orgullo: Descubre a tu Buzz Lightyear interior

> El orgullo es la raíz de todo mal y todo pecado.
> **Andrew Murray, 1828-1917, ministro de la Iglesia Holandesa Reformada y autor.**

Un mensaje

NOTA: Hoy es el Día 2, por lo que tienes que leer el texto que sigue. ¡Que disfrutes de este asesoramiento y no olvides comenzar con una oración!

El reverso del orgullo

La película animada *Toy Story* de 1995 cuenta la historia de la rivalidad entre Woody, el honesto vaquero de juguete, y Buzz Lightyear, el orgulloso y selecto astronauta de plástico. El problema con Buzz es que está convencido de ser un soldado espacial auténtico, encargado de la misión de salvar a la galaxia de su destrucción. Se encuentra tan centrado en sí mismo que no repara en su condición de simple muñeco de juguete. Woody tiene la tarea de señalar los puntos débiles de Buzz en cada ocasión que se presenta. Por ejemplo, cuando Buzz prepara su láser insensibilizador al modo matar, Woody replica: «Ah, muy bien. Si alguien ataca, lo podremos estropear hasta matarlo». Cuando Buzz despliega sus alas de plástico, Woody se mofa diciendo: «¡Eso no es volar! ¡Eso es caer con estilo!».

Buzz estaba obsesionado con sus poderes, sus armas, su misión extraordinaria y su rol clave en la salvación del mundo. Por causa de su orgullo, perdió contacto con la verdad de que sus poderes provenían de un par de baterías; sus habilidades eran los movimientos que los niños hacían con sus brazos articulados o al lanzarlo en el aire; y la supuesta misión exclusiva existía solo en su cabeza. Eso es lo que hace el orgullo. Nos vuelve unos delirantes. Nos concentramos tanto en nuestra capacidad exagerada, posesiones, apariencia, valor y condición de indispensables, que evadimos el hecho de que la realidad es otra, ya que nos muestra que todo lo que somos proviene de Dios y que no podemos hacer nada sin él.

En *Toy Story*, Buzz sufre un accidente mientras discute sobre su habilidad de volar, entonces Woody sale al rescate. Esto viene a dar prueba de la bien conocida frase: «Al orgullo le sigue la destrucción; a la altanería, el fracaso» (Proverbios 16:18).

Las muchas caras del orgullo

En esencia, el orgullo es un problema que se presenta cuando me considero el centro de todas las cosas. Nos encontraremos con un rango completo de pecados dirigidos por el orgullo, los cuales se observan más a menudo en las maneras en que nos valoramos erróneamente y también a los demás, ya sea exaltándonos, humillándonos, atacando a otros o ignorándolos. El orgullo nos enfrenta con Dios y trata de apropiarse de su señorío para nosotros.

La exaltación del ego: «Todo gira a mi alrededor».
La exaltación del ego tiene lugar en el momento en que nos *sobrevaloramos*, cuando intentamos enaltecernos a nosotros mismos. Pasemos a considerar algunas de las conductas que las mujeres utilizan para exaltar sus personalidades:

- Alarde constante de los logros de sus hijos.
- Exageración, porque la verdad simple y pura no genera la reacción suficiente.
- Servir para ser advertida. Este fue uno de mis problemas particulares durante una temporada. Una vez que me hallaba realizando cierta misión en África, mi orgullo asomó su rostro desagradable. Mientras aseábamos a los niños de la calle, yo estaba pasando por un día terrible, así que... decidí evitar al fotógrafo que sacaba imágenes inocentes de las actividades que se llevaban a cabo. ¿Orgullosa? Sí, pero aquí fue donde entró a jugar el lado más retorcido del orgullo: ¡De repente, me sentí muy furiosa porque no iba a figurar en ninguna de las fotografías que circularían una vez estuviera de regreso en mi casa!
- Sentirse con derecho a ser tratada como una estrella, especialmente en períodos de trabajo duro.

- Especular por una posición preferencial dentro de la familia, la comunidad o el lugar de trabajo.

¡Ay de ustedes, fariseos!, que se mueren por los primeros puestos en las sinagogas y los saludos en las plazas.

Lucas 11:43

¡No hay dudas de que Jesús sabe decir las cosas tal cual son! Cuando nos envanecemos, no estamos exaltando a Dios. De hecho, la propia exaltación conduce a que nos adueñemos del crédito que pertenece a Dios... reclamándolo como si lo hubiéramos ganado por mérito propio.

La humillación del ego: «Pobre de mí».

La desvalorización es la forma más engañosa del orgullo. Esta clase de orgullo se enmascara con la humildad, pero en realidad es un método para atraer la atención de manera inversa. Las mujeres que se dan poca importancia son verdaderas maestras en *subestimar* su valor. Piensa en algunos de los métodos que viste utilizar a las mujeres para ponerse por el suelo, a la espera de que alguien repare en ellas y les dé ánimo con adulaciones. ¿Qué dirías de las siguientes mujeres?

- Mujeres que trabajan demasiado y permiten que otros saquen provecho de ellas.
- Mujeres con dificultad para aceptar ayuda, regalos o cumplidos porque no se sienten suficientemente merecedoras, o piensan que es vergonzoso o incómodo necesitar ayuda.
- Perfeccionistas que intentan probar su valía en secreto controlando por completo ciertas áreas de sus vidas.
- Mujeres que se desprecian y señalan sus defectos de continuo, sus faltas, o las áreas en que otras personas son mejores.

Cuando ayunen, no pongan cara triste como hacen los hipócritas, que demudan sus rostros para mostrar que están ayunando. Les aseguro que éstos ya han obtenido toda su recompensa.

Mateo 6:16

El ataque a los demás: «No eres tan bueno como yo».

El orgullo que ataca a los demás es un espíritu sentencioso, una fuerza que *devalúa* a otros por medio de agresiones. Advertirás este rasgo en mujeres de temperamentos críticos, irritables, intolerantes, discutidores, y en mujeres que consideran su conducta moralmente superior. Lee el conocido pasaje de la Biblia acerca de la paja en el ojo ajeno y la viga en el propio para adquirir una nueva perspectiva sobre este tipo de orgullo:

> *No juzguen a nadie, para que nadie los juzgue a ustedes. Porque tal como juzguen se les juzgará, y con la medida que midan a otros, se les medirá a ustedes. ¿Por qué te fijas en la astilla que tiene tu hermano en el ojo, y no le das importancia a la viga que está en el tuyo? ¿Cómo puedes decirle a tu hermano: «Déjame sacarte la astilla del ojo», cuando ahí tienes una viga en el tuyo? ¡Hipócrita!, saca primero la viga de tu propio ojo, y entonces verás con claridad para sacar la astilla del ojo de tu hermano.*
>
> MATEO 7:1-5

Atacar a los demás y tratar de cambiarlos conduce a querer ocupar el sitio del Espíritu Santo en la vida de la gente.

Ignorar a los demás: «No eres mi jefe».

Cuando mi hija era pequeña solía decir a su hermano mayor: «Tú no puedes dirigirme. ¡No eres mi jefe!». Este tipo de indiferencia hacia los demás es una manera evidente de *subestimar* su consejo. Las mujeres que son demasiado orgullosas como para recibir consejos deben lidiar con algunos de los siguientes asuntos:

- No se les puede enseñar nada. La actitud típica de «ya lo tengo todo resuelto» les cierra las puertas al consejo u opinión que otras personas podrían brindarle para sus vidas.
- Se quedan atrapadas en malos hábitos. Algunas mujeres ven su pasado y su personalidad como una trampa en la que han caído sin lograr soltarse, en lugar de reconocer que bien pueden escoger seguir así o cambiar su conducta. Para algunas de ellas la frase «Tienes que aceptarme tal como soy» hace las veces de cortina de humo para evitar cambiar sus malos hábitos.
- Nunca admiten sus faltas. Estas son las mujeres «duras de oído», quienes parecen no percibir o asimilar palabras de consejo o correcciones, indicaciones, reprimendas o señales de alerta.

La arrogancia de Israel testifica en su contra, pero él no se vuelve al Señor su Dios; a pesar de todo esto, no lo busca.

Oseas 7:10

Ignorar a los demás es un rechazo a ser influenciada por aquellos que el Espíritu Santo intenta utilizar para hablar a tu vida. Es como decirle a Dios: Estoy bien así.

La historia del quebrantamiento de Bette

Es probable que hayas escuchado por ahí que el quebranto es uno de los pasos que llevan a la humildad. Pero... al principio puede que te lleve en la dirección contraria. El quebranto de mi amiga Bette le trajo años de compensaciones por su vergüenza, lo que de hecho se convirtió en orgullo. Siendo una niña pequeña, las amistades de Bette resultaron arruinadas por numerosas instancias de abuso sexual que mantuvo en secreto. En unos de esos episodios fue manipulada por una niñera adolescente que hizo del hecho «una condición para una amistad sincera y eterna», y amistad era justamente lo que Bette tenía deseos de conseguir. A la edad de nueve años Bette comía demasiado con el objetivo de engordar y así mantener alejados a quienes la acosaban. En su adolescencia se volvió una estudiante de grandes logros escolares para compensar su pobre autoestima y la vergüenza que sentía. Aun así, cuando contaba con dieciocho años, oyó al pasar el comentario de una compañera de trabajo: «Nunca llegará a nada», lo que marcó a fuego la vida de Bette por los siguientes treinta años, durante los cuales vivió intentando demostrar que no era cierto.

Bette buscó mejorar su autoestima por sus propios medios. Trabajó duro en el ámbito legal, enfocada en conseguir los mejores títulos y los salarios más altos promoviéndose de una manera exagerada, con el fin de esconder sus insuficiencias. Escondía su inseguridad en las relaciones comprando regalos para sus amigos en cada ocasión y en los negocios de más prestigio, aun con dinero que ella no tenía. Ocultaba su temor de no estar a la altura de las circunstancias tratando de ser la mamá perfecta, la amiga perfecta, y hasta la perfecta miembro de iglesia.

El punto de quiebre llegó en el 2001. Según palabras de Bette: «Un día, mientras estaba sola en casa escuchando una canción, descubrí que llevaba encima una enorme carga de vergüenza. Escuché la palabra «vergüenza» y empecé a llorar. ¡Yo no quería continuar avergonzada de la persona que Dios me había creado para ser!»

En el 2003, siguiendo la guía inconfundible de Dios, Bette y su familia abandonaron California y se mudaron a la hacienda familiar de Texas. Allí empezó a dejar sus métodos de compensación, uno tras otro, y en el proceso se hizo consciente de la vida llena de sencillez y honestidad que podía llevar sin aquellas máscaras de orgullo y vergüenza. Desde luego que no ocuparía cargos jerárquicos en grandes compañías ni otros empleos prestigiosos. Tampoco podría pagar los regalos de Navidad, pero tras la humillación inicial de verse avergonzada por no creer alcanzar las expectativas que imaginaba tendría la gente, experimentó un sentido liberador de retorno a la amistad sincera basada en el amor, no en los regalos.

Cuando el pastor de su nueva comunidad se enteró de su pasado como líder de ministerios de mujeres, la invitó a que ocupara ese lugar en su iglesia. Pero, dado que no sintió la confirmación de Dios, prefirió no aferrarse a la aprobación y la aceptación que vendrían de la mano de aquella «salida fácil». En cambio, se mantuvo a resguardo con un perfil bajo, realizando proyectos temporarios a pedido y esperando por el ministerio que Dios deseara para ella. Visto que disponía de un gran tiempo libre, decidió hacer caso a las siguientes palabras de su tía: «Tú eres la influencia espiritual en tu familia extendida», y así fue como hizo de su familia el centro de sus energías ministeriales.

Bette confiesa haber descubierto que «ir a la iglesia no es solo cruzar un par de puertas los domingos. Se trata de cruzar puertas para abrazar a los miembros de la familia o ayudarlos a alcanzar el plazo de algún proyecto en el que estén trabajando. Ahora poseo una visión renovada en mi vida».

Prueba del orgullo – ¡Solo para los fuertes de corazón!

Esta prueba es una rigurosa autoevaluación que te ayudará a detectar el orgullo en tu vida. Pon un círculo alrededor del número correspondiente a la frecuencia con que consideras que has exhibido cada clase de actitud orgullosa durante las últimas semanas. Advertencia: ¡Toma la prueba solo si estás pasando un buen día!

1 - Nunca
2 - De vez en cuando
3 - A veces
4 - Con frecuencia

Exaltación propia

1 2 3 4   Defiendo mis derechos: Me intereso por conseguir lo que merezco.

1 2 3 4   Hago alarde: Me jacto de los éxitos (mío, de mis hijos) sin reconocer que son méritos de Dios.

1 2 3 4   Privilegios: Me merezco un trato especial debido a mi condición o cargo.

1 2 3 4   Exagero: Adorno la verdad para atraer la atención.

1 2 3 4   Pronuncio nombres: Conocer a personas importantes me hace sentir importante.

1 2 3 4   Egocentrismo: Soy ciega a las necesidades ajenas. «Todo gira a mi alrededor».

1 2 3 4   Hago exhibición: Dirijo la atención hacia mis posesiones, habilidades, y a los sacrificios que hago.

1 2 3 4   Vanidad: Estoy obsesionada con aquellas áreas en que me considero mejor que los demás.

Desprecio propio

1 2 3 4   Falsa humildad: Resalto mis debilidades en busca de otro que me reafirme.

1 2 3 4   Excesiva independencia: No puedo aceptar ayuda ni regalos. ¡Sería algo incómodo y vergonzoso!

1 2 3 4   Excesivo trabajo: Trabajo hasta el agotamiento; me hace sentir valiosa.

1 2 3 4   Excesivo servicio: Presto servicio más allá de lo debido, buscando afirmación de afuera.

1 2 3 4   Perfeccionismo: Persigo la perfección; me hace sentir aceptada por los demás.

Primera parte: Entabla una relación adecuada con Dios

Nunca / De vez en cuando / A veces / Con frecuencia

1 2 3 4 Pobre de mí: A menudo encuentro algún hecho terrible del cual lamentarme para que alguien sienta lástima por mí.

1 2 3 4 Obras: Debo hacer más y más obras para ganarme la aprobación de Dios.

1 2 3 4 Falta de valor: Me apoyo en la seguridad que me brindan los demás para sostener mi autoestima.

Atacar a los demás

1 2 3 4 Discutir: Elijo enfocarme en los desacuerdos y enredarme en una discusión.

1 2 3 4 Controlar: Tomo control sobre las acciones ajenas para asegurarme de que actúen según mi criterio.

1 2 3 4 Criticar: Busco aspectos en que los demás no alcancen mis expectativas y los destaco.

1 2 3 4 Intolerancia: No acepto opiniones distintas a las mías.

1 2 3 4 Irritabilidad: Me enfado con facilidad y agredo a los que me molestan.

1 2 3 4 Sentenciar: Asumo lo peor o demuestro una actitud condenatoria.

1 2 3 4 Menospreciar: Humillo intencionalmente a los demás con expresiones cortantes y desaires.

1 2 3 4 Superioridad moral: Justifico el maltrato a los demás con mi rectitud moral.

Ignorar a los demás

1 2 3 4 Hacer pucheros: Si no consigo las cosas como lo deseo, me cierro.

1 2 3 4 Ignorar las correcciones: Nunca me equivoco (¡y tampoco acepto lo que me dicen!).

1 2 3 4 Aislarse: Rechazo la ayuda de los demás y elijo hacerlo todo sola.

1 2 3 4 Negarse al cambio: Esto es lo que soy, así me tendrán que aceptar.

1 2 3 4 Rigidez: No puedo ser flexible ni cambiar mis planes.

1 2 3 4 Tozudez: Soy obstinada.

1 2 3 4 Insumisión: No acepto la autoridad. «Tú no eres mi jefe».

1 2 3 4 No aceptar enseñanzas: Me cierro a los consejos y guías, lo tengo todo definido.

Humildad: Día 2 • Orgullo: Descubre a tu Buzz Lightyear interior

Puntaje por sección:	Puntuación:
Total de «Exaltación propia»: _____	1-33 Eres un modelo de genuina humildad.
Total de «Desprecio propio»: _____	34-64 Estás aprendiendo a ser más humilde cada día. ¡Muy bien!
Total de «Atacar a los demás»: _____	65-96 Gracias por tu honestidad. ¡Ese es el primer paso hacia la humildad!
Total de «Ignorar a los demás»: _____	
CALIFICACIÓN TOTAL _____	97-128 ¡Mmm! Todavía tienes trabajo por delante. Sigue con esmero.

Cura para el orgullo

En primer lugar, debes felicitarte por tener el valor de realizar esta prueba. A medida que la vayas transitando es muy probable que te des cuenta de la dificultad que encierran las preguntas, algunas serán una exploración de tu alma, y otras incluso un tanto embarazosas. No es cosa fácil examinar las partes más desagradables de tu carácter, tomar nota de ellas y analizarlas. ¡Caramba! Eso sí que es puro coraje. Ya que el orgullo consiste en pensar de forma equivocada sobre quién eres con relación a Dios, entonces se vuelve un hecho del todo lógico que la cura para dicho orgullo consistirá a su vez en empezar a tener pensamientos adecuados acerca de quién eres realmente con respecto a Dios. Vuelve atrás en la prueba y fíjate cuál ha sido tu puntaje más alto, en este caso un dato negativo. Ahora, echa un vistazo a las siguientes soluciones posibles para el tipo de orgullo que te aqueja.

- **¿Exaltas tu ego?** Tú puedes decidir morir al yo y dejar de pretender la gloria que le pertenece a Dios. Esta es una decisión conciente que deberás actualizar a diario.
- **¿Desprecias tu ego?** Tú puedes aprender quién eres en Cristo como su amada hija y abandonar las mentiras que te dices a ti misma sobre tu falta de valor.
- **¿Atacas a los demás?** Tú puedes declarar que Dios es Dios y dejar de querer tener control absoluto sobre todo. ¡Esto fue algo difícil en mi caso, me llevó años conseguirlo!
- **¿Ignoras a los demás?** Tú puedes empezar a mirar a la gente como instrumentos de Dios y dejar de resistirte a sus opiniones.

En caso de que no hayas visto el final de nuestra película de Disney, Buzz Lightyear acaba por aprender sobre la humildad una vez que reconoce sus limitaciones y aceptar en última instancia su verdadera esencia. Después de haber salvado a todos «volando» con cohetes pegados en su espalda, rechaza un cumplido repitiendo el comentario sarcástico que Woody hiciera al comienzo: «Bah, eso no es volar. ¡Eso se llama caer con estilo!»

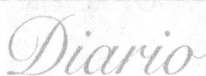

Cuando Satanás tentó a Jesús en el desierto, realizó tres intentos para apelar al orgullo de Jesús. La primera tentación fue la de *ser autosuficiente* y confiar solo en sí mismo al convertir una piedra en pan (Lucas 4:3). ¿En qué zonas de tu ser te resistes a depender de Dios y de la gente que él puso en tu camino? Dirígete a las respuestas que diste en la sección «Ignorar a los demás» de la prueba y toma nota de las observaciones que haces sobre la opinión que te merece este tipo de orgullo en tu vida.

_____

_____

_____

La segunda tentación resistida por Jesús fue la de *ser poderoso* por estar a cargo de todo el universo (Lucas 4:6). ¿En cuáles áreas actúas como si fueras la «presidenta del mundo»? Dirígete a las respuestas que diste en la parte de la prueba sobre «Atacar a los demás» y toma nota de tus observaciones sobre la visión que tienes de este tipo de orgullo en tu vida.

_____

_____

_____

La tercera tentación que resistió Jesús fue la de *ser espectacular,* al lanzarse desde el templo a las manos de los ángeles (Lucas 4:9). ¿Qué rasgos de tu personalidad crees que padecen esta mentalidad de celebridad? Dirígete a las respuestas que brindaste en las secciones «Exaltación propia» y «Desprecio propio» en la prueba y deja constancia de las observaciones que haces sobre los métodos, tanto negativos como positivos, que utilizas para atraer la atención y así apuntalar tu autoestima.

_____

_____

_____

Oración

Amado Señor:

Te confieso que he pretendido volar, cuando lo único que puedo hacer en verdad es caer con estilo. Me he atribuido el mérito por cosas que solo puedo hacer gracias a tu poder y dones, y he intentado robar tu gloria. Lo siento. En otras ocasiones, me he humillado, poniendo reparos a tu creación (o sea, a mí), y me he considerado una perdedora. Soy más dura conmigo misma que tú, me exijo mucho más de lo que me exiges tú. Lo siento. En otras ocasiones, me vuelvo contra la gente y deposito en ella mis inseguridades, juzgando a los demás con severidad y exigiéndoles mucho más de lo que tú mismo les pides. Lo siento mucho. Asimismo, me cierro a las personas. Soy rígida y testaruda con aquellos que pusiste en mi camino para que me ayuden a parecerme más a ti. Lo siento mucho. Ayúdame a dejar de ignorar estos asuntos de mi vida y a llamarlos por lo que son: orgullo.

En el nombre de Jesús, amén.

Humildad: Día 3

¿Cómo redime Dios el quebranto?

*Es posible ser demasiado grande para que
Dios pueda hacer uso de ti, mas nunca demasiado pequeño.*
Enciclopedia de 15.000 Ilustraciones

Tienes correo

Para: «La mujer especial» que hay en ti	Fecha: Día 3
De: Katie Brazelton	
Asunto: Humildad	

Llegamos al Día 3, y he aquí el primer mensaje para ti. ¡Disfruta del asesoramiento y no olvides elevar tu oración!

Lo que podemos aprender de Chuck Colson acerca de la humildad

Cierto día, Chuck Colson, quien antaño cayera en prisión por su rol clave en el encubrimiento del escándalo Watergate, recibió una epifanía mientras aguardaba sobre una plataforma para hablar a un grupo de convictos. Advirtió que Dios estaba utilizando su mayor vergüenza (el hecho de ser un ex convicto) para llevar a cabo su victoria suprema, la creación del Ministerio de la Hermandad de la Prisión. Hasta el momento de su encarcelamiento, Colson tenía mucho por lo cual podía sentirse orgulloso: becas y honores recibidos, éxitos en difíciles procesos judiciales, decisiones importantes tomadas desde lujosos despachos del gobierno, y una posición de prestigio junto al líder mundial más poderoso. Pero no fue esta vida de logros lo que cautivó la atención del grupo de convictos aquel día, sino su caída y la humildad que sobrevino. Como él mismo expresó en su libro *Loving God* (Zondervan, 1983), Dios había escogido una experiencia por la que Colson no podía gloriarse.

¿Qué parte de tu vida consideras de mayor utilidad para Dios? ¿Crees que posees un gran potencial para la música, o destreza empresarial, o cualidades de líder? ¿Acaso tu mayor contribución es en el área de la educación o el entrenamiento, la cocina o el asesoramiento, el diseño o el discipulado, las misiones o la medicina, la escritura o el testimonio? Esas áreas en las que brillas probablemente sean de gran influencia, pero piensa lo siguiente aquí: ¿Cuál es tu punto de quiebre? ¿Cuál fue el momento de mayor dificultad para tu humildad? ¿Cuándo sentiste el quebranto? ¿Sabías que tu mayor sufrimiento no pasa inadvertido a los ojos de Dios? Él quiere utilizar ese dolor que te permitió vivir, y puede que se vuelva tu más grande honor. Dios es un maestro en el tema de ayudar a los demás por medio de nuestras experiencias negativas.

Humildad: el ingrediente esencial

La humildad es un ingrediente esencial en la vida cristiana. Tal como el cuerpo humano necesita del oxígeno, las flores del agua y el pan de la levadura, la humildad es vital para un cristiano en crecimiento. Las siguientes ocho prácticas clave para la vida cristiana perderían toda su eficacia si no son aplicadas en conjunto con la humildad.

1. Devoción

La verdadera alabanza de Dios conlleva humildad. Un espíritu orgulloso, el que esencialmente se adora a sí mismo, no puede coexistir con la alabanza de Dios. La verdadera devoción le otorga valor a Dios, y en el proceso, magnifica el contraste entre él y nosotros. Dios es poderoso, nosotros somos débiles. Dios es santo, lo que pone de manifiesto en la comparación nuestra condición de pecadores. Dios es Creador y Salvador, nosotros somos los creados y salvados. La adoración de Dios es el acto supremo por el cual reconocemos que Dios es Dios, nosotros no.

2. Autoestima

La persona humilde es dueña de una saludable autoestima. ¿Eso parece una contradicción? La historia de Bette del día 2 nos mostró que la vergüenza, el miedo y la inseguridad que trae una baja autoestima estaban camuflados con conductas orgullosas tales como jactarse, criticar y actuar como perfeccionistas. Pero la persona humilde es alguien que se ha desprendido de todo aquello que considera causa de su grandeza, y así es como llega a descubrir el verdadero ser que Dios tuvo la intención que fuera. Dios no persigue nuestros éxitos, logros, o que seamos perfectos. Su deseo somos *nosotros*. Cuando lleguemos a comprender que somos aquello que Dios quiere, nuestra autoestima se verá cimentada de manera inquebrantable.

3. Honestidad

Se requiere humildad para ser verdaderamente honestos. El orgullo dice mentiras, exagera, oculta, se jacta y distorsiona con el propósito de cubrir nuestros defectos, fallas y pecados. Una mentira es como una bandera de señalización que identifica la presencia de otro pecado. Ya sea que te mientas a ti misma, a Dios o a otra persona, una mentira nunca existe aislada, es el fruto de la necesidad de ocultar otro pecado relacionado con el orgullo. La humildad, por otro lado, reconoce la verdad de lo que hemos hecho y quiénes somos. El hecho de revelar con veracidad algo que hicimos y que habríamos preferido mantener en secreto es un acto que nos acerca a la humildad.

4. Obediencia

Se requiere humildad para obedecer. La obediencia exige que resignemos a nuestros modos, derechos y privilegios. Solemos justificar nuestra falta de obediencia con frases como: «Dios querría que yo fuera feliz», o «No quiero poner en riesgo mi relación», o «Estoy haciendo un sacrificio en otro aspecto, con eso bastará», o «Trabajé muy duro, merezco un descanso», o bien, «No quiero lastimar a otra persona». Lo cierto es que Dios tiene mayor interés en nuestra santidad que en nuestra felicidad. Dios no nos pide sacrificios, desea que seamos obedientes. Nuestra tarea es obedecer; su trabajo es hacerse cargo de las consecuencias de nuestra obediencia.

5. Capacidad de aprendizaje

Se requiere de humildad para poder recibir enseñanzas. A fin de volvernos personas que aprenden, debemos dejar de lado nuestra habilidad, experiencia de vida o nuestra edad, y ser receptivas a la influencia de otros. Tener grandes conocimientos no nos califica de modo automático para situarnos en una posición de autoridad, como portavoces o maestros. Las personas humildes son permanentes aprendices que nunca desestiman la opinión de los demás, incluso en áreas donde se sienten informados. Ellas consideran que las sugerencias de los otros son un material valioso.

6. Capacidad de servicio

Se requiere de humildad para servir. La capacidad de servicio exige que dejemos de lado nuestro prestigio, posición y derechos en pos de la atención a los demás. Poseer magníficos dones y talentos no significa que debamos ponerlos en acción todo el tiempo. El camino de la humildad a veces implica poner a un lado nuestras capacidades y simplemente atender donde haya una necesidad. Puede que la humildad estreche nuestro campo de servicio. Por ejemplo, quizá Dios nos llame en esta etapa para que sirvamos con humildad solo en el interior de nuestra familia... ¡y quizá esta sea la tarea más dura que debamos realizar!

7. Paciencia

Se requiere humildad para esperar. La espera involucra permitir que Dios nos asigne nuestro rol, en lugar de promovernos por nuestra cuenta y asumir que debemos prestar servicio donde más nos plazca. Esperar es dejar que Dios nos guíe y no imponer nuestra agenda de actividades. Y en ciertas ocasiones, esperar puede ser tan simple como mantenernos en silencio hasta que Dios nos autorice a hablar.

8. Quebranto

Una persona humilde es una persona que ha sufrido el quebranto. ¿Te has percatado de ello? La persona que exuda genuina humildad es invariablemente alguien que ha pasado por experiencias que quebraron su orgullo, tales como la pérdida del empleo en el caso de Bette, de amigos o del ministerio, o el encarcelamiento de Chuck Colson. El fracaso o las pérdidas tienen el potencial de desnudar nuestros falsos valores y obsesiones egoístas. Entonces Dios entra en nuestras vidas y hace uso de aquella situación por la que no podemos glorificarle para que, llegados al punto de mayor futilidad, escoja transformarnos en herramientas de gran provecho.

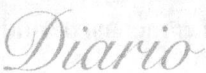

Diario

Leamos 2 Corintios 12:9-10:

Pero él me dijo: «Te basta con mi gracia, pues mi poder se perfecciona en la debilidad.» Por lo tanto, gustosamente haré más bien alarde de mis debilidades, para que permanezca sobre mí el poder de Cristo. Por eso me regocijo en debilidades, insultos, privaciones, persecuciones y dificultades que sufro por Cristo; porque cuando soy débil, entonces soy fuerte.

Pablo nombra cinco tipos de dificultades en las que se deleita, ya que sus debilidades son útiles a fin de iluminar el poder de Dios. Haz una lista con ejemplos variados extraídos de tu propia vida y ubícalos en cada una de las siguientes categorías. A continuación te ofrecemos un conjunto de sinónimos adicionales de diferentes traducciones bíblicas para ayudarte a elaborar tus ideas.

Debilidades, achaques, limitaciones

_____

_____

Insultos, reproches, abusos, sufrimientos, maltratos

_____

_____

Adversidades, necesidad, accidentes, escasez, épocas duras, catástrofes

_____

_____

Persecuciones, oposición, confusión

_____

_____

Dificultades, angustias, malas rachas, pérdidas, problemas, presiones

---

Reescribe 2 Corintios 12:9-10 con tus propias palabras, coloca tu nombre y elabora una lista que incluya algunas de las debilidades, insultos, adversidades, persecuciones y dificultades puntuales por las que puedas estar atravesando en la actualidad.

> **Ejemplo**: *Pero mi Padre celestial me dijo: «Mi gracia toda es para ti, Katie, pues mi poder se fortalece en tu adversidad». Por lo tanto, me he de sentir emocionada cuando parezca no poder continuar frente a los obstáculos, porque sé que allí es donde el poder de Cristo entra en juego. Por ello, en el poder de Cristo, puedo regocijarme al sufrir un ataque de pánico, al ser criticada por un amigo, al padecer bronquitis, al recibir un correo electrónico mal intencionado, al perder un vuelo. Es en mis momentos de mayor debilidad cuando debo rendirme y permitir que Cristo tome el control; y su poder actuando sobre mí me vuelve fuerte.*

Oración

Amado Señor:

Dirijo mis alabanzas hacia ti. Doy cuenta de ello con todo mi corazón. Tú eres Dios, no yo. Ayúdame a quitarme las máscaras que visto para reforzar mi autoestima. Ayúdame a dejar de cubrir mis pecados con diferentes clases de engaños. Destierra las excusas que esgrimo para no obedecer tu voluntad. Quiero poseer la belleza de una eterna aprendiz. Muéstrame dónde debo servir, y haré lo que me indiques. Dime cuándo he de hablar, y hasta que lo hagas, yo aguardaré. Toma todas mis zonas de quebranto y transfórmalas en humildad para que sean de tu máxima utilidad.

En el nombre de Jesús, amén.

Humildad: Día 4

Tu asesora en la humildad

Que el amor de Jesús inunde mi espíritu como el agua al mar;
exaltarlo, rebajarme, esto es la victoria.

Kate Wilkinson, 1859-1928, autora de «May the Mind of Christ, My Savior»

Una excursión que cambiará tu perspectiva

En mi pueblo hay un lago artificial bordeado por un hermoso camino que la gente recorre a pie. También hay bancos, sauces llorones, botes a remo, una playa en declive y delicadas caletas. Cuando vengo a charlar con alguno de mis amigos, por lo general antes nos detenemos en la cafetería y llevamos café con leche para tomar durante la caminata. Luego, a lo largo de nuestro recorrido, hacemos un par de pausas para alimentar a los patos o simplemente sentarnos en la parte alta de una colina cubierta de hierba y contemplar el agua luminosa que se desliza a nuestros pies. Resulta un escenario muy tranquilo, ideal para esas charlas del alma como la que tendremos tú y yo en unos momentos. Vayamos por nuestras bebidas favoritas, demos un paseo alrededor del lago mientras oramos en silencio, y conversemos sobre el papel de la humildad en nuestras vidas.

Puesto que estamos dando inicio a nuestro recorrido, déjame hacerte la siguiente pregunta: ¿Sabes a quién mencionó Jesús como la persona más grandiosa que haya existido? Bueno, no fue Moisés, el Mar Rojo, famoso por los Diez Mandamientos; tampoco David, un «hombre conforme al corazón de Dios»; tampoco fue Abraham, el padre de la nación de Israel; ni José, quien debió enfrentar grandes injusticias para rescatar a los israelitas de la inanición. En cambio, fue el desaliñado, indomable y ermitaño Juan el Bautista, de quien dijo Jesús: «Les aseguro que entre los mortales no se ha levantado nadie más grande que Juan el Bautista» (Mateo 11:11). Ahora bien, te preguntarás a qué viene esto de la persona más grandiosa de todos los tiempos cuando vamos a conversar sobre la humildad. En efecto, la humildad fue el rasgo principal del carácter de Juan el Bautista por el que Jesús lo colocó en la cima de su preferencia. Y Juan poseía una fórmula para la humildad que utilizaremos como unidad de medida en nuestra charla de hoy: «A él le toca crecer, y a mí menguar» (Juan 3:30).

A ÉL LE TOCA CRECER

> «A él le toca crecer» no se refiere a un incremento en las facultades divinas de Jesús, ni en su autoridad o gloria, sino a la imagen que nosotros guardamos de su grandeza [...] Cuanto más nos acercamos a él, más grande parece volverse.
>
> **Charles Swindoll, pastor, autor**

La dificultad que se presenta en el tratamiento de la humildad es que resulta imposible de alcanzar trabajando directamente en ella. Mientras más te centras en la humildad, más lo haces en ti misma, lo que se torna un paso previo hacia el orgullo. Y en el minuto que dices: «Alcancé la humildad», ¡cuánto orgullo hay en esa afirmación! Por eso, ¿cómo se supone que deberemos trabajar con una cualidad que se escapa cuando nos aplicamos a ella? Bueno, una indicación sería no trabajar en la humildad, sino trabajar en acrecentar tu imagen de Dios. A medida que te acercas a él, que pasas más tiempo concentrada en él, que pones tu mirada firme en él, que te dedicas a aprender sobre él y hablar con él, Dios ocupará más y más espacio en tu campo de visión. Es cierto que esta tarea requiere práctica, devoción, dedicación y concentración de tu parte. Convertirse en una persona que no piensa en sí misma es volverse una persona que sí piensa en otro, ¿no crees?

¿Qué tan consciente de Dios eres? Para cada uno de los siguientes pasajes, evalúa qué tan bien te está yendo en la búsqueda de Dios que describimos. Luego anota ideas para cada verso con la intención de hacer de Dios una parte cada vez más grande de tu vida.

> *Así, todos nosotros, que con el rostro descubierto reflejamos como en un espejo la gloria del Señor, somos transformados a su semejanza con más y más gloria por la acción del Señor, que es el Espíritu.*
>
> 2 CORINTIOS 3:18

Pero si desde allí buscas al Señor tu Dios con todo tu corazón y con toda tu alma, lo encontrarás.

Deuteronomio 4:29

Dichosos los que tienen hambre y sed de justicia, porque serán saciados.

Mateo 5:6

Cual ciervo jadeante en busca del agua, así te busca, oh Dios, todo mi ser.

Salmo 42:1

A mí me toca menguar

> Es bueno recordar que la población entera del universo, salvo una excepción insignificante, está compuesta por otros.
> John Andrew Holmes, 1823-1872, doctor en medicina y autor

Un fenómeno natural acontece cuando Dios va ocupando más y más espacio en nuestro campo de visión: el enfoque en ti se reduce automáticamente. Pero si intentas menguarte en medio de un vacío, sin el correspondiente crecimiento de Dios, resulta tan ineficaz como extenuante la conversión a la humildad. He aquí cómo lo explica Chuck Swindoll:

Irónicamente, aquellos que se esfuerzan por volverse humildes, que intentan ingeniarse su propia disminución, solo consiguen llamar la atención sobre sí mismos. Sócrates una vez se burló de modo conciso de un hombre por vestir ropas con ostentosa pobreza: «Puedo advertir tu vanidad, Antístenes, en los hoyos de tu capa».

Por otro lado, las personas que aspiran a exaltar a Cristo distraen la atención de ellos. El reportero Arthur W. Pink expresó: «Cuando más me ocupo de Cristo, menos me ocupo de mí...»

Entonces, la pregunta ya no es «¿Cómo puedo hacerme humilde?», sino «¿Cómo puedo ocuparme de Cristo?» *(Juan el Bautista*, Reflexiones para la vida, 1991)

Usando Filipenses 2:3-8 como unidad de medida, indica con una marca qué tan bien te está yendo en las siguientes formas de mengua personal.

Verso 3: *No hagan nada por egoísmo o vanidad; más bien, con humildad consideren a los demás como superiores a ustedes mismos.*
Imagina una sencilla balanza para medir tus acciones de la semana pasada. Si tuvieras que colocar de un lado aquellas acciones por medio de las cuales te honraste a ti misma, y por el otro lado las acciones que sirvieron para honrar a los demás, ¿hacia qué lado se inclinaría la balanza?

☐ Honor para mí   ☐ Honor para los demás

¿De qué manera podrías honrar más a otras personas?

_____

_____

Verso 4: *Cada uno debe velar no solo por sus propios intereses sino también por los intereses de los demás.*
Imagina otra balanza; esta servirá para sopesar las conversaciones de la semana pasada. Si pusieras todas las historias acerca de ti misma que contaste de un lado, y todas las preguntas y el tiempo que empleaste en escuchar a los demás del otro lado, ¿cuál pesaría más?

☐ Mis historias   ☐ Las historias de los demás

Humildad: Día 4 • Tu asesora en la humildad

¿Qué podrías hacer para cambiar las cosas y conseguir que los demás se abran y te hablen más de sí mismos?

_____

_____

_____

Verso 6: *Cristo Jesús, siendo por naturaleza Dios, no consideró el ser igual a Dios como algo a qué aferrarse.*

La siguiente balanza pesará el uso que le has dado a tus capacidades. De un lado, coloca todas aquellas ocasiones en que hayas usado tus destrezas, habilidades o talentos para tu propio beneficio durante la última semana. Del otro lado, pon aquellos momentos en que hayas utilizado tus capacidades para beneficio de los demás. ¿Cuál de los dos lados pesará más?

☐ Beneficio propio ☐ Beneficio de los demás

¿Qué uso le darías a tus destrezas y capacidades a fin de bendecir más a menudo la vida de otras personas?

_____

_____

_____

Verso 7: *Por el contrario, se rebajó voluntariamente, tomando la naturaleza de siervo y haciéndose semejante a los seres humanos.*

Esta balanza medirá los derechos de la semana. Piensa en las veces que insististe en la defensa de tus derechos, exigiste que se hicieran las cosas a tu manera o hiciste uso de tus privilegios o posición. Esas ocasiones irían de un lado. Luego, piensa en las veces que resignaste tus derechos, permitiste que alguien hiciera las cosas a su modo o prestaste algún servicio. Coloca estas ocasiones en el otro extremo. ¿Hacia qué lado se inclina la balanza?

☐ Mis derechos ☐ Servir a los demás

Primera parte: Entabla una relación adecuada con Dios

¿En qué situaciones podrías dejar de lado tus derechos para servir a los demás?

_____

_____

Verso 8: *Y al manifestarse como hombre, se humilló a sí mismo y se hizo obediente hasta la muerte, ¡y muerte de cruz!*

La última balanza habrá de pesar tu obediencia en situaciones que te causaron dolor. Si, por un lado, pusieras aquellas ocasiones en que te excusaste de obedecer porque te causaba dolor, y en el otro lado pusieras aquellas otras veces en que serviste a Dios, incluso cuando esto te causaba un sufrimiento, ¿cuál pesaría más?

☐ Excusarme   ☐ Obedecer

¿En qué situación deberías abandonar tus miedos y obedecer?

La última pregunta que te haré hoy es la siguiente: ¿Qué aspecto motivador sobre ti mismo pudiste advertir con este ejercicio?

_____

_____

Oración

Amado Señor:

Examíname, Señor. Si fabricaras una balanza para la humildad y colocaras en ella, de un lado, mis actos de orgullo y muestras de mi humildad del otro lado, ¿cómo resultaría la medición? Si me examinaras para evaluar el espacio de visión que ocupo yo y el que ocupas tú, ¿qué resultados arrojaría? Explora mi corazón y mi mente y revélame la verdad sobre quién tiene prioridad en mi vida, tú o yo. Señor, que crezcas tú. Deseo conocerte hoy mejor que ayer y mañana mejor que hoy. Quiero enamorarme más de ti. Quiero comprometerme más contigo minuto a minuto a lo largo de mis días. Enséñame a menguar. Y en la medida que me vaya llenando de ti, ayúdame a permitir que disminuya mi ego. Ayúdame para que pueda honrar, escuchar y beneficiar a los demás. Y ayúdame a serte obediente, incluso cuando duela.

En el nombre de Jesús, amén.

Humildad: Día 5

Pasos hacia la humildad

El compromiso total con el crecimiento de Cristo significa dejar que nuestras vidas actúen como el marco que encuadra la obra de arte, Jesucristo. Y un marco valioso no puede estar machado, ser monótono, mediocre o barato; así como tampoco podría ser demasiado elaborado y eclipsar la pintura. En cambio, su trabajo consiste en atraer la atención del observador, con sutileza, a la bella obra de arte que rodea.

Charles Swindoll, pastor y autor

Siéntate en paz junto a tu Creador

Hoy será un momento de reflexión y aislamiento en la privacidad de tu espacio de paz. Deberás poner todas tus decisiones en un Plan de Acción de la Humildad, con pasos a seguir y prácticas que habrás de adoptar para profundizar este rasgo del carácter en tu vida. Echa un vistazo a las tres distintas perspectivas desde las que podrás desarrollar tu humildad, a saber: adquirir una imagen adecuada de Dios, de ti misma y de los demás.

Pregúntate qué tan capaz eres de concentrarte en aumentar tu humildad durante esta época de tu vida. Luego escoge los pasos de acción apropiados de las páginas 59-62, siendo realista sobre lo que te sientas en condiciones de experimentar esta semana. Se trata de tu plan, tu vida y tu decisión en la fe, de nadie más. Si sientes la influencia de Dios para que concentres tus energías en la humildad ahora mismo, enfócate en los ejercicios con entusiasmo, ¡sin mayores rodeos ni demoras! Tengo la plena seguridad de que, cualquiera sean los esfuerzos que puedas realizar para mejorar tu humildad, serán generosamente recompensados por Dios en la tierra y en el cielo.

Plan de acción de la humildad

ENFOQUE EN LA ORACIÓN: Alaba a Dios mencionando sus atributos (fe, bondad) o sus nombres (Protector, Proveedor, Rey, Santo). Pídele que te muestre aquellos aspectos en los que te hayas sobrevalorado y aquellos otros donde te hayas desvalorizado. Aleja la vista de ti con una oración de alabanza por alguna persona que forme parte de tu vida, y ora por una oportunidad en la que puedas compartir esa alabanza con alguien más este día.

ENFOQUE DEVOCIONAL: Escoge uno de los siguiente pasajes de las Escrituras sobre el tema de la humildad: Para enfocarte en el *desarrollo de una imagen adecuada de Dios*, lee Apocalipsis 5:8-14 y maravíllate ante su existencia. Para enfocarte en *desarrollar una imagen adecuada de ti misma*, lee la historia de la curación de Naamán, en 2 Reyes 5:1-19 y medita acerca de aquellas áreas de tu vida en las que el orgullo te ha hecho sobrevalorarte al punto de poner en cuestión tu obediencia a Dios. Para enfocarte en el *desarrollo de una imagen adecuada de los demás*, lee el pasaje sobre el tronco en el ojo propio y la astilla en el ajeno, de Mateo 7:1-5, para lo que te sugiero utilices diferentes traducciones a fin de conseguir una perspectiva más fresca sobre el tema.

PERSPECTIVA ADICIONAL: Lee libros que te ayuden a comprender mejor la naturaleza de Dios, como el clásico *Conociendo a Dios*, de J. I. Packer. También puedes ponerte creativa y quitar el foco de ti misma al brindarle atención extra a una amiga que pudiera necesitarla en este momento.

Pasos de acción: Desarrollando una imagen adecuada de Dios

Instrucciones: Escoge, guiada por la oración, uno o dos pasos de acción a seguir en esta semana

Fecha de inicio

_____ ☐ **Alabaré a Dios.** Elevaré mis oraciones pidiendo que los hechos de mis días tiendan al crecimiento de Dios y a mi disminución. Incluiré a Dios en mis pensamientos mientras conduzco, camino, trabajo, converso con alguien, o miro la televisión. Reconoceré su inmenso poder hablándole acerca de mi preocupación, mis miedos, enojos y ansiedades, ¡así como de mis gozos y celebraciones!

_____ ☐ **Estudiaré a Dios.** Me sumergiré de un modo profundo en la exploración de Dios. Llevaré a cabo esta tarea a través del estudio de sus nombres, sus atributos y características, y de su amor por mí que está expresado en las Escrituras.

Primera parte: Entabla una relación adecuada con Dios

_____ ☐ **Buscaré a Dios.** Saldré a la búsqueda diaria de Dios, dejando consignado en mi diario aquellas situaciones donde lo veo aparecer cada día: la naturaleza, las interrupciones, las coincidencias, los desvíos, las provisiones, las dificultades, los vínculos con las personas, y las respuestas que reciben mis oraciones. Compartiré con al menos una persona aquello que vea en mi búsqueda diaria de Dios.

_____ ☐ **Desarrollaré** una imagen adecuada de Dios por medio de *(agrega aquí tu idea)*

_____

_____

_____

Pasos de acción: Desarrollando una imagen adecuada de mí misma.

Instrucciones: Escoge, guiada por la oración, de uno a dos pasos de acción que puedas llevar a la práctica esta semana.

Fecha de inicio

_____ ☐ **Dejaré de pretender la perfección.** Me daré permiso para que suceda algo que no represente un peligro de vida, y cuando alguien se dé cuenta de ello, me reiré en lugar de pedir disculpas o intentar corregirlo.

_____ ☐ **Dejaré de hacerme daño.** Tomaré mi actitud de falta de valor como lo que es: orgullo. Cambiaré mi diálogo interior negativo dando gracias a Dios por haberme creado de este modo.

_____ ☐ **No seré jactanciosa.** No conduciré las conversaciones por caminos que me lleven a exagerar mis virtudes y logros. No me jactaré cuando relate una historia sobre mí misma. No presumiré.

_____ ☐ **Aprenderé algo nuevo** cada día, incluso en mi propia especialidad. Estaré abierta a las correcciones, al aprendizaje y a las opiniones de los demás.

_____ ☐ **Revisaré mis motivos.** Llevaré en mi cartera una tarjeta que rece: «Revisa tus motivos», a fin de recordarme verificar la presencia de alguna que otra intención orgullosa antes de hablar o actuar. Me preguntaré regularmente acerca de mis razones para prestar servicio voluntario, de los motivos para alardear sobre las personas importantes que conozco a fin de causar una impresión en los demás, de por qué le escribo un correo electrónico o llamo a una persona, o lanzo indirectas, etc.

_____ ☐ **Obedeceré a Dios en esas áreas que mantuve intactas.** En lugar de decir «Así es como soy», trabajaré ayudado por el Espíritu Santo en aquellos aspectos de mi personalidad que exhiben ofensas, irritación, egoísmo, son dañinos o siento que escapan a mi control.

_____ ☐ **Desarrollaré** una imagen adecuada de mí misma por medio de *(agrega aquí tu idea)*

_____

_____

Pasos de acción: Desarrollando una imagen adecuada de los demás.

Instrucciones: Selecciona, guiada por la oración, uno o dos pasos de acción a seguir en esta semana.

Fecha de inicio

_____ ☐ **Seré una alentadora.** Dejaré de compararme con los demás, en cambio pondré mi atención en ellos y les haré genuinos cumplidos. No juzgaré. Reemplazaré mi tendencia a la severidad, a la crítica y a la tozudez con palabras y actos de bondad, afirmación y comprensión.

_____ ☐ **Seré quien preste ayuda.** Apartaré la mirada de mí, especialmente cuando esté atravesando por un momento difícil. Buscaré maneras de volver mi atención hacia fuera y de brindarle mi ayuda a alguien más. Cambiaré el orden de la ecuación para pasar de ser una tomadora a ser una dadora.

_____ ☐ **Seré una servidora.** Escogeré deliberadamente prestar servicio allí donde no sea reconocida. No competiré ni pensaré quién se lleva el crédito por lo hecho.

_____ ☐ **Seré una recibidora.** Aceptaré ayuda, regalos o cumplidos de parte de los demás con tacto, permitiéndoles ejercer los dones de la ayuda, la generosidad y el estímulo.

_____ ☐ **Seré una mentora.** En lugar de hacerlo todo por mi cuenta, entrenaré a otros y los ayudaré a que descubran sus zonas de talento. Me convertiré en su aliento y motivación, y seré quien los celebre cuando alcancen el éxito.

Primera parte: Entabla una relación adecuada con Dios

_____ ☐ **Desarrollaré** una visión adecuada de los demás por medio de (escribe aquí tu idea)

_____

_____

Plan Maestro de Acción

Ahora, selecciona un paso de acción principal de este ejercicio del Día 5 y anótalo en tu Plan Maestro de Acción, en el Apéndice A de la página 362, en la sección en línea. Cuando hayas finalizado la lectura de este libro, continúa dirigiéndote a ese paso de acción principal de tu Plan Maestro de Acción (¡así como a este plan de acción de la Humildad, desde luego, siempre que te lo permita ese momento de tu vida!). Recuerda que, a fin de que puedas volverte más semejante a Cristo en tu persona, es necesario que colabores con Dios de tres maneras: con la preparación, la oración y la práctica. Ya has llevado a cabo el trabajo de preparación al aprender la verdad de Dios acerca de la humildad. Ahora, debes interiorizarlo, orando por la ayuda del Espíritu Santo y poniendo en práctica tus pasos de acción, uno a uno.

Oración de humildad

Amado Señor:

Desearía no tener que luchar en esta zona, ya que me pone muy triste pensar en los terribles efectos que mi orgullo tiene sobre los demás. Peor aún, siento un profundo dolor por el orgullo que me quiere coronar presidenta del universo y arrebatarte la gloria. Hoy, lo único que quiero es repetir: Te amo. Me lamento por mis actitudes orgullosas. Te agradezco porque me amas a pesar de mí misma, y sobre todo, te doy gracias por tu infinita bondad y por la firme voluntad de sacarme de donde me encuentro hoy. Eso es algo verdaderamente extraordinario para mí. Y bien podría ser la primera cosa por la que te dé gracias el día que me reúna contigo en el cielo.

En el nombre de Jesús, amén.

SEGUNDA PARTE

Entabla una relación adecuada contigo misma

Capítulo 2

La confianza

El temor del Señor es un baluarte seguro
que sirve de refugio a los hijos.

Proverbios 14:26

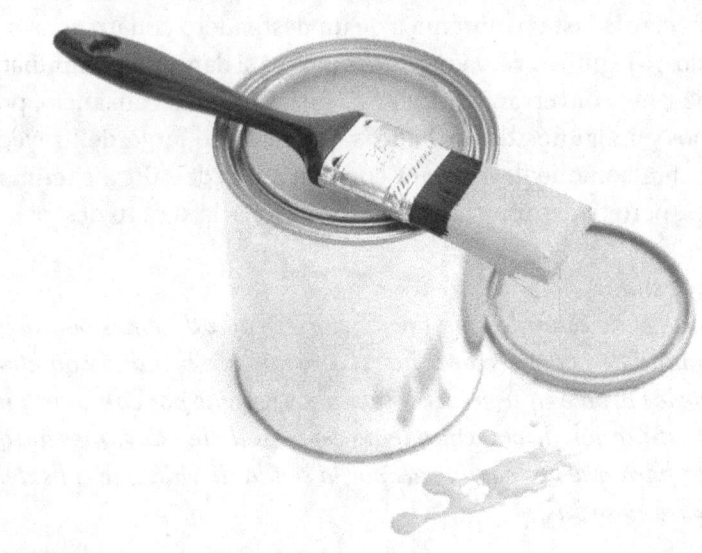

Confianza: Día 1

La fe en Dios

La confianza nos brinda el valor y la convicción para llegar más lejos.
Asimismo, nos abre el camino a mayores riesgos y logros
muy por encima de lo que podamos imaginar.
Jack Welch, presidente y gerente ejecutivo de General Electric

BIENVENIDA A MI HOGAR...
¡EL SALÓN DE LA RENOVACIÓN!

Estoy feliz de que la semana pasada hayas mencionado lo mucho que te agrada estar al aire libre, porque sin lugar a dudas también podrás disfrutar del bello sendero campestre que se encuentra a la vuelta de mi casa. Hoy vamos a estar rodeadas de árboles repletos de pajarillos cantarines y podremos apreciar la vista panorámica de un desfiladero con un arroyo fluyendo en medio. ¿Magnífico verdad? ¿Qué te parece si damos una caminata placentera mientras conversamos? Incluso, si sintiéramos cansancio, podríamos sentarnos en algunos de los bancos que hay a lo largo del trayecto. ¡Muy bien! La oración que llevo en mi corazón antes de salir a caminar es la siguiente... pero tienes toda la libertad de ampliarla si es tu deseo:

Padre celestial:

Tú eres el director de toda la creación. Te agradecemos por darnos la oportunidad de poder respirar hoy el aire que nos brindas y oír el murmullo de los árboles que creaste. Te damos gracias por caminar a nuestro lado en esta sesión de entrenamiento espiritual. Te otorgamos autoridad absoluta para que nos conduzcas por la senda de vida que consideres apropiada para nosotras.

Amén.

Ahora, salgamos a caminar y conversemos sobre nuestro tema de hoy: la confianza.

Confesiones de una asesora sin confianza

Bien, creo que llegó la hora de las confesiones verdaderas. Aunque detesto admitirlo, tiempo atrás las personas solían llamarme «cabeza de casco». Como podrás imaginar, durante años me sentí fea, y como era consciente de mi apariencia, trataba de compensarlo rociándome el cabello con una cantidad importante de laca y así lograba fijarlo en el lugar perfecto. ¡En esa época, si chocábamos nuestras cabezas al abrazarnos, créeme te habría dejado inconsciente en el suelo! Si bien a veces mi apariencia personal me avergonzaba un poco, ¡tenía mucha confianza en mi peinado!

Para toda mujer de carácter, la confianza representa una cualidad importante, porque provee esa seguridad interior que nos ayuda a interactuar eficazmente con los demás. Asimismo, nos equipa con la creencia de que podemos llevar a cabo nuestro propósito en la vida. Ante la falta de confianza, lo que hacemos es asustarnos y escondernos, y así dejamos de creer en nosotras o en el poder de Dios que actúa en nuestra vida. En la actualidad, algunos gurús de la autoayuda sugieren que la confianza se puede edificar a partir de pequeños trucos tales como la buena postura, un vestido provocativo, un apretón de manos firme, un perfume intenso, o a través de un asesor de imagen. (¡A estas alturas debo admitir que aparte de la laca... sí probé todo aquello!). Ellos estiman que la confianza consiste en verse bien y actuar como si creyeras en ti misma. Ahora bien, existe un problema: ¿Qué sucede si tú no crees que luces bien? ¿Qué ocurre cuando te dejas deprimir?

Autoconfianza vs. Confianza en Dios

La autoconfianza proviene de la fe que depositamos en Dios, *no* en nosotras mismas. Es decir, una autoconfianza firme no significa seguridad en uno mismo, sino confianza en Dios. Aquí nos enfrentamos a otra de las tantas paradojas espirituales, como la de perder la vida para encontrarla, o la de que los últimos serán primeros. Es decir, la confianza deriva su nobleza de aquel en quien se deposita. Por ejemplo, si te esforzaras en trabajar el nivel de tu autoconfianza con medios tales como un peinado bonito o una sonrisa deslumbrante, comprobarás que tu confianza durará lo que la laca en el cabello o el dentífrico sobre tus dientes, y podría destruirse con un día de lluvia o el mal aliento.

Como se mencionó anteriormente, si la confianza solo es buena en la medida que lo sea aquel en quien la depositamos, ¿quién mejor para confiar que Dios mismo? Entonces, la diferencia radica precisamente en cambiar el foco desde la autoconfianza a la confianza en Dios. Sobre el particular los sociólogos podrán decirnos que nuestra autoestima está basada en la creencia acerca de lo que la persona más importante en nuestra vida piensa de nosotros. Si mides tu autoestima por los indicios que te den tus padres, tu mejor amiga, un compañero o tu propio diálogo interior, podrás advertir que tu confianza sufrirá cada vez que recibas un mensaje negativo. Por el contrario, si diriges la mirada hacia Dios en busca de señales para medir tu autoestima, ¿qué tan sólida y firme podría llegar a ser tu confianza? Y aquí sí es importante señalar que sin importar las opiniones de los demás (o lo que tú misma digas), sabrás que eres valiosa, atractiva, digna de ser amada y aceptada, y merecedora de perdón.

Débora: un ejemplo de confianza

Al leer la Biblia observamos muchas historias de personajes que como resultado de confiar en Dios, encontraron fuerza y una imprevista capacidad de liderazgo. Uno de los relatos mas fascinantes lo constituye la vida de la jueza y profeta llamada Débora, una mujer extraordinaria que fue líder nacional dentro de una sociedad que precisamente desestimaba a las mujeres. En las Sagradas Escrituras se menciona a un puñado de mujeres muy poderosas, tales como la reina Ester, la reina de Saba y la reina Jezabel, entre otras. Sin embargo, la historia de Débora tiene un distintivo particular: fue la única mujer que alcanzó su lugar de autoridad por demanda del pueblo. Si bien a lo largo de varias centurias hubo jueces que demostraron fallas evidentes de carácter, el desempeño de Débora adquirió notoriedad porque en su condición de mujer exhibió integridad, personalidad, sabiduría y depositó en Dios una confianza tal que condujo a las personas a seguir su liderazgo audaz.

Cuenta la historia que cierto día Débora recibió de Dios un mensaje profético para el comandante militar Barac, en el instante preciso en que las personas aguardaban su turno para que ella solucionara sus conflictos e impartiera justicia. El mensaje decía específicamente que debía reunir un ejército y atacar a los cananeos. Detengámonos aquí por un instante y estudiemos la audacia de esta idea. Los cananeos presumían de tener un ejército dotado con carros de hierro (Jueces 1:19). Anteriores generaciones de israelitas habían sido víctimas del terror hacia los cananeos, al punto de llegar a rendirse antes de elevar su oración. Si bien los cananeos aún conservaban sus carros, ahora Israel poseía un arma secreta extraordinaria: la inquebrantable fe en el Dios de Débora. De hecho, Barac estaba dispuesto a enfrentar a aquel ejército poderoso solo si Débora lo acompañaba. Dijo entonces Barac: «Solo iré si tú me acompañas; de lo contrario, no iré» (Jueces 4:8).

Fue así que juntos emprendieron la partida y gracias al liderazgo inspirador de Débora lograron reunir diez mil hombres de la tribu para llevarlos al frente de batalla por una causa imposible. Esa inspiradora fe en Dios que irradiaba Débora pronto se convirtió en la fuerza motriz del ejército que en tanto avanzaba proclamaba como grito de batalla: «¡Adelante! Este es el día en que el SEÑOR entregará a Sísara en tus manos. ¿Acaso no marcha el SEÑOR al frente de tu ejército?» (Jueces 4:14). El embate de las tropas de Israel coincidió con la presencia de una gran tormenta y los invencibles carros cananeos quedaron atascados en un mar de lodo, dando por resultado la destrucción posterior del ejército cananeo.

A pesar de pertenecer a una cultura dominada por varones, Débora evidenció confianza absoluta en Dios, fe inconmovible, devoción extrema por su nación, pasión por su pueblo, y un liderazgo seguro. No se reflejó en ella ningún destello de orgullo y le otorgó a Dios todo el mérito por su victoria militar. (Lee la canción de Débora en Jueces 5).

LECCIONES DE CONFIANZA

Débora evidenció múltiples cualidades propias de una persona plena de confianza:

- **Resolución de problemas.** Ella fue testigo de una situación que demandaba acción y organizó una solución. No permitió bajo ningún concepto que su condición de mujer o su falta de experiencia la bloquearan.
- **Correr riesgos**. Débora concentró un ejército y motivó a los hombres a movilizarse para la batalla a través de su fe inquebrantable en Dios. Este proceder no provenía de una mujer temerosa, insegura, sino de una mujer con una fe sólida en un Dios de poder.
- **Realismo acerca de sus fuerzas.** Si bien Débora atrajo seguidores por su devoción a Dios, no permitió que la atención de las personas recayera sobre sí misma. Débora no se subestimaba diciendo: «Ah, solo soy una mujer. No deberían escucharme. Hablen con Barac».
- **Competente.** La capacidad que poseía Débora no provino de expresar su sabiduría o controlar a la gente. Ella experimentó esa aptitud porque supo escuchar a Dios, pronunciar sus palabras,

y dirigir a las personas en esa dirección. No pidió ningún reconocimiento por sus éxitos, solo reconoció a Dios como el proveedor de la victoria.

- **Conciencia de propósito.** Fue consciente de su fortaleza y ejerció su influencia. Llegado el momento de enfrentar un gran obstáculo, se colocó a la altura del desafío con comprensión plena de que ese era el momento y el propósito por el que Dios la había situado en aquella posición. No era conformista ni pretendía agradar a los demás, solo era una mujer decidida.
- **Conciencia de *no* poseer calificaciones.** No existe ningún elemento en esta historia que nos permita determinar por qué Dios utilizó a Débora de modo tan dramático. Ella no descendía de un linaje de líderes ni se había distinguido en batalla alguna con anterioridad. Entonces, podemos decir que Dios escogió a Débora porque era útil, obediente y devota. Parece que hubiera dicho: «¡Vaya! ¿Una mujer entregada completamente a mí? ¡Eso es todo lo que pido!».

Este es el momento indicado para que revisemos juntas qué tan segura eres. Ahora, intenta la autoevaluación de la página siguiente para tomar *el pulso de tu confianza*:

Confianza: Día 1 • La fe en Dios

Prueba de confianza

Lee cada una de las trece afirmaciones siguientes y marca las que describan tus actitudes más frecuentes, luego suma el puntaje total para determinar si eres una persona que se inclina más hacia la confianza o la inseguridad.

Confianza	Inseguridad
Busco el lado positivo de hechos negativos. ☐	☐ Tomo los hechos negativos como razones para renunciar.
Busco soluciones para los problemas. ☐	☐ Me siento atrapada cuando surgen problemas.
Tomo los errores como oportunidades para aprender. ☐	☐ Considero los errores motivo de humillación y los cubro.
Me acepto a mí misma, incluso cuando fracaso. ☐	☐ El fracaso prueba que no soy merecedora.
Corro riesgos e intento cosas nuevas. ☐	☐ Temo al fracaso y evito riesgos.
Cuando soy nueva en un grupo, me enfoco en los demás. ☐	☐ Cuando soy nueva en un grupo, me mantengo consciente de mí misma.
Reconozco mis puntos fuertes con realismo. ☐	☐ Tiendo a desanimarme y deprimirme.
Tengo la capacidad de recibir cumplidos con gentileza. ☐	☐ Desoigo los cumplidos por no considerarlos apropiados para mí.
Hago lo correcto, incluso si me critican por ello. ☐	☐ Actúo según lo que considero traerá felicidad a los demás.
Tengo un fuerte sentido de identidad propia. ☐	☐ Me adapto para que me acepten.
Por lo general me siento competente. ☐	☐ Me siento fuera de control, incapaz e insuficiente.
Soy consciente de mi propósito en la vida. ☐	☐ Mi vida no tiene sentido, estoy confundida.
Baso mi autoestima en lo que me dice Dios. ☐	☐ Baso mi autoestima en la aprobación de los demás.
PUNTAJE TOTAL DE CONFIANZA ___	___ PUNTAJE TOTAL DE INSEGURIDAD

Reflexionar sobre los resultados de este autoexamen puede que te ayude a responder las preguntas del siguiente diario de un modo más realista.

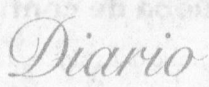

Lee nuevamente el grito de batalla de Débora: «¡Adelante! Este es el día en que el SEÑOR entregará a Sísara en tus manos. ¿Acaso no marcha el SEÑOR al frente de tu ejército?» (Jueces 4:14).

1. Para ti, ¿cuál es este «día»? (¿Qué batalla se libra en tu esfera de influencia? Actualmente, ¿en qué área percibes que tu confianza se nota más vulnerable o dañada?)

   _____
   _____
   _____

2. ¿Qué te menciona Dios acerca de esta área? ¿Si Dios dice: «¡Adelante!», o a la carga o avanza, cómo consideras que se vería esa obediencia?

   _____
   _____
   _____

3. Imagina a Dios yendo delante de ti en la batalla. ¿Cómo afectaría tu confianza depositar tu fe en él en lugar de en ti (o tu apariencia, o los hechos de tu pasado, o lo que tus amigos puedan decir de ti, o lo que sea que utilices por lo general para apuntalar tu seguridad)?

   _____
   _____
   _____

Oración

Amado Señor:

Te agradezco por no tener que apoyarme en mí misma para sostener mi confianza. Señor, ayúdame a tener fe en ti cuando la confianza me abandona. Tú demostraste una y otra vez que utilizas a las personas incluso cuando hay algo en sus vidas que podría mermar la confianza en sí mismas. Tú encumbraste a Débora y la convertiste en líder de una nación, siendo una mujer. Tú hiciste a Sara madre de una nación, siendo una anciana. Tú tomaste a Rajab para proteger a los espías hebreos, siendo una prostituta. Rut forma parte de la genealogía de Jesús, siendo una extranjera (una moabita). Tú hiciste de Ester la reina que salvó a su pueblo, siendo una huérfana. Tú dejaste que Marta te sirviera, siendo una mujer quejosa y llena de preocupación. Tú inspiraste a la mujer samaritana para evangelizar a su pueblo, habiéndose divorciado por quinta vez. Y tú nos enseñaste una lección de generosidad por medio de la viuda que dio dos centavos, siendo una indigente. Por favor, ve delante mío y gana la batalla en el área que más vulnerable me siento. Tengo ansias de cambiar la autoconfianza por la confianza en Dios.

En el nombre de Jesús, amén.

Confianza: Día 2

Inseguridad: Descubre a tu Charlie Brown interior

> Esta es otra de mis creencias: mientras yo vivo en cierta manera escondida, considero que todos los demás de mi misma edad son adultos.
>
> **Margaret Atwood, novelista**

Un mensaje

NOTA: Recuerda que este es el Día 2, por lo que tienes que leer el mensaje en el texto de abajo. ¡Espero que este asesoramiento te sea de utilidad y no olvides iniciar tus oraciones!

La otra cara de la confianza

Todos recordamos a Charlie Brown, el protagonista desafortunado de la historieta *Charlie y Snoopy*. Él se autoevaluaba de la siguiente manera: «En todo obtuve un cero. ¡Soy un estudiante malísimo!». Él es un niño que lucha de continuo contra sus ansiedades y defectos. Por lo tanto, se resigna a formar parte del club de perdedores: «No soy un pobre perdedor; soy un gran perdedor. ¡Soy tan bueno que pierdo todo el tiempo!». Y al proceder de esta manera permite la dominación que Lucy ejerce sobre su persona: «Tú, Charlie Brown, eres una pelota perdida en el juego de la vida. Eres un error. Eres como un cero a la izquierda en las matemáticas de la vida».

Pobre Charlie Brown. Tal vez sus padres eran criticones y exigentes como Lucy. ¿Acaso serían sobreprotectores y controladores? De ser así, probablemente esos sentimientos de inferioridad e inadaptación tuvieron su origen en la forma de actuar de sus progenitores. ¡Después de todo, la culpa siempre es de los padres! Si ellos le hubieran brindado a Charlie algo de aceptación, incluso cuando cometía errores, probablemente no se habría vuelto un niño tan duro consigo mismo cada vez que perdía un partido de fútbol o cuando su cometa se atascaba entre las ramas de algún árbol. Charlie Brown no era falto de toda habilidad; simplemente se enfocaba demasiado en las expectativas de los demás y permitía que otras personas moldearan el concepto que tenía de sí mismo.

Ladrones de confianza

En nuestra vida existen áreas donde experimentamos inseguridad. Nuestra confianza puede ser sacudida por cosas tan simples como aumentar diez libras, recibir críticas o sentir que nos han dejado de lado. Asimismo, hay amenazas que pueden suscitar una inseguridad más profunda en nuestro interior: los ladrones de confianza de la falsa identidad, de la falta de propósito, y del autoboicot. Por fortuna, puedes prevenir estos robos a tu seguridad de la siguiente manera: (1) conociéndote; (2) sabiendo por qué estás aquí; y (3) ¡conociendo tu valor verdadero!

Es necesario que sepas quién eres.

Para que tu identidad no dependa de la opinión de los demás, es necesario que poseas un fuerte sentido de quién eres. ¡Tener amigos como los de Charlie Brown solo te harían sentir desalentado! Cuando la gente que te rodea es por lo general crítica, o te pone etiquetas o insulta, tu confianza se verá erosionada y es factible que termines sintiéndote un *don nadie* y un fracaso. Todos sabemos de la importancia que implica escoger sabiamente a nuestros amigos y limitar la exposición ante aquellos que nos desaniman, nos degradan o nos tratan como si nada valiéramos.

> Con la boca el impío destruye a su prójimo
>
> PROVERBIOS 11:9

> El charlatán hiere con la lengua como con una espada
>
> PROVERBIOS 12:18

La acción de compararnos con los demás representa otro factor que afecta nuestra confianza. Por ejemplo, la comparación podría conducirte al orgullo, si te consideras superior a otros, o a la inseguridad, si crees que los demás son mejores que tú. Si eres una persona que tiende a medir su lugar en la vida equiparándote con los demás, sin lugar a dudas a cada momento te subirás a un balancín de identidad, dependiendo de aquel con quien te compares.

> *No nos atrevemos a igualarnos ni a compararnos con algunos que tanto se recomiendan a sí mismos. Al medirse con su propia medida y compararse unos con otros, no saben lo que hacen.*
>
> 2 Corintios 10:12

Es necesario que sepas por qué estás aquí.

No hay nada que ayude mejor a superar las barreras que obstruyen la confianza que poseer un sentido de propósito en tu vida. Solo cuando sabes por qué estás aquí en la tierra y aquello para lo cual fuiste creada, entonces comienzas a experimentar una intensa sensación de sentido en ti misma. Al trabajar en esa actividad específica para la cual posees un don, ya sea cantar, enseñar, pintar, dirigir o realizar llamadas telefónicas, puede que adviertas que te impulsa una energía sin límites. Sientes que podrías continuar haciéndolo horas y horas como si poseyeras un tanque de gasolina que nunca se agota. Asimismo, después de algún fracaso puede que te encuentres volviendo a intentar una y otra vez aquello que te consideras destinada a realizar, sin que logren detenerte los desvíos y contratiempos. Ahora bien, si experimentas confusión acerca de tu dirección en la vida o tu propósito, es probable que la fatiga y el fracaso te envuelvan.

Un ejemplo típico lo constituye lo que le sucedió a Pedro. La detención de Jesús fue un impacto tan duro de superar que Pedro fue invadido por la confusión. A lo largo de todo el proceso él creyó que su propósito era permanecer al lado de Jesús cuando fuera coronado rey de los judíos. Sin embargo, perdió toda confianza cuando su destino brillante fue destrozado en manos de una multitud iracunda. De esa manera él mismo preparó el terreno para sucumbir en el desánimo y la fatiga. Y así lo vieron deambular en un tribunal, desgastado por la extensa noche en Getsemaní y muy molesto al ver todos sus sueños y planes destruidos. Ya con sus reservas agotadas, no pudo soportar la provocación de los extraños y acabó negando tres veces que conociera a Jesús (ver Lucas 22:54-62).

Es necesario que conozcas tu valía.

Una persona que posee baja autoestima es víctima fácil del autoboicot, expresado por medio del perfeccionismo, la manía de control o la depresión. Todo esto la transforma en una persona complicada y difícil para entablar o sostener relaciones, lo que a su vez conduce a reforzar sentimientos de aislamiento y desvalorización. Por eso es importante revisar con especial cuidado cada categoría, poniendo especial atención en las maneras en que podrías darle a fin al autoboicot:

Perfeccionismo: Este representa un método particularmente insidioso de la manifestación del autoboicot. Lo podríamos definir como el síndrome de «si puedo alcanzar la perfección, todos me aprobarán». Esta es una apreciación que asume equivocadamente nuestro control sobre los pensamientos que los demás tienen acerca de nosotros. Algo así como: «Tengo que ganarme el visto bueno de fulano y mengano, de lo contrario no podré seguir viviendo». O, también: «Si no me sale perfecto, habré fallado; y si fallo, moriré». ¡Si este es el caso, permíteme decir que los perfeccionistas están condenados a la ruina! Para toda mujer que se empeña en intentar demostrar su valía, alcanzar la perfección es su objetivo más deseado. Ahora debemos entender que el valor no es algo que podamos ganar u obtener. El valor en sí es algo que aprendemos a percibir. Llegamos a advertir que somos valiosos por ser hijos de Dios, quien nos creó, redimió y nos ama.

Dios nos escogió en él antes de la creación del mundo, para que seamos santos y sin mancha delante de él.

EFESIOS 1:4

Control: La persona insegura es aquella que tiende a experimentar una alta necesidad de ejercer control sobre todo. Mientras que el perfeccionista intenta *perfeccionarse*, el controlador intenta *perfeccionar su mundo*. En este escenario de cosas, cuando resulta imposible ejercer la supervisión de todo, la amenaza hace su ingreso, como cuando un compañero de trabajo nos presenta una opinión diferente a la nuestra, tus hijos se comportan de mal modo, te encuentras sin empleo, o tu esposo llega tarde a casa. Si la imagen que tienes de ti misma se sustenta en ser correcta, tener buena apariencia, criar adecuadamente a tus hijos o hacer el bien, entonces puede que te conviertas en una controladora. Es importante saber que forzar a las personas o cosas para que traten de alinearse según tu concepto de lo que «debe ser», produce como resultado el alejamiento de aquellos que intentas controlar.

Depresión: Otro de los métodos de autoboicot que utilizan las personas inseguras es lo que conocemos como depresión. Si bien son muchas las causas que pueden llevarte a esta patología, por lo general lo que haces es atacarte. En mi caso, se trató de un desorden tiroidal que agravó la angustia posparto luego del nacimiento de mi hija. Ya en completo estado de depresión, mis inseguridades crónicas se sumaron para empeorar la situación. Incluso después de recuperarme, adopté un modo de vida cargado de actividad con el fin de evitar sentir dolor y no caer en otro pozo depresivo. Ahora que miro hacia atrás puedo decir que, de haber tenido una mayor seguridad sobre mi identidad en Cristo, de haber conocido al detalle cuál era mi propósito en la vida (me causaba nerviosismo ignorarlo y sentía ansiedad por descubrirlo), y de no haberme comportado con tal grado de perfeccionismo y deseos de control, me habría recuperado mucho antes y el período posterior habría sido menos agitado.

Sugiero que uses la siguiente autoevaluación para que te formes una idea de la influencia que los ladrones de confianza pueden ejercer sobre tu vida.

Lista de comprobación de ladrones de confianza

Trata de verificar si has experimentado alguno de los ladrones de confianza siguientes, tales como son ilustrados por las oraciones que se dan de ejemplo para cada uno. Para cada marca que hagas, ora por lo que vayas descubriendo y por lo que Dios pueda estar invitándote a modificar.

- [ ] **Perfeccionismo:** «Debe salir perfecto, o habré fracasado».
- [ ] **Control:** «Mi familia debe verse "bien", ellos son un reflejo de mí».
- [ ] **Confundir sentimientos con hechos:** «Me *siento* estúpida, debo serlo».
- [ ] **Proyectar:** «Sé que se burlan de mí» o «Probablemente ella debe pensar que soy aburrida».
- [ ] **Rechazar los cumplidos:** «¿Te gustó la comida? Lamento que no sea un plato elaborado».
- [ ] **Desmerecimiento:** «El éxito no fue mérito mío (fue buena suerte, casualidad o por motivo de alguien más)».
- [ ] **Comparación:** «No soy tan bonita/talentosa/delgada/exitosa/capaz/elegante/extrovertida/devota como ella».
- [ ] **Justificación:** «Fui criada en un hogar disfuncional, por lo tanto siempre seré así».
- [ ] **Predicciones:** «Me despidieron, nunca podré triunfar en este rubro».

> **Ten cuidado con los pensamientos extremos**
>
> Existe una tendencia a pensar en los extremos. En este sentido debes ser cuidadosa, porque son los ladrones de confianza los que se encargan de alimentar el pensamiento extremista. Examina los siguientes pares de afirmaciones para tener una idea de algunos ejemplos clásicos de este tipo de comportamiento.
>
> | Una evaluación poco realista ... | ... en oposición a una evaluación realista |
> |---|---|
> | «Soy una madre desastrosa». | «Algunas veces trabajo hasta tarde». |
> | «Si mis niños se portan mal es porque son malos». | «Todos tenemos nuestros días buenos y malos». |
> | «Si no lavo los platos, mi casa es un desastre». | «Todavía no he podido lavar los platos». |
> | «Soy una inútil». | «Aún me queda mucho por aprender». |
> | «Soy una perezosa». | «Hoy me siento un poco cansada». |

Restauradores de la confianza

Recuerda que cuando hicimos referencia al tema de la humildad, nos enfocamos en la escena única en que Jesús lavó los pies de sus discípulos. Aquí también encontrarás lecciones que ayudarán en el proceso de restauración de la confianza arrebatada por los tres ladrones. Por un momento concentrémonos en el aposento alto donde tuvo lugar la última cena:

> *Sabía Jesús que el Padre había puesto todas las cosas bajo su dominio, y que había salido de Dios y a él volvía; así que se levantó de la mesa [...] y comenzó a lavarles los pies a sus discípulos.*
>
> Juan 13:3-5

A través de este pasaje observamos que Jesús sabía tres cosas sobre su propia persona:

1. Jesús sabía quién era. *Había salido de Dios.* Era consciente de que su identidad tenía origen en Dios.
2. Jesús entendía cuál era su lugar. *El Padre había puesto todas las cosas bajo su dominio.* Su posición era de autoridad, y tenía pleno conocimiento de que la misma le había sido conferida por el Padre.

3. Jesús conocía su destino. *A él volvía.* Jesús sabía de su propósito como redentor de la humanidad, y guardaba tanta confianza en cuanto al éxito del mismo que supo reconocer el hecho de que en algún momento retornaría al cielo ante la presencia de su Padre.

Debes reparar en una cosa muy importante acerca de la imagen que Jesús tenía de sí mismo: se basaba enteramente en Dios. No hay una sola mención del pensamiento de Jesús: «Me pregunto qué pensarán de mí», o «Debo hacer esto para ser reconocido», o «Me hace sentir muy bien poder servir». La imagen propia de Jesús reposaba en quien Dios le encomendó ser (provenía de Dios), aquello que Dios le había otorgado (todo el poder), y el destino que Dios le había asignado a su vida (concluir su propósito y retornar a Dios).

Diario

La confianza auténtica y duradera surge precisamente de fundamentar nuestra autoestima en lo que Dios dice de nosotros. En cada uno de los versículos siguientes, resume lo que la Biblia expresa acerca de ti y cómo esto afecta tu autoestima.

Mi identidad (quién soy yo)

Salmo 139:14-18 _____

_____

Efesios 1:4-5 _____

_____

Confianza: Día 2 • Inseguridad: Descubre a tu Charlie Brown interior

Mi posición (adónde pertenezco)

Romanos 12:4-5 _____

_____

Efesios 2:6 _____

_____

Mi propósito (por qué estoy aquí)

Mateo 5:16 _____

_____

Juan 15:16 _____

_____

2 Corintios 5:20 _____

_____

Oración

Amado Señor:

Me he sentido como Charlie Brown, y en ocasiones, una perdedora. Me reconozco culpable de prestar mayor atención a las palabras de las Lucys que hay en mi vida antes que a lo que tú me dices. Me he comparado con otras personas y me sentí poca cosa. Me he sentido inepta, como si estuviera sola y hubiera sido rechazada. Me he confundido acerca de mi propósito, y me encuentro cansada y desalentada. Y cuanto más inseguridad experimento, mayores son los esfuerzos que realizo para recuperarme por medio del perfeccionismo, o arreglar mi mundo por medio del control, o retroceder a un sitio de depresión donde caigo presa del entumecimiento. Señor, no quiero ser así ni por un minuto más. Ayúdame a creer en ti cuando me dices que me has creado tal como soy, y que me has escogido. Ayúdame a recordar que soy parte de algo superior, recuérdame el lugar que ocupo en tu familia. Y concédeme una visión del propósito que le has asignado a mi vida. Quiero llegar a ser la mejor versión de mí misma a la que pueda aspirar. Quiero ser la persona que tú ves cuando me miras a través de tus ojos amorosos. Te doy gracias por amarme tal como soy.

En el nombre de Jesús, amén.

Confianza: Día 3

Cómo ser agradable contigo misma

Ser consciente de la falta de seguridad universal conduce a fortalecer la propia.

Anónimo

Tienes correo

> Para: «La mujer especial» que hay en ti Fecha: Día 3
> De: Katie Brazelton
> Asunto: Confianza
>
> Llegamos al Día 3, y he aquí el mensaje dedicado para ti. ¡Disfruta de este asesoramiento y no te olvides de iniciar con una oración!

Lo que podemos aprender de Rick Warren acerca de la confianza

Rick Warren es mi pastor y en cierta oportunidad, hace ya varios años, en un sermón hizo un comentario que a decir verdad me alcanzó. Dijo que *nosotros consideramos que nuestros problemas son únicos, pero no así nuestro potencial*. Sobre nuestros *problemas* podríamos decir: «Tú no sabes lo duro que se me hace... no conoces a mis hijos... no conoces al hombre con el que tengo que convivir... no sabes lo sola que me encuentro». Ahora bien, cada vez que hacemos referencia a nuestro *potencial*, no nos consideramos especiales en absoluto. Diríamos cosas tales como: «Cualquiera pudo haberlo dicho ... muchas personas saben organizarse... no hay nada especial en el tema de la cocina».

Acerca de este asunto en particular, la Palabra de Dios nos habla exactamente sobre lo opuesto. Dice que nuestros *problemas* no son exclusivos, sino universales:

> *Ustedes no han sufrido ninguna tentación que no sea común al género humano.*
>
> 1 Corintios 10:13

Las Escrituras señalan además que nuestro potencial no es típico, sino exclusivo:

> *En realidad, Dios colocó cada miembro del cuerpo como mejor le pareció. Si todos ellos fueran un solo miembro, ¿qué sería del cuerpo?*
>
> 1 Corintios 12:18-19

Y he aquí la parte errónea, según el pastor Rick: Dios solo creó una copia de ti, por tanto él nunca habrá de decir: «¿Por qué no eres más como este o aquel?». Y sí puede que diga: «¿Por qué no eres más como tú misma?».

Esta es la historia de Kathryn acerca de ser una persona común

«Ella es una persona corriente y nunca será otra cosa más que eso». El comentario tan despreciativo provenía ni más ni menos que de la maestra de cuarto grado de mi colega Kathryn, quien se lanzó a una búsqueda desesperada de por vida para probar que aquella mujer se equivocaba. Hasta ese preciso instante ninguna persona había caracterizado a la joven Kathryn como alguien común. Ella era hija única de una familia cristiana amorosa y concebida para sentirse especial y única. Sin embargo, los calificativos negativos de una educadora marcaron un giro drástico en su vida.

A partir de este momento y durante las tres décadas subsiguientes, Kathryn se dedicó desesperadamente a conseguir más logros que ningún otro. Por ejemplo, cuando alcanzó el séptimo grado pasó a formar parte de la nómina de estudiantes destacados y permaneció allí a lo largo de la preparatoria, la universidad y el doctorado. Sus monografías eran las más extensas, sus anotaciones las más completas, y su disertación doctoral sobrepasa siete veces el mínimo requerido. En esta carrera desenfrenada, se convirtió en maestra, y sus alumnos se vieron beneficiados con los programas extras creados por ella, tales como un noticiario, una tienda escolar, el club de ajedrez, y equipos académicos competitivos denominados «Amos del conocimiento» y «Mercado de acciones». Asimismo, tuvo el privilegio de ocupar la jefatura en educación primaria en la Universidad North Greenville.

A la edad de doce años, Kathryn públicamente le entregó su vida a Dios porque ansiaba hacer con esmero y dedicación lo que él le solicitara. Y así prosiguió su vida en la adultez matizada con viajes misioneros a África, China, India, Tailandia, Brasil y numerosos países de Europa del este. También fundó una agencia de adopción y un ministerio de mujeres llamado «¡Sal a pescar!» Como ella estimaba que todo lo que realizaba no era suficiente, ese afán por el perfeccionismo la condujo a la realización de jornadas de trabajo aun más duras y extensas. Asimismo, en ciertas ocasiones el temor se interpuso a la concreción de tareas que ella no se consideraba apta para llevar a cabo con excelencia. Su diálogo interior incluía afirmaciones como las siguientes: «No hay nada de especial en mí». «Tengo que ser mejor que los demás». «No soy lo suficientemente buena». «No puedo escribir porque mi ortografía es espantosa». «Tengo que ser perfecta». «Soy común».

Sin embargo, en el año 2005 todo cambió en la vida de Kathryn. Mientras le relataba a una amiga la historia del comentario despectivo de su maestra de cuarto grado, esta la desafió con palabras que cambiaron su universo: «¿No crees que es tiempo de redimir aquel comentario y dejar de permitir que siga en control de tu vida?» Y su respuesta fue: ¡Sí! Kathryn tomó conciencia de que su diálogo interior era negativo y comenzó a reemplazar las afirmaciones negativas por otras positivas. Ahora, en lugar de decirse a sí misma que está deprimida, Kathryn piensa: «Yo elijo ser feliz». Sabe que es valiosa porque Dios la creó. Se apoya en las bendiciones divinas, en lugar de pensar demasiado en sus problemas. Y en cuanto a su escritura, en lugar de pensar que nunca podría hacerlo, comenzó a pronunciar frases alentadoras como: «¡Ahora las computadoras traen correctores ortográficos!» y «Por lo menos soy una buena editora», o «Tengo algo que Dios quiere que diga». Ya publicó numerosos artículos y se encuentra ahora enfocada en la tarea de la elaboración de un libro. Es tan maravilloso el cambio operado en su vida que internamente se repite a sí misma: «Soy especial y Dios tiene un plan único para mi vida que es muchísimo más abundante de lo que yo pueda imaginar». Su consejo para aquellas mujeres que luchan por la confianza es el siguiente: «Dedícate a pasar un tiempo diario con Dios y desarrolla una relación de amor con él. Entonces redime tu diálogo interior de expresiones negativas. Nunca podrás desecharte a ti misma sin causarle un duro golpe a quien te creó».

Los forjadores infalibles de confianza

Como podemos apreciar, la historia de Kathryn encierra un importante principio: Para que puedas renunciar a tus pensamientos y afirmaciones negativas, debes reemplazarlos por otros que sean positivos. De hecho, Kathryn les pidió a sus amigos que le hicieran un llamado de atención cada vez que expresara cosas negativas sobre su persona. Al proceder de esta manera podría anotar sus frases negativas y requerir de Dios otras expresiones nuevas y positivas que le dieran honor él.

Observemos de qué manera la Biblia afirma esta estrategia de sentido común:

> *Por último, hermanos, consideren bien todo lo verdadero, todo lo respetable, todo lo justo, todo lo puro, todo lo amable, todo lo digno de admiración, en fin, todo lo que sea excelente o merezca elogio.*
>
> FILIPENSES 4:8

Si examinamos exhaustivamente el versículo anterior, encontramos algunos forjadores de confianza que no habrán de fallarnos, y que podrás utilizar y memorizar cada vez que descubras que dices algo negativo acerca de ti. Es tan simple como recordar todo lo que Dios dice sobre tu persona, creyéndolo y también repitiéndotelo, con la seguridad de que son palabras provenientes de un Padre amoroso.

Todo lo que sea verdadero

¿Haces afirmaciones arrolladoras e insostenibles acerca de ti misma, tales como: «No puedo hacer nada bien»? ¿Hay algo de lo que deberías liberarte, algo que una persona te dijo en otro momento de tu vida, acerca de ti, y que no sea cierto? ¿Vas a dar crédito a lo que alguien pueda manifestar sobre tu persona, o a lo que *Dios* dice de ti?

> *Y conocerán la verdad, y la verdad los hará libres.*
>
> JUAN 8:32

Todo lo que sea noble

¿En ocasiones sueles decirte a ti misma que no eres honorable, que te sientes destrozada, avergonzada, humillada? Sin importar qué tan desvalorizada pueda estar tu autoestima, el amor de Dios se mantendrá inconmovible.

> *Aunque cambien de lugar las montañas y se tambaleen las colinas, no cambiará mi fiel amor por ti ni vacilará mi pacto de paz,*
> *—dice el Señor, que de ti se compadece.*
>
> Isaías 54:10

Todo lo que sea correcto

¿Te provocaron un daño que no puedes soportar? ¿Dices que la vida no es justa contigo? Dios nos promete que, si hemos sido perjudicados, él se ocupará de nosotros.

> *Aunque mi padre y mi madre me abandonen, el Señor me recibirá en sus brazos.*
>
> Salmo 27:10

Todo lo que sea puro

¿Tal vez te repites de manera constante que haz hecho algo imperdonable? ¿Te consideras impura, obscena, sucia o inaceptable? No existe nada tu conducta y tu pensamiento que esté situado más allá del poder purificador de Dios.

> *Dios nos escogió en él antes de la creación del mundo, para que seamos santos y sin mancha delante de él.*
>
> Efesios 1:4

Todo lo que sea encantador

¿Estimas que eres fea? ¿Te dices que no eres agradable, que nadie fijaría sus ojos en ti, que no estás en la altura de las circunstancias, que tienes demasiados defectos? Dios en su inmenso amor desea reemplazar con belleza aquellas zonas en ti que se encuentren lastimadas, quebradas y destruidas.

> *Me ha enviado a darles una corona en vez de cenizas.*
>
> Isaías 61:3

Todo lo que sea admirable

¿Dices que tu personalidad no es digna de recibir elogios, que nada de lo que realizas podría merecer la admiración de alguien? ¿Consideras que no puedes dirigir a persona alguna, que temes hablar de corazón a corazón, o que debes relegarte a un segundo plano?

> *Todo lo puedo en Cristo que me fortalece.*
>
> FILIPENSES 4:13

Aquello que sea excelente

¿Encuentras que no eres valiosa o que vales muy poco? ¿Repites que eres demasiado común? El cuidado que deposita Dios en ti es prueba viva de tu grado de excelencia ante sus ojos.

> *Fíjense en los cuervos: no siembran ni cosechan, ni tienen almacén ni granero; sin embargo, Dios los alimenta. ¡Cuánto más valen ustedes que las aves!*
>
> LUCAS 12:24

O digno de alabanza

Por ejemplo, cuando una persona se dirige a ti con un cumplido, ¿la regañas? ¿Sientes que no eres merecedora de la gentileza, los elogios, la aceptación o la atención positiva de los demás? Dios nos creó para que fuéramos dignos de aceptación, y esto es motivo más que suficiente de alabanza hacia él.

> *Para alabanza de la gloria de su gracia, con la cual nos hizo aceptos en el Amado.*
>
> EFESIOS 1:6

Confianza: Día 3 • Cómo ser agradable contigo misma

Lista de comprobación del diálogo interior

Marca los tres tipos de diálogo interior positivo que más necesitas:

- [ ] **Todo lo que sea verdadero:** Debo renunciar a las mentiras que alguien haya proferido sobre mí y creer lo que Dios me dice.
- [ ] **Todo lo que sea noble:** Debo afirmar que Dios me ama incluso si me siento indigna de honor, destrozada, avergonzada o humillada.
- [ ] **Todo lo que sea correcto:** Debo recordar que Dios se encargará de todo mal que me sea hecho.
- [ ] **Todo lo que sea puro:** Debo declarar que ante los ojos de Dios soy digna de perdón.
- [ ] **Todo lo que sea encantador:** Debo ver la belleza que Dios me concedió por mis «cenizas».
- [ ] **Todo lo que sea admirable:** Cuando me sienta incapaz debo reclamar la suficiencia de Dios.
- [ ] **Aquello que sea excelente:** Cada vez que me considere común debo afirmar que soy valiosa.
- [ ] **O digno de alabanza:** Debo agradecerle a Dios por considerarme digna de aceptación cuando sienta que no la merezco.

Diario

Si sigues las recomendaciones de Kathryn, lo primero que debes hacer es cambiar tu diálogo interior negativo, y esto consiste en llevar a la escritura todas tus afirmaciones negativas. En referencia a los ítems que verificaste en la «Lista de comprobación de diálogo interno» de la página 89, escribe tres expresiones negativas habituales en ti.

1. _____
_____

2. _____
_____

3. _____
_____

Ahora, reemplaza esas frases con otras que sean positivas y auténticas, extrayendo ideas de los versos infalibles y forjadores de confianza de las páginas 86-88.

1. _____
_____

2. _____
_____

3. _____
_____

Proverbios 18:21 dice que «la lengua tiene el poder de la vida y la muerte», por lo tanto, durante tu encuentro íntimo con Dios utiliza estas expresiones positivas y veraces en voz alta, al menos una vez al día. También puedes hacerlo en los momentos en que adviertas que el desánimo te envuelve.

Oración

Amado Señor:

En ocasiones me hallo muy confundida; pienso que mis problemas son únicos, no así mi potencial. Señor, tú eres el edificador de mi confianza. ¡Si digo cosas negativas sobre mi persona, estoy despreciando tu creación, es decir, a mí misma! Perdóname por ensañarme conmigo. Ayúdame a reemplazar mi diálogo interior negativo por expresiones que sean verdaderas y que afirmen todo aquello que hay de nobleza en mí. Recuérdame agradecerte por la justicia que vendrá, abrazar la pureza con la que me has creado, gozar de la amabilidad que me has concedido, reclamar tu fuerza para ser admirable, afirmar mi excelencia, y recibir con gracia los elogios. Mi confianza deriva de lo que tú piensas de mí, Señor, y prometo apoyarme en tus forjadores infalibles de confianza, en lugar de en los ladrones a quienes he prestado oídos en el pasado.

En el nombre de Jesús, amén.

Confianza: Día 4

Tu asesora en la confianza

> Dios espera de nosotros aquello que conduce a su gloria, esto es, permanecer con absoluta confianza en él, recordando lo que dijo antes, y seguros de que todos sus propósitos habrán de cumplirse.
> **Oswald Chambers, 1874-1917, ministro protestante escocés**

UNA EXCURSIÓN QUE CAMBIARÁ TU PERSPECTIVA

Hoy descubriste el salón de té donde tú y yo estamos reunidas. El sitio es espectacular y se encuentra situado en una casa victoriana restaurada, donde las paredes están cubiertas con fotografías antiguas, tejidos intrincados, y hasta sombreros con plumas y moños elaborados. Primeramente elevamos una oración de gratitud y luego escogemos el té entre una variada selección (yo me sirvo crisantemo, tú eliges sueños de lavanda). Mientras se impregna el agua con las hojas del té nos detenemos a observar las viejas fotografías, y son esas imágenes las que nos transportan a investigar acerca de la historia y el destino de esas personas, llegando a preguntarnos quiénes fueron y que habrán hecho de sus vidas.

Como la conversación que tendremos hoy tratará acerca de la confianza, vamos a volver a centrar nuestra atención en tu vida. ¿Qué puedes contarme de tu desempeño en cuanto a tu confianza en Dios, conocer quién eres realmente, adónde perteneces, y por qué estás aquí en la tierra? Para proceder a evaluarte, a lo largo de nuestro intercambio iremos repasando la confianza de Jesús y haremos uso de las lecciones que nos ha dejado su vida como pautas para evaluarte. ¡Comencemos!

¿QUÉ TANTA CONFIANZA TIENES EN DIOS?

Jesús demostró poseer una gran confianza en Dios cada vez que ejecutaba un milagro, aunque quizá sea la resucitación de Lázaro el ejemplo más revelador.

> *Conmovido una vez más, Jesús se acercó al sepulcro.*
> *[...] —Quiten la piedra —ordenó Jesús.*
> *Marta, la hermana del difunto, objetó:*
> *—Señor, ya debe oler mal, pues lleva cuatro días allí.*
> *—¿No te dije que si crees verás la gloria de Dios? —le contestó Jesús.*
> *Entonces quitaron la piedra. Jesús, alzando la vista, dijo:*
> *—Padre, te doy gracias porque me has escuchado. Ya sabía yo que siempre me escuchas, pero lo dije por la gente que está aquí presente, para que crean que tú me enviaste.*
> *Dicho esto, gritó con todas sus fuerzas:*
> *—¡Lázaro, sal fuera!*
> *El muerto salió, con vendas en las manos y en los pies, y el rostro cubierto con un sudario.*
> *—Quítenle las vendas y dejen que se vaya —les dijo Jesús.*
>
> JUAN 11:38-44

Si examinamos las palabras de Jesús vemos que él ora en voz bien alta para que la gente que lo rodea pueda escucharlo y da inicio a su clamor dejando en claro que Dios ya le ha oído. Sin dudas, él debió haber orado antes de llegar a ese sitio, lo que explica cómo recibió de parte del Padre la orden de marchar. Luego, con plena confianza en Dios, dice lo imposible, y este imposible sucede: Lázaro abandona su tumba.

Vemos que Jesús tenía un hábito de oración que lo había preparado para ese momento. ¿Si ahora mismo te hallaras en una situación atemorizante, qué tan equipada de confianza te sentirías con tus patrones actuales de conexión a Dios?

_____

_____

_____

_____

Jesús oró en voz alta con el firme propósito de orientar a las personas hacia Dios y le recordó a Marta una gran verdad. ¿De qué maneras desvías la atención de la gente de ti y la diriges hacia Dios? (Por ejemplo, doy informes en alabanza «de las cosas imposibles» que Dios hizo en mi vida. En circunstancias de expresión pública, le doy gracias a Dios a menudo y sin pudor por la misericordia que demuestra para conmigo).

Ante cualquier imposibilidad, Jesús siempre supo mantener su confianza en Dios. Ahora, piensa en una situación que consideres como un imposible en tu vida. ¿Cómo describirías tu grado de confianza en el poder de Dios frente a ese panorama tan complicado?

¿Sabes quién eres?

Jesús solía describirse utilizando términos diferentes, cada cual adecuado a la ocasión en que se encontrara, porque poseía un auténtico y sólido conocimiento acerca de quién era. Por ejemplo, le dijo a la mujer en el pozo: «Yo soy el agua que da vida»; le comentó al hombre ciego: «Yo soy la luz del mundo»; luego de dar el alimento a cinco mil personas, declaró: «Yo soy el pan de vida»; y antes de resucitar a Lázaro, le aseguró a Marta: «Yo soy la resurrección y la vida». Jesús conocía, sin lugar a dudas, quién era, y sabía asimismo cuál era el aspecto de él más necesitado por la persona a la que estuviera dirigiéndose.

Enumera cuatro palabras acerca de ti que describan quién eres realmente para las personas que te rodean. (Intenta evitar el uso de nombres que hagan referencia a roles, tales como: «Soy la mamá de Tyler». En cambio, utiliza cualidades de la personalidad, tales como: una mujer que nutre, alentadora, buena compañera, amiga íntima, guerrera de oración, mentora).

Jesús conocía los pasajes de las Escrituras que le describían más fielmente. Transcribe tus frases favoritas de la Biblia que describan tu verdadera identidad en Cristo. (Puede que desees dirigirte a los versos en el ejercicio del Diario del Día 2, páginas 80-81, o consultar los siguientes textos para elaborar ideas adicionales: Juan 1:12; Juan 15:15; Efesios 2:10).

_____

_____

_____

Si revisas las frases que seleccionaste, ¿qué conclusiones podrías extraer sobre lo que Dios piensa de ti? ¿De qué manera se ajusta esto con tus ideas acerca de ti misma?

_____

_____

_____

¿Sabes adónde perteneces?

Si puedes recordarlo, antes de que Jesús lavara los pies de sus discípulos, era consciente de que el Padre había puesto todas las cosas bajo su poder. Él conocía acerca del alcance del poder de Dios, y según el plan del Padre, sabía cuál era el lugar apropiado que debía ocupar en cada circunstancia. Por ejemplo, en medio de una tormenta supo que su rol era el de asumir una posición de autoridad por sobre las fuerzas climáticas.

> *Ese día al anochecer, les dijo a sus discípulos:*
> *—Crucemos al otro lado [...] Se desató entonces una fuerte tormenta, y las olas azotaban la barca, tanto que ya comenzaba a inundarse. Jesús, mientras tanto, estaba en la popa, durmiendo sobre un cabezal, así que los discípulos lo despertaron.*
> *—¡Maestro! —gritaron—, ¿no te importa que nos ahoguemos?*
> *Él se levantó, reprendió al viento y ordenó al mar:*
> *—¡Silencio! ¡Cálmate!*
> *El viento se calmó y todo quedó completamente tranquilo.*
> *—¿Por qué tienen tanto miedo? —dijo a sus discípulos—. ¿Todavía no tienen fe?*
> *Ellos estaban espantados y se decían unos a otros:*
> *—¿Quién es éste, que hasta el viento y el mar le obedecen?*
>
> Marcos 4:35, 37-41

Segunda parte: Entabla una relación adecuada contigo misma

El conocimiento que Jesús atesoraba del sitio al que pertenecía dentro del plan de Dios, le otorgaba cada día una profunda seguridad en circunstancias que representaban momentos de gran temor para las personas. Su grado de confianza era tan elevado que hasta era capaz de descansar en medio de una tormenta poderosa.

¿En la actualidad, qué hechos o preocupaciones conmueven tu confianza? ¿Qué tipo de comprensión necesitas desarrollar a fin de mantenerte con firmeza absoluta en tus roles diarios? ¿Tal vez deberías aprender más sobre el poder de Dios, o acerca de los dones que se te confirieron o, quizá, sobre el modo en que tus problemas y soluciones se ubican dentro del plan de Dios? ¿Cómo podrías desarrollar esta comprensión?

_____

_____

_____

Jesús podía descansar tranquilo porque confiaba plenamente en Dios y en su rol. ¿Cómo respondiste tú frente a una crisis? ¿Qué planificaste hacer para encontrar sosiego y descanso cuando todo se puso difícil y la tormenta ingresó en tu hogar?

¿Sabes por qué estás aquí?

Jesús conocía su propósito en la tierra, y justo en el momento que fue arrestado, dirigió la mirada al cielo y le dijo a su Padre que ya había concluido el trabajo que le había encargado.

> *Padre, ha llegado la hora. Glorifica a tu Hijo, para que tu Hijo te glorifique a ti, ya que le has conferido autoridad sobretodo mortal para que él les conceda vida eterna a todos los que le has dado [...] Yo te he glorificado en la tierra, y he llevado a cabo la obra que me encomendaste. Y ahora, Padre, glorifícame en tu presencia con la gloria que tuve contigo antes de que el mundo existiera.*
>
> Juan 17:1-2,4-5

¿Cuál fue la tarea que el Padre le encomendó a Jesús? El mismo Hijo la describió de variadas maneras, pero sin titubeos:

Porque el Hijo del hombre vino a buscar y a salvar lo que se había perdido.

LUCAS 19:10

Yo he venido para que tengan vida, y para que la tengan en abundancia.

JUAN 10:10, RVR-60

Porque he bajado del cielo no para hacer mi voluntad sino la del que me envió.

JUAN 6:38

Así como el Padre me conoce, y yo conozco al Padre; y pongo mi vida por las ovejas.

JUAN 10:15, RVR-60

Describe el propósito de tu vida. Incluso si no pudieras hacer una declaración concisa, intenta resumir la manera en que crees que Dios desearía utilizarte en el mundo (por ejemplo, dar esperanzas a las mujeres afirmando que Dios tiene un plan para sus vidas, prestar oídos a las personas que están solas y dolidas, ofrecer asesoramiento bíblico).

_____

_____

_____

Jesús dijo que él le había traído gloria a Dios con la conclusión del trabajo que Dios le había encargado. ¿De qué manera consideras que tu forma de vivir contribuye a la glorificación de Dios?

_____

_____

_____

Oración

Amado Señor:

Mi confianza más fuerte proviene de la oración cosntante que me conecta a ti. Ayúdame a reposar más en la oración y menos en mis habilidades, especialmente cuando me sienta insegura. Mi identidad más sólida deriva de aquello que tú dices sobre mí. Ayúdame a abrazar tus palabras sobre mí y a vivir como si las creyera. Mi rol más importante es el de ser hija tuya, hija del Rey. Ayúdame a recordarlo cuando mis cimientos se vean sacudidos. Mi propósito más firme es contribuir a tu gloria. Ayúdame a alcanzar la mejor versión posible de mí misma, puesto que tú me creaste tal como soy a fin de ocupar un espacio exclusivo y único en tu grandioso plan. Esto es en verdad asombroso, Señor. Te doy gracias. Te doy gracias.

En el nombre de Jesús, amén.

Confianza: Día 5

Pasos hacia la confianza

Tal vez no nos preocuparíamos por lo que la gente piensa de nosotros
si supiéramos cuán poco lo hacen.
Charlie «el Estupendo» Jones, orador motivacional

Ya sea que pienses que puedes, o que no puedes,
lo más probable es que tengas razón.
Henry Ford, fundador de la compañía automotriz Ford

Siéntate en paz junto a tu Creador

En la intimidad de tu propio espacio de paz diseñarás un Plan de Acción de la Confianza, porque hoy para ti es un tiempo de reflexión y soledad. En base a lo conversado durante esta semana, deberás dedicarte a desarrollar tu confianza agradándote a ti misma y perdonándote. ¡Tengo plena confianza de que lograrás construir un plan maravilloso!

Tienes que cerciorarte de cuán profundamente eres capaz de concentrarte para incrementar tu confianza en esta época de tu vida. Luego selecciona los pasos de acción adecuados de las páginas 100-102, es decir, aquellos que estimes puedas llevar a la práctica y experimentar en esta semana. En realidad, este es tu plan, tu vida, y tu decisión guiada por la oración. ¡Si percibes ahora mismo que Dios está pidiéndote que te concentres en tu confianza, haz los ejercicios con placer, sin mayores rodeos ni demoras! Yo sé que cualquier esfuerzo que seas capaz de realizar para mejorar tu confianza será generosamente compensado por él en la tierra y en el cielo.

Plan de acción de la confianza

ENFOQUE EN LA ORACIÓN: Agradece a Dios por la manera en que te hizo (tu apariencia, habilidades, talentos y fortalezas. Deja en sus manos aquellas cosas de ti que desearías fueran diferentes. Ora por la asistencia de Dios para lograr los cambios que necesitas, y acepta su soberanía sobre las cosas que él no desee modificar. Agradece a Dios que Jesús haya muerto por ti. Ora para que Dios te muestre aquellas circunstancias en las que no te logres perdonar. Acepta su perdón y su pago por tus pecados.

ENFOQUE DEVOCIONAL: Escoge uno de los siguiente pasajes de las Escrituras relativos al tema de la confianza: Para enfocarte en *agradarte* más, lee la historia de David al prepararse para enfrentar a Goliat, en 1 Samuel 17:12-50, prestando especial atención a las maneras en que David se mantuvo fiel a quien era. O, para enfocarte en *perdonarte* a ti misma con mayor facilidad, consulta el relato del hijo pródigo, en Lucas 15:11-32, así podrás recordar cuánto Dios te valora.

PERSPECTIVA ADICIONAL: Trata de leer *El despertar de la gracia*, de Chuck Swindoll. ¡O también puedes dar paso a tu creatividad y planear una salida con otra amiga que te reafirme y dé aliento!

Pasos de acción: Agradarme

Instrucciones: Con toda la fe enfocada en la oración, escoge uno o dos pasos de acción para llevar a la práctica en esta misma semana.

Fecha de inicio

_____ ☐ **Usaré mi propia regla de medición.** Me evaluaré basando mi criterio en aquello que Dios dice, en cómo me siento en relación a mis esfuerzos, y en cómo me resultaron las cosas en comparación con la última vez. Si no me siento de maravillas conmigo misma, examinaré el porqué. Puede que sienta temor por lo que alguien más pueda pensar, lo que significaría que me estoy prestando a la manipulación y el control de los demás. O puede que me esté comparando con otra persona, lo que sería irrelevante dado que cada uno es un ser único.

_____ ☐ **Me alegraré.** Me reiré de mí misma cuando haga algo tonto; me halagaré en aquellas ocasiones en que realice algo bien, por pequeño que sea («Sí, en efecto... ¡Empecé a lavar la ropa antes de las tres de la tarde!»). Además, procuraré encontrar cada día un detalle de mí que me agrade y lo anotaré («Me gusta mi sonrisa, me recuerda todas las cosas por las que he sonreído»).

_____ ☐ **Quitaré el enfoque de mí misma.** Cuando en una situación social determinada me sienta insegura, quitaré la vista de mí misma para ponerla en algo que pueda hacer para ayudar a los demás. Haré sentir valiosos a otros preguntándoles cosas tales como: «¿Qué actividades disfrutas realizar?».

_____ ☐ **Me pondré en sintonía con mi lenguaje corporal.** Cada vez que me pongo nerviosa, mi cuerpo le grita a la gente que se aleje. Cambiaré mi lenguaje corporal para volverme una persona más accesible. Para cumplir con dicha meta habré de sonreír más, o al menos mantendré relajados los músculos de mi rostro. Y en lugar de mirar hacia abajo, lo haré a mi alrededor. No me cruzaré de brazos.

_____ ☐ **Trabajaré** en agradarme por medio de *(coloca aquí tu idea)*

_____

_____

_____

Pasos de acción: Perdonarme

Instrucciones: Escoge, guiada por la oración, uno o dos pasos de acción para llevar a la práctica esta semana.

Fecha de inicio

_____ ☐ **Me desharé de la culpa.** La culpa que no he resuelto destruye mi confianza. Aceptaré el perdón de Dios y dejaré de vivir creyendo que Dios está enojado conmigo. No hay nada que pueda hacer o que agregar a mi penitencia para lograr mayor aceptación a los ojos de Dios.
Culpas irresueltas de mi pasado:

_____

_____

_____ ☐ **No tomaré mi pasado como un molde permanente.** No me encuentro atrapada en el molde de mi pasado. Las influencias de aquellas épocas de mi vida han perdido todo control sobre mí. Pondré distancia entre quien soy y los falsos mensajes que recibí sobre mí misma; de este modo elijo creer en la verdad.

- ☐ **Me honraré.** Si bien Dios me otorgó su gracia, es necesario que con mayor frecuencia me brinde aprobación. Me sentiré valiosa por el solo hecho de intentarlo, y no por los logros que alcance. También dejaré de lado a quienes no me proporcionen opiniones constructivas y tiendan a la crítica negativa o al desaliento.

- ☐ **Dejaré el perfeccionismo.** Pondré especial cuidado en la manera en que me expreso, por ejemplo, en las oraciones que empiecen por «Debería... Tengo que... Es mi obligación... Es necesario que....» Cuando me imponga un objetivo o nivel de perfección inalcanzable, me alejaré de ellos y recordaré que Dios y los demás no esperan de mí tal perfección. Sobre todo, pensaré que no habré de decepcionar a nadie cada vez que me relaje y baje mi exigencia a niveles saludables. Hoy sorprenderé gratamente a una persona cuando deje al descubierto mis propios defectos.

- ☐ **Trabajaré** en la tarea de perdonarme por medio de *(coloca aquí tu idea)*

_____

_____

_____

Plan Maestro de Acción

Ahora, selecciona un único paso de acción entre los principales de este ejercicio del Día 5 y déjalo registrado en tu Plan Maestro de Acción maestro ubicado en el apéndice A de la página 362, en la seccción en línea. Cuando hayas acabado de leer este libro, dirígete a ese paso de acción principal de tu Plan Maestro (así como a este Plan de Acción de la Confianza siempre que tus tiempos te lo permitan). Recuerda que para llegar a parecerte más a Cristo en tu personalidad es necesario que colabores con Dios de tres modos: preparación, oración y práctica. Ya has realizado el trabajo de la preparación al aprender la verdad de Dios sobre la confianza. Ahora, asimílalo orando para recibir la ayuda del Espíritu Santo y practicando los pasos de acción, uno a uno.

ORACIÓN DE CONFIANZA

Amado Señor:

¡Qué gran amigo eres! Te agradezco infinitamente por inyectar confianza en mi ser, porque tú eres un motivador. Puedo advertir lo mucho que deseas que tenga éxito, y hasta oír tus susurros que me dicen: «Puedes hacerlo» y «Creo en ti». En este preciso instante el motivo primordial de mi oración es confesarte que creeré en ti. Inunda mi vida con el conocimiento acerca de quién eres y quién soy yo en ti. De esa manera tendré una vida plena.

En el nombre de Jesús, amén.

Capítulo 3

La valentía

¡Sé fuerte y valiente! ¡No tengas miedo ni te desanimes!
Porque el SEÑOR tu Dios te acompañará dondequiera que vayas.

Josué 1:9

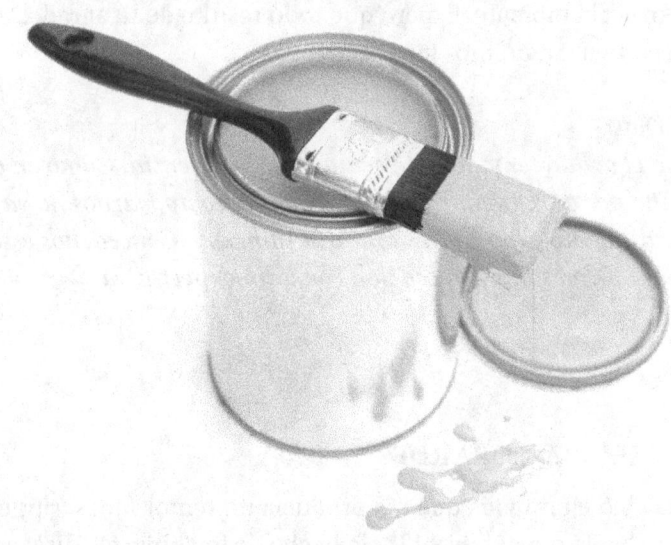

Valentía: Día 1

Habitada por Dios

Valentía no significa ausencia de temor, sino su dominio total.
Enciclopedia de las 15.000 Ilustraciones

¡Bienvenida a mi hogar!

¡Juntas vamos a seguir remodelando tu personalidad! ¿No crees que esta semana pasó rapidísimo? Mira, pensé que tal vez hoy podríamos sentarnos en el patio trasero de mi casa. Con todo cariño yo le suelo llamar mi jardín de la oración. Allí hay un enorme columpio con almohadones azules cubierto por un amplio toldo. Y... como creo conocer ya cuáles son tus bebidas y bocadillos favoritos, permíteme ir a la cocina en búsqueda de ellos. Espérame afuera. Por último, te cuento que encendí la fuente del jardín para embellecer aún más el ambiente. Espero que todo resulte de tu agrado.

Para comenzar, oremos juntas:

Amado Dios:

Señor, el arduo tema de esta semana es la valentía. Como en esta área hay mucho por aprender, es nuestro firme deseo apoyarnos no ya en nuestro entendimiento, sino en tu sabiduría inmensa. Concédenos este favor, mientras elevamos nuestra oración con gran expectativa.

Amén.

Tu consejera cobarde

Si existía algo en mi vida que me producía un temor indescriptible era precisamente hablar en público. El solo hecho de imaginarme disertando frente a un auditorio repleto de personas enfermaba mi cuerpo. ¡Me pasaba más tiempo descompuesta en el baño que dando la charla! Esto se volvió una tarea cada vez más habitual, y cierto día me encontré desesperada frente a mi grupo exclamando entre lloriqueos: «¡No puedo hacerlo! ¡No actúo tan correctamente! La presentación se diluye entre mis manos; la boca se me seca tanto que no puedo pronunciar palabra; y me tiemblan tanto las piernas que temo ser descubierta por las personas. ¡Además, no poseo tanta inteligencia, ni santidad, ni atractivo!».

¿Quieres saber cuál fue la respuesta de mi grupo? Ellos me dijeron: «¡Katie, deja de preocuparte y solo sé tú misma!»

Entonces, yo repliqué indignada: «¡Están todos locos! ¡Ni siquiera puedo unir dos oraciones y empiezo como una idiota a tartamudear!». Sin embargo, en medio de todas aquellas voces interiores gritándome que ser simplemente yo no era suficiente, traté de todos modos de intentarlo, y fue en ese instante preciso que algo ocurrió. Me di cuenta de dos cosas: Primero, esto no trataba sobre mí; sino acerca del público, de esas mujeres espectadoras a quienes Dios amaba y deseaba comunicar su palabra. Segundo, el hecho no tenía que ver con mi discurso; sino con el mensaje y la visión de Dios. Yo solo era la mensajera y si a Dios le placía hacer uso de mí como voz humana, de todos modos me utilizaría más allá de mis nervios y temblores. Fue una experiencia liberadora dejar de preocuparme por mi imagen de disertante para permitir que el Espíritu Santo me diera su mensaje. Milagrosamente, me despojó del temor de hablar en público, y por ello le estaré agradecida toda la vida.

¿Qué es la valentía?

Es una expresión exterior del atributo interior de la personalidad que representa la confianza. La valentía es la fortaleza indispensable para correr riesgos, enfrentar el peligro, sobrellevar toda dificultad y tolerar el miedo. Ten en cuenta que no he dicho que la valentía es una ausencia de miedo. En cambio, sí te animo a que toleres el miedo porque es necesario que experimentes tus temores para alcanzar la valentía. Por ejemplo, hablar en público se había vuelto un acto de valentía para mí, puesto que era algo que me quitaba el sueño. Sin embargo, para Shelley, mi compañera en la escritura, hablar en público es divertido. Imagínate que al hacerlo ni siquiera siente cosquillas en el estómago. Por eso, para ella dar un discurso no era un acto de valentía. Insisto, el miedo es necesario para poder hablar de valentía.

La valentía de Ester

La historia de Ester representa una de las crónicas más grandiosas narradas por la Biblia acerca de la valentía. Mis niños de pequeños solían pedirme que se las relatara, probablemente por el alto grado de conflicto y el suspenso del argumento tan cautivante. El guión central incluye a los siguientes personajes: Ester, una huérfana que oculta su herencia judía y gana un concurso de belleza que la convierte en reina; Amán, el malvado secuaz que elucubra el plan para aniquilar a todos los judíos por motivo de un hombre que no quiso hacerle reverencias; y Mardoqueo, el judío irreverente, cuyas palabras apasionadas de exhortación desafiaron a su sobrina Ester para que enfrentara sus miedos y apelara al rey por la salvación de los judíos ante el exterminio inminente.

¿Cuál era el temor de Ester? *Ella temía arriesgar su vida, porque presentarse ante el rey sin invitación previa significaba la pena de muerte* (Ester 4:11).

¿Qué dijo Mardoqueo al respecto? De todos modos vas a morir. Si crees que el miedo te va a proteger a ti, una mujer judía, piénsalo de nuevo. Si despiertas la ira del rey es *posible* que seas condenada, pero ten *por seguro* que si no haces nada, lo mismo te condenarán. He aquí las palabras textuales de Mardoqueo:

> No te imagines que por estar en la casa del rey serás la única que escape con vida de entre todos los judíos. Si ahora te quedas absolutamente callada, de otra parte vendrán el alivio y la liberación para los judíos, pero tú y la familia de tu padre perecerán. ¡Quién sabe si no has llegado al trono precisamente para un momento como éste!
>
> Ester 4:13-14

¿Cómo demostró Ester su valentía? Solo dijo: *De acuerdo, si he de morir, moriré.* Y decidió correr el riesgo de violar las reglas de la corte del rey. Seguidamente, Ester convocó a todos los judíos de la cuidad a la realización de un ayuno de tres días y servicios de oración, luego de lo cual habría de presentarse ante el rey. La historia concluye con el descubrimiento dramático que realiza Ester de la trama de Amán, llevándolo a la horca en el cadalso que él mismo mandara construir para Mardoqueo.

La valentía viene de ser habitado por Dios

La historia de Ester nos deja tres lecciones importantes, ya que ella encontró la valentía de tres maneras: (1) utilizó su miedo para encontrar su fe; (2) se preparó a sí misma; y (3) cambió el enfoque de su interés de su propia persona hacia los demás.

Ester encontró la fe a través de su miedo.

Si Ester hubiera oído acerca del decreto real que mandaba matar a los judíos y hubiese dicho: «¡No hay problema! Simplemente apareceré de pronto en la habitación y pondré en su lugar a mi esposo, el rey Asuero», no podríamos llamarle valiente o corajuda, sino temeraria, imprudente y arrebatada. Sin embargo, el temor de Ester la condujo a actuar con cautela. Pasó un tiempo en comunión con Dios pidiéndole fortaleza y valentía para continuar. Esta es la lección para nosotros: *Una persona valiente es aquella en quien habita la fe en Dios, incluso al sentir temor en su interior.*

> *Sean fuertes y valientes. No teman ni se asusten ante esas naciones, pues el SEÑOR su Dios siempre los acompañará; nunca los dejará ni los abandonará.*
>
> DEUTERONOMIO 31:6

Siempre es contundente el contraste que muestran las Escrituras entre nuestra propia fuerza y lo que podemos hacer en el poder de Dios. Por ejemplo, cuando nos convencemos de la sinceridad de Dios y procedemos de acuerdo a su palabra, estamos convencidos de que hará lo que dice, recordamos la protección que otorgó a otros en el pasado y nos ponemos bajo su cuidado, recién entonces la valentía parece seguir su curso natural. Esto significa que en la medida en que mayor sea tu valentía, mayor será tu fe en el poder de Dios.

¿Qué haces cuando sientes temor? ¿Te ocultas? ¿O dejas que tu miedo te lleve a buscar a Dios, redirigir tu fe hacia él y pedir que su poder y valor te envuelvan?

Ester se preparó.

Ester detuvo todo por tres días. Durante ese tiempo revisó y oró por su plan. Ella necesitaba una estrategia definida que le confiriera seguridad antes de tomar la decisión valiente de ingresar a la habitación del rey. Aun en el momento de mayor temor, Ester se apoyó en su plan, formulado a partir de sus profundas convicciones de justicia, obediencia y soberanía de Dios. La siguiente lección que hemos de seguir nos dice que: *Una persona valiente es aquella en la que habitan las convicciones de Dios, incluso sufriendo presiones externas.*

> *Hice un juramento, y lo he confirmado: que acataré tus rectos juicios.*
>
> Salmo 119:106

Durante el período de la adolescencia de mis hijos siempre les hablaba de los diferentes tipos de presión social que enfrentarían en el futuro. Trataba de que ellos afirmaran tempranamente cuáles eran sus convicciones para que no fueran sacudidas en un momento determinado y cedieran ante el posible alejamiento de una amistad. De manera similar, nosotros como adultos necesitamos definir y afirmar por adelantado nuestras elecciones en cuanto a moral, ética y relaciones. Y si bien no tenemos la capacidad de prever todas las crisis que hayan de presentarse en la vida, nuestras convicciones previas nos equiparán de la mejor manera para hacer frente a lo que ocurra. Luego, cuando nos encontremos en un dilema previsto o no, podremos actuar con valentía llevando a la práctica lo que ya decidimos.

¿Qué haces cuando te sientes dubitativa? ¿Cedes y haces lo que los demás te exigen, o revisas tus decisiones con anterioridad para que cuando arribe el momento del miedo sientas mayor confianza?

Ester dejó de buscar la preservación propia para preocuparse por su gente.

Una vez que Ester quitó los ojos de sí misma y pensó en el asunto de mayor importancia que era la preservación de su pueblo, halló una reserva extra de coraje que le sirvió para tomar la decisión adecuada y llevarla a cabo. Cuando sentía preocupación por su seguridad, se veía invadida por el temor. Al cambiar su perspectiva, se puso a la altura de la situación y tuvo el coraje que la llevó a poner en riesgo su propia seguridad. La tercera lección nos dice: *Una persona valiente es aquella en la que habita la naturaleza protectora de Dios, sin tener en cuenta cuál podrá ser el costo personal.*

Este tipo de valentía la observamos en el apóstol Pablo, quien puso en riesgo su seguridad personal una y otra vez por el bien mayor de acercar a otra ciudad a Jesús:

Valentía: Día 1 • Habitada por Dios

Y saben también que, a pesar de las aflicciones e insultos que antes sufrimos en Filipos, cobramos confianza en nuestro Dios y nos atrevimos a comunicarles el evangelio en medio de una gran lucha.

1 Tesalonicenses 2:2

A través de los distintos medios de comunicación todos hemos conocido historias que relataban la manera en que héroes valientes rescataban a personas en peligro. Y por lo general, cuando fueron interrogados acerca del valor para arrojarse a las aguas heladas de un río o entrar a un edificio en llamas o mover un auto tras un choque, ellos minimizaron su actuación como si se tratara de hecho natural que cualquiera habría llevado a cabo en su lugar. Para esos héroes, sus actos de valentía no eran vistos como tales, sino como acciones gentiles, demostraciones de atención o un proceder lógico. Ese sentimiento poderoso de valor se encendió cuando vieron a otra persona en necesidad de ayuda, y así fue como dejaron de pensar en ellos mismos.

¿Cuándo el temor te invade, qué hay en la raíz de esa sensación? ¿Solo piensas en ti misma? Precisamente ese era mi problema al momento de una disertación. Mis actos eran controlados por el temor y solo pensaba en la evaluación que harían los demás o lo que pudieran pensar de mí. Todo cambió cuando creció mi interés por las mujeres que esperaban ansiosas escuchar el mensaje amoroso de nuestro Dios. Solo en ese instante hallé el valor que nunca había experimentado.

Autoevaluación de la valentía

Tratar el tema de la valentía representa un asunto que requiere de atención especial, ya que solo entra en juego cuando te enfrentas con una barrera. Teniendo como guía las tres maneras mediante las cuales Ester encontró valor, marca con un ♥, uno o dos tipos de valentía que exhibas más a menudo, y marca con una ➔, uno o dos tipos que aún necesites desarrollar.

Valentía para realizar algo que me causa miedo

____ Correr un riesgo; intentar algo nuevo; expandirme.

____ Ser yo misma; decir la verdad; admitir cuando no tengo razón.

____ Enfrentar desafíos diarios tales como enfermedades, discapacidad o ansiedad.

> **Valentía para mantenerme firme en mis convicciones**
>
> ___ Defender mis creencias y hacer lo que es correcto, incluso si alguien más no lo hace.
>
> ___ Combatir el mal o la injusticia con mis acciones, no solo con palabras.
>
> ___ Hacer lo que prefiero, incluso si nadie más desea acompañarme.
>
> **Valentía para ayudar a otro**
>
> ___ Ser amistosa: hablarle a alguien que no conozco.
>
> ___ Extender mi mano y brindarle ayuda a quien la necesite.
>
> ___ Postergar mi cuidado personal en favor del bienestar de alguien que es atacado.

Cuando el Salmo 34 le dio valentía a Shelley

Tiempo atrás me encontraba junto a Shelley, mi compañera en la escritura de este libro, debatiendo acerca de que para ella no era común tener dificultad alguna en cuanto al tema de la valentía porque le apasiona hablar en público. Sin embargo, Shelley me relató un momento de su vida cuando el Señor se le presentó y le tendió la mano durante una experiencia aterradora:

«Todo sucedió el día que mis padres se divorciaban y tuve que asistir a una audiencia del tribunal que determinaría cuál de ellos recibiría mi custodia. Solo tenía dieciséis años y sentí mucho miedo mientras aguardaba sola en el enorme corredor fuera de la sala. Imaginaba a un juez austero y riguroso que me culpaba por lo sucedido en el matrimonio de mis padres. Decidir por uno de ellos sería una experiencia terrible. El juez resultó ser un hombre bastante agradable, quien me efectuó una serie de preguntas de modo comprensivo, parece que entendió que yo sería igualmente feliz con cualquiera de los dos, y al final le otorgó la custodia a mi madre como se estilaba en aquellos días. No me separé en ningún momento de mi Biblia, y mientras ojeaba los Salmos, el Señor me otorgó este pasaje, al que retorno constantemente cada vez que necesito rescate».

Busqué al Señor, y él me respondió; me libró de todos mis temores. Radiantes están los que a él acuden; jamás su rostro se cubre de vergüenza. Este pobre clamó, y el Señor le oyó y lo libró de todas sus angustias. El ángel del Señor acampa en torno a los que le temen; a su lado está para librarlos.

Salmo 34:4-7

Utilizando el texto del Salmo 34:4-7, que significó tanto para Shelley en su momento de inseguridad y temor, completa el siguiente cuadro:

¿Qué se supone que debo hacer?	¿Qué es lo que realiza Dios en respuesta?
Ejemplo: *v. 4 Busco al Señor*	*Ejemplo:* *Me responde y libera de todos mis temores*
v. 5	
v. 6	
v. 7	

¿Entre las cuatro acciones en el cuadro, cuál necesitas efectuar más a menudo y por qué? ¿Qué resultados obtendrías?

_____
_____
_____
_____
_____
_____

Segunda parte: Entabla una relación adecuada contigo misma

Oración

Amado Señor:

Necesito ser valiente. Te agradezco por el valor que me infunde la fe en ti cuando me invade el temor. Te doy gracias por ayudarme a forjar mis convicciones cuando me siento confundida y llena de dudas, para que pueda pararme firme ante lo que está mal. Te agradezco por la bendición de poder encontrar la inspiración para ayudar a los demás cada vez que aparto la mirada de mi propio interés.

Ayúdame a buscarte y no a procurar un escape. Ayúdame a mantener mis ojos fijos en ti, en lugar de preservarme de la vergüenza. Ayúdame a solicitar tu guía, en lugar de imitar lo que hacen mis amigos. Ayúdame a reverenciarte a ti más que a la opinión de los demás. Ayúdame a tener siempre presente que tú eres mi mayor fuente de valentía.

En el nombre de Jesús, amén.

Valentía: Día 2

Temor: Descubre a tu Pinocho interior

*Si no hacemos nada y no nos movilizamos,
lo único que logramos es crear un lugar a salvo del temor.
Si en este momento te descubres viviendo en una caja diminuta,
rodeada por el miedo hacia todo lo que hoy Dios te pide que hagas con tu vida,
te presento una idea excelente: ¡ora para que experimentes claustrofobia!
¡Por lo menos de esta manera tu reacción instintiva será liberarte!*

Katie Brazelton, *Camino hacia el propósito para mujeres*

Un mensaje

NOTA: Hoy es el Día 2, por lo que tienes que leer el texto que sigue. ¡Que disfrutes este asesoramiento y no olvides comenzar con una oración!

La otra cara de la valentía

Debido a sus temores, Pinocho tenía un problema complicado. El hada azul le había dicho: «Si demuestras tu coraje, sinceridad y altruismo, algún día te convertirás en un niño de verdad». Pero los miedos le dificultaban realizar cualquiera de aquellas cosas. Como el temor a ser rechazado lo revestía de cobardía, evitaba las situaciones sociales en las que se sentía presionado, y ante la insistencia del zorro y el gato callejeros cometió el error de no asistir a la escuela. El temor profundo de no merecer la aprobación del hada azul hizo que faltara a la verdad acerca de la razón por la que no concurría a educarse. El miedo de no ser *real* como los otros niños lo llevó a la Isla del Placer junto a ellos solo para satisfacer sus deseos egoístas. Cuenta la historia que por motivo de desoír a su conciencia a Pinocho le crecieron orejas de burro y una cola. No fue sino hasta que quitó sus ojos de sí mismo, a fin de rescatar a Gepeto del gran pez, que Pinocho pudo demostrar su valentía, sinceridad y altruismo, y se convirtió así en un niño de verdad.

Como podemos observar nuestros miedos pueden significar una prisión que nos mantiene atrapados e impotentes. Ahora voy a presentarte a mi amiga Geri, y dejaré que ella misma relate su historia sobre el temor.

La historia de geri sobre el miedo

«A lo largo de mi vida adulta viví presa de un temor que me paralizaba de muchas maneras. Desde los trece años padecí el abuso sexual de mi hermano, un enfermo psiquiátrico, hasta que logré escapar e ingresé a la universidad. Como consecuencia de ello, cuando me encuentro sola no puedo dormir. Mi cerebro me dice algo así como: Si duermes sola no estarás a salvo. Por ejemplo, cuando mi esposo parte en viaje de negocios, a medida que la noche se acerca empiezo a sentir un nudo en mi estómago y ante el más mínimo ruido mi cuerpo cae preso de esta trampa psicológica. Vivir con ansiedad crónica es como estar en un cuarto en el que observas estrecharse las paredes sobre ti hasta que ya casi no puedes respirar. La ansiedad es el factor más poderoso para impedir conciliar el sueño, porque para quedarte dormida debes alcanzar un estado de relajación. La idea de no poder dormir te mantiene justamente en un estado opuesto a lo que se entiende como un descanso verdadero. Y es así como el círculo vicioso se extiende.

«Si bien dediqué un tiempo prudencial a orar y buscar ayuda a través de médicos y consejerías, al no obtener alivio alguno arribé a la conclusión de que debía acomodar mi vida alrededor de la situación, como si se tratara de una discapacidad física, y alcanzar de ese modo un acuerdo con mi temor. Fue así que abandoné el ministerio y las demás actividades sociales y profesionales que representaran tener que dormir sola de noche. Aunque había logrado llevar a cabo un proceso profundo de curación de mis heridas pasadas y mis recuerdos, que incluyó lógicamente perdonar a mi hermano, los efectos del abuso permanecían y ejercían su poder en mi vida.

«Hoy con alegría puedo decir que, gracias al tratamiento que Katie Brazelton le dio al tema de la valentía en su libro *Camino hacia el propósito para mujeres*, mi enfoque constante en el temor desapareció. Siempre sentí que debía conquistar el miedo para continuar adelante en mi vida, y descubrir que tener valor no consiste en la ausencia de temor, sino en avanzar a pesar de él, constituyó una revolución verdadera en mí. El elemento primordial lo constituyó la lectura de esta simple y profunda verdad liberadora: Dios puede utilizarnos, y lo hará, aunque experimentemos miedo. En cierto pasaje el libro decía lo siguiente: «Dios no necesita nuestra valentía para llevar adelante sus planes». Y aquella espina que llevaba incrustada en mi carne, poco a poco perdió su poder en mí, precisamente en el instante en que decidí poner en práctica mis conocimientos sobre el valor y el miedo».

Los compañeros del miedo

Cuando el miedo te atrapa entre sus garras perversas puedes percibir que toda tu creatividad, productividad y relaciones están bloqueadas. Asimismo, puede producir problemas de salud tales como fatiga, presión arterial alta, úlceras y envejecimiento prematuro. Todo esto sin perjuicio de causar además otras tantas dolencias psicológicas como fobias, paranoia o hipocondría. Ahora pasemos a revisar en profundidad tres de los compañeros habituales del miedo: la preocupación, la ansiedad y la mentira.

Preocupación

Ella hace su ingreso en tu vida cuando muestras temor acerca de un suceso pasado o futuro, y esto provoca agotamiento mental, tormento, perturbación o agitación. La palabra *preocupación* deriva su significado de otro término que en su raíz denota la idea de estrangular. La preocupación merodea a tu alrededor dando vueltas que alteran tu tranquilidad y oprimen tus emociones gradualmente, y de esa manera no logras dar resolución a tus miedos. Por ejemplo, si te preocupas por un suceso que ocurrió *en el pasado*, puede que acabes atrapada en los errores cometidos; quizás repases una y otra vez ciertos asuntos que querrías haber hecho de otro modo; tal vez llegues a magnificar cada contratiempo pequeño; o imagines cosas negativas que la gente supuestamente piensa de ti. Debes tener en cuenta que las personas preocupadas por el pasado tienen dificultad para perdonarse a sí mismas. Sobre este tema, el apóstol Pablo nos brinda una solución:

> *Más bien, una cosa hago: olvidando lo que queda atrás y esforzándome por alcanzar lo que está delante, sigo avanzando a la meta.*
>
> Filipenses 3:13

Si te preocupas por un hecho ubicado *en el futuro*, significa que le temes a una posibilidad. El filósofo francés Montaigne dijo: «Mi vida estuvo repleta de desgracias, la mayoría de las cuales nunca ocurrieron». Ya sea que te preocupes por el pasado o por el futuro, tienes que entender que esta conducta lo que en efecto produce es tu alejamiento del presente. Corrie ten Boom, una sobreviviente del Holocausto, escribió lo siguiente: «La preocupación no elimina las penas del mañana, sino que agota las fuerzas de hoy». Acerca de la preocupación, Jesús nos brinda el siguiente consejo:

> *Por lo tanto, no se angustien por el mañana, el cual tendrá sus propios afanes. Cada día tiene ya sus problemas.*
>
> MATEO 6:34

La próxima vez que te encuentres inmersa en la preocupación por un suceso del futuro, intenta ayudarte a procesar tus inquietudes utilizando la siguiente ficha de actividades de la preocupación:

Ficha de actividades de la preocupación

¿Estás preocupada por un suceso futuro? Responde las siguientes preguntas:

1. ¿Cuál es el suceso que me causa preocupación? (Nombrarlo ayuda a que se vuelva más fácil de manejar).

    Ejemplo 1: *Me preocupa el viaje de mi hijo adolescente al África.*
    Ejemplo 2: *Me preocupa no alcanzar mis objetivos de ventas.*

    _____

    _____

2. ¿Qué es lo peor que podría ocurrir? ¿Y qué sucedería si ocurriera?

    Ejemplo 1: *Podría contraer malaria. Y si la contrae, podría morir.*
    Ejemplo 2: *Podría perder mi empleo. Si lo pierdo, también podría perder mi casa.*

    _____

    _____

    _____

3. ¿De acuerdo a la ley de los promedios, cuáles son las probabilidades de que aquello que me preocupa algún día vaya a ocurrir? (Para verificar tus datos podrías investigar rápidamente en la Internet).

   Ejemplo 1: *Sus pastillas previenen la malaria, y en caso de que la contrajera, se trata de una enfermedad tratable que cuenta con un promedio de muertes de 1 en 300 casos, y por lo general en niños menores de cinco años.*

   Ejemplo 2: *En los últimos cinco años solo no alcancé mis objetivos de ventas en dos oportunidades, y en ambas ocasiones me mantuve en mi empleo.*

4. ¿Qué puedo hacer al respecto?

   Ejemplo 1: *Como prevención puedo darle a mi hijo un repelente de insectos muy potente y una red para los mosquitos.*

   Ejemplo 2: *Puedo revisar mi lista de clientes para obtener oportunidades extras. Asimismo, puedo tratar con mi jefe otras maneras creativas para alcanzar mis objetivos.*

Por último, cada vez que la preocupación intente atacar a lo largo del día, ponla en manos de Dios.

Ansiedad

Se trata de un tipo de preocupación que no tiene fronteras. Mientras la preocupación se centra en un hecho específico, la ansiedad es una sensación de presagio e inquietud, no necesariamente asociada con algo en particular. Es algo así como un sentimiento de turbación generalizado acerca de una desgracia posible. Geri la describe como «estar en un cuarto donde las paredes se cierran a tu alrededor hasta dejarte encerrada y casi sin respiración». Esta descripción se asemeja bastante a la fuente de la palabra *ansiedad*, término que denota ahogo, asfixia. Precisamente, ser víctima de la ansiedad es sufrir una asfixia interior causada por la aprehensión de que lo incontrolable está fuera de tu control. El apóstol Pablo es quien nos regala la fórmula exclusiva contra la ansiedad al revelarnos que el remedio más efectivo consiste en convertir nuestros pensamientos ansiosos en oraciones:

> *No se inquieten por nada; más bien, en toda ocasión, con oración y ruego, presenten sus peticiones a Dios y denle gracias. Y la paz de Dios, que sobrepasa todo entendimiento, cuidará sus corazones y sus pensamientos en Cristo Jesús.*
>
> Filipenses 4:6-7

A continuación tienes una ficha de actividades que podrás utilizar cada vez que experimentes un sentimiento de ansiedad generalizado:

Ficha de actividades de la ansiedad

¿Sientes una ansiedad generalizada? Responde las siguientes preguntas:

1. ¿Qué es aquello que, estando fuera de mi control, me genera ansiedad?

   Ejemplo 1: *No logro evitar que la gente me critique injustamente.*
   Ejemplo 2: *No puedo conciliar el sueño cuando lo deseo.*

   _____

   _____

2. ¿Qué es lo peor que podría suceder?

   Ejemplo 1: *Mi reputación podría verse dañada.*
   Ejemplo 2: *Mañana podría sentirme cansada y enferma.*

3. ¿Qué está bajo mi control?

   Ejemplo 1: *Yo puedo controlar mi reacción ante la crítica injusta.*

   Ejemplo 2: *Mientras estoy acostada practico mis versos bíblicos de memoria.*

   _____

   _____

4. ¿Cómo puedo permitir que Dios asuma el control de todo lo demás?

   Ejemplo 1: *Pongo en manos de Dios mi reputación.*

   Ejemplo 2: *Le pediré a Dios la fuerza necesaria para transitar mis días.*

   _____

   _____

Deja que Dios tome el control.

La mentira

Si te resulta extraño el hecho de que incluya la mentira en esta lista breve de compañeros habituales del miedo, permíteme decirte que considero que muchas de las mentiras que se dicen representan un reflejo de los temores. Como lo expresé anteriormente, la mentira no es un pecado solitario, y siempre acompaña a otro pecado para encubrirlo. Por ejemplo, la mentira inicial de Pinocho tenía que ver con el alejamiento de la escuela sin autorización. Aquella mentira arrastró consigo otras más, como en un desfile del pecado. Y es en este preciso instante en que por lo general el miedo hace su entrada triunfal. Lo que la mentira permite es cubrir todo aquello que temes pueda ser descubierto: tus defectos, tus errores por miedo a la crítica que podría sobrevenir, o el temor por las consecuencias de tus pecados.

Sin embargo, hay una verdad acerca de la mentira: el hecho de mentir no mejora las cosas, sino que las empeora (tal como la nariz creciente de Pinocho). Cada vez que pronuncias una mentira, creas una red de engaño alrededor del pecado que intentas ocultar, y la única persona que resulta atrapada es aquella que miente. Incluso puede que no lo experimentes al momento de hacerlo, pero cuando dices la verdad con toda convicción, abres las puertas de la prisión y te liberas para convertirte en una mujer real.

Y conocerán la verdad, y la verdad los hará libres.

JUAN 8:32

No te resultará fácil confeccionar una ficha de actividades de la mentira (ver a continuación) cuando te encuentres en medio de una conversación y te veas tentada a decir una mentira. Por lo tanto, intenta memorizar la lista de comprobación de tres puntos, para que puedas autoevaluarte antes de permitir que una mentira se deslice entre tus labios.

Ficha de actividades de la mentira

¿Sientes la tentación de mentir? Antes de hablar, respóndete la siguiente pregunta en silencio:

1. ¿Qué intento cubrir?

    Ejemplo 1: *Temo no ser lo suficientemente buena.*
    Ejemplo 2: *Cometí un error y causé un daño.*

    _____
    _____

2. ¿Si dijera la verdad, qué es lo peor que podría suceder y cuánto durarían las consecuencias?

    Ejemplo 1: *Me sentiría avergonzada, y la sensación duraría por lo menos una semana.*
    Ejemplo 2: *Mi colega se enfadará, y es muy probable que siga enojado otros quince minutos más.*

    _____
    _____

3. ¿Qué es lo peor que podría suceder *si miento y me descubren*? (Estas consecuencias por lo general son peores que las que siguen a la verdad).

    Ejemplo 1: *Si falsifico mis registros podría perder mi empleo.*
    Ejemplo 2: *Puede que le cueste recobrar la confianza en mí.*

    _____

    _____

    Una sugerencia: Di la verdad y deja que Dios se ocupe.

Mentir vs. decir la verdad

Para que la mentira deje de representar para ti una auténtica zona de conflicto, trata de memorizar algunos de los versos que la Biblia nos presenta acerca de la mentira y la verdad. He aquí unos ejemplos:

El Señor aborrece a los de labios mentirosos, pero se complace en los que actúan con lealtad.

Proverbios 12:22

La lengua que brinda consuelo es árbol de vida; la lengua insidiosa deprime el espíritu.

Proverbios 15:4

La sabiduría del prudente es discernir sus caminos, pero al necio lo engaña su propia necedad.

Proverbios 14:8

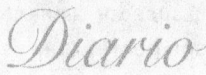

Clases de temor

En la siguiente lista selecciona los tres temores que padeces con mayor intensidad:

☐ Temor a los peligros	«Algo terrible está por sucederme».
☐ Temor al ridículo	«Se reirán de mí».
☐ Temor a las críticas	«Encontrarán algo malo en mí».
☐ Temor al abandono	«Me dejarán aquí solo».
☐ Temor al rechazo	«No me dejarán formar parte de su grupo».
☐ Temor a la humillación	«Murmurarán cosas sobre mí».
☐ Temor a llamar la atención	«Llamaré la atención entre la multitud».
☐ Temor al éxito	«Tendré que vivir para satisfacer las expectativas de los demás».
☐ Temor al fracaso	«Me veré como una tonta y otra vez nadie creerá en mí».
☐ Temor a equivocarse	«Pensarán que soy una estúpida porque no logro hacerlo bien».
☐ Temor a ser descubierto	«Realmente no soy capaz. Soy una impostora».
☐ Otros	_____

Los versículos que se detallan a continuación merecen toda tu atención. Trata de poner una pausa en tus actividades a fin de que puedas concentrarte en su lectura. Susúrralos y deja que lentamente penetren en tu alma.

¡Sé fuerte y valiente! ¡No tengas miedo ni te desanimes! Porque el Señor tu Dios te acompañará dondequiera que vayas.

Josué 1:9

Si Dios está de nuestra parte, ¿quién puede estar en contra nuestra?

Romanos 8:31

Porque no nos ha dado Dios espíritu de cobardía, sino de poder, de amor y de dominio propio.

2 Timoteo 1:7

El que está en ustedes es más poderoso que el que está en el mundo.

1 Juan 4:4

El amor perfecto echa fuera el temor.

1 Juan 4:18

En los siguientes espacios en blanco, escribe los tres temores principales que hayas extraído de la lista de clases de temor. A continuación, escoge un versículo para cada uno. Queda a tu criterio utilizar versículos diferentes para cada miedo o el mismo para los tres. Luego, explica de qué manera ese versículo podría lograr que superes el miedo al que lo relacionaste.

Ejemplo: *Siento temor de ser abandonada, sin embargo, en Josué 1:9 la Biblia manifiesta que no debo temer, puesto que Dios promete estar conmigo donde quiera que vaya. Lo cual significa que si alguien se va de mi vida (quien sea que lo haga), ¡aún tendré a Dios!*

Miedo N°1

_____
_____

Miedo N°2

_____
_____

Miedo N°3

_____
_____

Oración

Amado Señor:

Te agradezco por tu amor perfecto que arroja fuera de mi vida todos los temores. Confieso que por momentos he sucumbido ante la preocupación, y cada vez que lo hago me digo que no creo que tú cuides de todo lo me preocupa en la vida. En ocasiones he sentido gran ansiedad, y cuando permito que la misma gobierne mi mente, afirmo que no puedo dejar el control en tus manos. He dicho mentiras, un hecho que revela temores más profundos que intento ocultar, y desconfié de ti acerca de las consecuencias de decir la verdad. Jesús, tú le dijiste a un hombre que te pidió ayuda que todo es posible para aquellos que creen. Y, como aquel hombre, entre lágrimas digo que: «¡Si creo! ¡Ayúdame en mi poca fe!» (Marcos 9:24).

En el nombre de Jesús, amén.

Valentía: Día 3

Cómo transformarte en una mujer osada

Es más importante arriesgarnos a realizar cosas elevadas y obtener triunfos gloriosos, incluso cuando se vean matizados por el fracaso, que competir con espíritus pobres que no gozan ni sufren demasiado, porque han de vivir en la penumbra gris que nada sabe de victorias ni derrotas.

Teddy Roosevelt, vigésimosexto presidente de los Estados Unidos

Tienes correo

Para: «La mujer especial» que hay en ti	Fecha: Día 3
De: Katie Brazelton	
Asunto: Valentía	

Llegamos al Día 3, y he aquí el mensaje dedicado para ti. ¡Disfruta de este asesoramiento y no te olvides de iniciar con una oración!

Lo que podemos aprender de Jael acerca de la valentía

¿Recuerdas de qué manera impactante Débora inspiró a los israelitas con gran seguridad para que salieran a enfrentar los carros cananeos en la batalla? Esta confrontación alcanzó su punto más elevado con la participación de otra heroína llamada Jael, quien llevó a cabo el asesinato del general cananeo. Dice la historia que este general escapó de la batalla y se escondió en la tienda de Jael; y mientras dormía, ella le atravesó la cabeza con una estaca de la tienda. (¡Afortunadamente, por estos días hechos de esta naturaleza no suele ocurrir en los suburbios!) En las Escrituras abundan los perfiles remarcables de personas valientes como Jael y Débora. Ahora, te invito a que juntas nos detengamos a observar a ciertos héroes de la Biblia, así como también a hombres y mujeres de cada día que demostraron cuatro tipos diferentes de valentía. A saber: valentía por una causa, valentía para hacer la paz, valentía para decir la verdad, y valentía para correr riesgos.

Valentía por una causa

Por lo general, la valentía por una causa determinada se encuentra en aquellas personas que experimentan una verdadera pasión por ayudar a los demás, e intentan hacer lo correcto cuando ningún otro lo realiza. Asimismo, la podemos encontrar en quienes se envuelven en un proyecto difícil que roza la línea de lo imposible. Sobre el particular, desde el momento preciso en que eres consciente de la presencia de Dios en tu vida, podrás comprobar que de manera sobrenatural te envolverá la valentía que necesitas para pararte firme en una postura poco popular o dar inicio a un proyecto de magnitudes que solo Dios podría llevar a cabo.

Un ejemplo típico lo encontramos en las escrituras del Antiguo Testamento cuando Sadrac, Mesac y Abednego, haciendo gala de un valor extraordinario, se pararon solos en la brecha contra una sociedad y rehusaron rendir culto a la imagen del rey, siendo como consecuencia arrojados al horno de fuego. Ellos no claudicaron en sus convicciones y enfrentaron su destino con valor, y Dios permaneció a su lado en el fuego (Daniel 3). La hermana de Moisés, llamada Miriam, quien era una muchacha hebrea esclavizada, valientemente propuso un plan a la princesa de Egipto a fin de salvar de la muerte a su hermano pequeño (Éxodo 2:1-10). Salomón tuvo la valentía suficiente para llevar adelante una causa a escala de Dios cuando construyó el templo, porque sabía que él estaba a su lado:

> *Además, David le dijo a su hijo Salomón: «¡Sé fuerte y valiente, y pon manos a la obra! No tengas miedo ni te desanimes, porque Dios el Señor, mi Dios, estará contigo. No te dejará ni te abandonará hasta que hayas terminado toda la obra del templo del Señor.*
>
> 1 Crónicas 28:20

Quienes también demostraron valor por una causa son Dan y Kathleen, un matrimonio muy lindo que concurre a mi iglesia. Ellos descubrieron con sorpresa la rapidez con que sus tres hijos crecían, al punto de exceder el tamaño de las zapatillas deportivas, las cuales tenían muy poco desgaste porque ya no se amoldaban en sus pies. Es así como ellos se abocaron a la tarea de procurar los medios necesarios a fin de que esas zapatillas pudieran se utilizadas por niños que no poseían calzado. Las investigaciones los situaron frente a la necesidad que sufrían los indigentes y desahuciados. Ese conocimiento certero y el amor por los más desprotegidos dieron origen a un ministerio. Dan y Kathleen comenzaron por preguntar entre familiares y amigos por sus zapatos en desuso, y surgió más tarde la idea de lograr un acercamiento a comercios y fabricantes de calzado. Durante los últimos dieciocho años, su garaje se convirtió en el centro de depósito de más de 200.000 pares de zapatos que fueron donados para misiones de rescate y enviados a países necesitados.

Ahora te formulo un interrogante: ¿Cuáles son tus ideas? ¿Hay algunos pasos sencillos que podrías dar para ayudar en una causa, ponerte de pie por lo que es correcto, o luchar en pos de mitigar una necesidad? ¿Cuáles son los sufrimientos que adviertes en tu vecindario y qué podrías realizar para combatirlos? ¿En qué ámbitos sientes que podrías actuar? Podrían ser con personas como...

- Ejecutivos desempleados
- Ancianos sin familias
- Niños que padecen dislexia
- Madres jóvenes
- Adolescentes que padecieron de abuso sexual
- Adultos con problemas de desarrollo
- Sobrevivientes del cáncer que viven en el temor de la recurrencia

Valentía para hacer la paz

Cuando observas los conflictos que se suscitan en el mundo que te rodea, ¿los evitas o ignoras y esperas que se resuelvan, o actúas para generar la paz necesaria? Una persona pacificadora es aquella que invierte parte de su tiempo en ocuparse de los que atraviesan un conflicto, que produce una acción para crear un entorno que lleve a la conciliación. Ahora bien, si el conflicto es grave, esto requiere de valentía.

Acerca de este tema, las Escrituras nos presentan el caso de Abigail. Ella era la esposa de Nabal, descrito como un hombre rudo y estafador que se rehusó a compensar a David y sus hombres por haber protegido a sus pastores y rebaños. Fue tal la indignación de David por la afrenta recibida, que decidió tomar venganza por mano propia y hacer suyo lo que se le debía. Abigail intervino ofreciéndole a David abundantes provisiones para sus hombres. Luego con humildad, pero también con determinación, le habló del destino que Dios tenía preparado para él, y de cómo no querría vivir el resto de sus días con remordimientos. He aquí las sabias palabras de aquella mujer:

> *Así que, cuando el Señor le haya hecho todo el bien que le ha prometido, y lo haya establecido como jefe de Israel, no tendrá usted que sufrir la pena y el remordimiento de haberse vengado por sí mismo.*
>
> 1 Samuel 25:30-31

La actitud valiente de Abigail produjo una influencia pacificadora y sanadora sobre los hombres que irradiaban mezquindad a su alrededor. En consecuencia, David se alejó en paz. Y esta telenovela bíblica sufre un giro en su trama, porque Nabal fallece producto de un paro cardíaco, David se casa con Abigail... ¡y fueron felices por siempre! (Bueno, en realidad la Biblia no afirma esto último, pero es divertido imaginarlo, ¿no crees?)

Otro caso significativo es el de Susan. Cuando tenía algo más de cincuenta años de edad dio inicio a su carrera política al ser elegida como alcaldesa de su pueblo. En cierta ocasión, un grupo de activistas por los derechos de los homosexuales presentó una demanda para que el distrito escolar estableciera el Mes del Orgullo Gay en los niveles primarios y secundarios de la educación. Como era de esperar, Susan se encontró en una situación difícil, porque si prestaba apoyo a la demanda de los activistas, estaría yendo en contra de sus creencias personales y de los deseos de otros miembros de la sociedad. De manera que decidió orar por discernimiento y luego de la presentación de los activistas, Susan expresó: «Recomiendo que nos ocupemos del problema en su raíz misma. Estimo que, en esencia, el mismo tiene su origen en la falta de confianza en sí mismos de nuestros estudiantes, que evita que acepten a aquellas personas que son diferentes. Si nuestros estudiantes creyeran en sí mismos y se aceptaran tal como son, sería improbable que ridiculicen a otros y demuestren actitudes prejuiciosas. Por lo tanto, recomiendo que se instituya el Mes de la Autoestima en nuestro distrito escolar». ¡Y su sugerencia recibió la aprobación de todos!

Susan era una pacificadora que halló una solución aceptable para las partes del conflicto que reconocía y resolvía las necesidades de las personas de ambos bandos en un asunto potencialmente volátil. La valentía para hacer la paz es imperativa cuando intentamos ocuparnos de...

- Desigualdad racial
- Discriminación religiosa
- Desacuerdos en comités escolares, gobiernos municipales o legislaturas estatales
- Asuntos de divorcio
- Conflictos personales o familiares

Valentía para decir la verdad

Anteriormente ya tratamos acerca de cómo la mentira es un reflejo del temor y decir la verdad es un acto de valentía. Para ser un testigo veraz que tenga enfrente a un malhechor se requiere de valor, de la misma manera que para admitir la verdad cuando se pecó, o para confrontar con honestidad a alguien que necesita ser corregido. Las Escrituras en numerosas instancias nos relatan el valor de decir la verdad. Por ejemplo, Pedro volvió al legalismo judío debido a sus compañeros judíos, y así Pablo se dirigió a él expresándole su hipocresía (Gálatas 2:11-15).

Quizás la «revelación de la verdad» más famosa que podemos hallar en la Biblia la constituye el momento en que Natán utilizó una imagen verbal para confrontar a David con sus secretos pecados de adulterio y asesinato. Cuando David intentó castigar al hombre rico de la historia ficticia de Natán, quien supuestamente había robado y matado la única oveja que tenía un hombre pobre, Natán le manifestó a gritos: «Ese hombre eres tú» (2 Samuel 12:7).

En la vida no hay algo más difícil que decir la verdad acerca de nosotros mismos. Recordemos que Geri, quien en el Día 2 nos contó su historia sobre el miedo que sentía al dormir sola, tuvo que armarse de valor para avanzar como adulta y revelar la verdad acerca del abuso sufrido. Si bien los secretos son poderosos, el primer paso que debemos dar para quitarnos de encima la humillación es contarle una intimidad que nos causa vergüenza a una persona digna de nuestra confianza. Y en verdad eso implica un gran acto de valentía.

Brittany es otra de las tantas mujeres valientes que confiesan la verdad. Lo que más me impacta de ella es su edad. Con solo dieciocho años se convirtió en una mujer íntegra. Al ser la estudiante con mejores calificaciones, fue invitada a pronunciar el primer discurso durante el acto de graduación. Sin embargo, cuando los funcionarios del colegio revisaron su exposición, quitaron nueve de las doce referencias que Brit había incluido acerca de

Dios, Jesús y la salvación. Como ella tenía una firme convicción acerca de la libertad de expresión, dio su discurso en la forma escrita originalmente y las autoridades escolares procedieron a cortar el sonido de su micrófono a mitad del mismo. Como era de esperar, Brit pronunció sus palabras sin el micrófono, mientras se enfrentaba a los funcionarios en escena. En protesta por la censura, el público respondió con varios minutos de abucheo. ¡Y aunque aquel día los graduados con sus familias correspondientes no llegaron a escuchar el testimonio de Brittany, el resto del país sí lo hizo! Y la historia causó un impacto poderoso en los medios.

Como observamos, se requiere de valor para ser sincero en los sucesos pequeños de nuestra vida diaria:

- Devolver el vuelto equivocado que te entregó el cajero de una tienda
- Pagar el boleto de adulto para tu hijo que acaba de cumplir los trece años
- Comprar un disco o video original, en lugar de copiarlo ilegalmente
- Suministrar una devolución honesta de impuestos sobre las ganancias

La importancia de la honestidad se extiende también a aquellos asuntos de interés público. Se requiere de valientes cristianos defensores de la verdad para que, armados con datos verificables, los proclamen a todos los que no comprenden o no aceptan la visión de Dios sobre temas tales como:

- Aborto
- Evolución
- Apuestas
- Pornografía

Asimismo, la verdad es de suma importancia cuando estamos en presencia de una ofensa moral, ética o relacional que se comete ante nuestros ojos. Ese no es un instante para guardar secretos, es el momento indicado para confrontar con amor.

Valentía para correr riesgos

Perderás el ciento por ciento de aquellos intentos que no lleves a cabo.
Wayne Gretzky, ex integrante del equipo de estrellas de la Liga Nacional de Jockey

La expresión de valentía más extraordinaria se refleja en los actos de valor de las personas, como el rescate de alguien atrapado en un edificio en llamas, la donación de un riñón, padecer encarcelamiento por los valores que uno defiende... ¡o tal vez enfrentar, a una tribu de cazadores de cabezas solo con una historia sobre Jesús! Si bien esos momentos de la vida real en los que se afronta una amenaza letal ya no ocurren a menudo en la actualidad, es posible que vivas con valentía y pongas todas tus fuerzas en juego para correr un riesgo. Más adelante nos referiremos a este tema.

La Biblia nos habla acerca de héroes bastante atípicos, quienes se sobrepusieron a sus propios problemas y corrieron un riesgo. Todos conocemos la historia del joven pastor David, quien se enfrentó al gigante más temible jamás haya existido y logró derribarlo con una honda y una roca (1 Samuel 17). Gedeón, un líder temeroso, cierta noche se vio forzado a enfrentar a un ejército de enormes proporciones, y solo contaba con trescientos hombres y un plan de batalla inspirado que logró llevar al enemigo hacia su autodestrucción (Jueces 7). Ah, y no nos podemos olvidar de Pedro, quien vio a Jesús caminar sobre las aguas y en un impulso decidió intentarlo él también (Mateo 14:28-33). ¡Pedro equivaldría a un arriesgado doble moderno! Como vemos, cada uno de estos héroes inusuales asumió un riesgo impulsado por su fe inmensa en Dios. Algunos triunfaron y otros fallaron cuando el valor estuvo ausente.

> *Dios es nuestro amparo y nuestra fortaleza, nuestra ayuda segura en momentos de angustia. Por eso, no temeremos aunque se desmorone la tierra y las montañas se hundan en el fondo del mar.*
>
> Salmo 46:1-2

Conozco la historia motivadora de una mujer que vivió la experiencia dura de crecer en hospicios para huérfanos y ver a otras niñas procurar quedar embarazadas antes de cumplir los dieciocho años. (Esta es una costumbre habitual que permite a las muchachas continuar recibiendo la asistencia del estado). En cambio ella asumió el propósito de escoger un camino diferente. Fue así que se graduó del bachillerato, estudió en la universidad y ahora tiene un empleo que le permite trabajar con los niños. En la actualidad, estos pequeños reciben los beneficios del riesgo que ella corrió al seguir un camino distinto. ¿Puedes imaginarte la fortaleza de carácter que requirió hacer algo así?

La valentía para correr riesgos puede encontrarse en acciones diversas que conllevan una gran carga emocional:

- Mudarse a otra ciudad
- Hacer un amigo
- Conseguir un empleo nuevo
- Empezar un negocio
- Tomar clases
- Iniciar un nuevo ministerio
- Hablar frente a un grupo
- ¡Llevar un cabo una renovación en tu personalidad!

Cuando siento miedo, pongo en ti mi confianza. Confío en Dios y alabo su palabra; confío en Dios y no siento miedo. ¿Qué puede hacerme un simple mortal?

Salmo 56:3-4

Te sugiero que leas en voz alta el Salmo 56:3-4; luego di una oración por cada clase de valentía que discutimos hoy y pregúntale a Dios qué es lo que desea realizar a través de ti en cada una de esas áreas. Por último, escribe las impresiones que Dios marcó en tu corazón acerca de cómo desea desarrollar cada clase de valentía en tu vida.

Valentía por una causa

_____
_____

Valentía para hacer la paz

_____
_____

Valentía para decir la verdad

_____
_____

Valentía para correr riesgos

_____
_____

Oración

Amado Señor:

¿Existe alguna causa que hayas colocado en mi camino, y deseas que me haga cargo? Dame valentía. ¿Debo pararme sola frente a un asunto cuando todos los demás se oponen? Dame valentía. ¿Hay dolor, conflicto, discusión o tratos injustos a los que pueda llevar la paz? Dame valentía. ¿Soy yo la persona que prolongó una disputa cuando debería ser quién la resolviera? Dame valentía. ¿Hay algún problema en mi comunidad acerca del cual deseas que diga la verdad? Dame valentía. ¿Acaso hay en curso algo inmoral, poco ético o dañino por lo que deba abandonar mi silencio? Dame valentía. ¿Hay alguna aventura que quieres que intente, un riesgo que deba correr, o una emoción que deseas que experimente? Dame valentía. Cuando me embarga el temor, pongo mi confianza en ti... ¿qué pueden hacerme los simples mortales?.

En el nombre de Jesús, amén.

Valentía: Día 4

Tu asesora en la valentía

> Con frecuencia se dice que la valentía es un rasgo distintivo del carácter que se atribuye a los hombres. En realidad, es la verdad universal propia de todos aquellos que escogen hacer lo correcto en lugar de lo más conveniente. Es la moneda corriente de todos los que hacen lo que se supone han de hacer en tiempo de conflictos, crisis y confusión.
>
> **Florence Nightingale, 1820-1910, pionera de la enfermería moderna**

Una excursión que cambiará tu perspectiva

El lugar donde hoy nos encontramos es uno de mis favoritos, porque desde aquí podemos apreciar la vista de la costa y lo más importante, elevar nuestra oración al Creador del universo en medio de un paisaje maravilloso de cielo, mar, playas y barrancas rocosas. Observa cómo la brisa acaricia nuestros cabellos, barre las nubes y levanta en el aire las alas desplegadas de las gaviotas sobre el mar. Y ahora, lo que esperamos por largo tiempo acontece... un hombre se lanza en parapente del borde del acantilado. Casi no podemos respirar al observar la valentía de aquel espíritu que vuela alto confiado en las corrientes que lo elevan al tomar sus alas y lo conducen por un viaje sinuoso a cielo abierto para luego traerlo de regreso a tierra firme. Lo que acabamos de presenciar es una escena impresionante cargada de valor. Aquel hombre desafió las alturas con conocimiento y preparación. Corrió para ganar velocidad, y demostró con ello su gran convicción. Y luego se lanzó al aire con las alas tomadas por el viento, tal como hace el poder de Dios cuando nos llena de valor. ¡Sí, Dios nos da mucho valor!

Es bueno recordar que hasta el momento exploramos distintos tipos de valentía: para defender una causa, hacer la paz, decir la verdad y correr riesgos. Todos estos tipos de valentía suenan muy bien, pero quizás se encuentren gran parte del tiempo un tanto fuera de nuestro alcance. Hoy precisamente vamos a referirnos a una clase de valentía que utilizamos en nuestro diario vivir: la valentía para sobreponernos a las cosas. Para muchos de nosotros, existe una fuerza cotidiana a la que debemos recurrir con el fin de obtener la resistencia necesaria para vencer obstáculos poderosos o para enfrentar dificultades recurrentes. La valentía para sobreponernos a la adversidad es algo que podemos apreciar en aquellas personas que desafían sus fobias, luchan contra discapacidades o salen adelante en la vida a pesar de contar con una infancia traumática. Por eso, es necesario que ahora nos sentemos y conversemos sobre lo que estás haciendo para superar tu pasado, tu dolor y tus fracasos.

Valentía para sobreponerte a tu pasado

Este es un tema de importancia absoluta, y déjame decirte que si creciste en el entorno de un hogar disfuncional, sufriste abusos, si te casaste con un adicto o alcohólico, tuviste que pasar por la experiencia traumática de un aborto, te viste forzada a abandonar tus estudios, cometiste un crimen, fuiste una niña huérfana, eres una madre soltera, cargas con un secreto del que te avergüenzas, o... aquí podrías completar el espacio tú misma... entonces tienes un pasado que superar. Tal vez atravieses por un estado de incomodidad crónica al pensar que las personas te asocian con tu pasado en lugar de apreciarte por lo que hoy eres en realidad. Pero, seamos sinceras, debes afrontar el hecho de que a veces la única persona que no logra desprenderse del pasado eres tú.

El mismo apóstol Pablo cargaba con una reputación que le llevó años superar. La Biblia relata que antes de su conversión impresionante en el camino a Damasco, él era un fanático religioso extremo, decidido a purificar su religión y eliminar de raíz a todos los seguidores de Jesús. Y previo a asumir su nuevo ministerio, debió pasar un largo período para que la gente se sobrepusiera a la reputación de asesino que le precedía, incluso habiendo dedicado ya tres años a la soledad y el estudio. Pablo logró superar su pasado en base a tres conceptos importantes que pueden serte de utilidad en tu propia autoevaluación:

1. Tu pasado revela la gracia de Dios. Pablo logró entender su reputación pasada como el marco que Dios le había otorgado para lucir el retrato perfecto de su gracia.

> *Pero precisamente por eso Dios fue misericordioso conmigo, a fin de que en mí, el peor de los pecadores, pudiera Cristo Jesús mostrar su infinita bondad. Así vengo a ser ejemplo para los que, creyendo en él, recibirán la vida eterna.*
>
> 1 Timoteo 1:16

¿Qué es lo que observas en tu pasado y que Dios podría utilizar para demostrarles a los demás su paciencia infinita y su misericordia?

_____

_____

2. Debes liberarte de tu pasado. Si no lo dejas ir, el pasado podría convertirse en tu prisión. Pablo sabía que tenía que dejarlo atrás.

Más bien, una cosa hago: olvidando lo que queda atrás y esforzándome por alcanzar lo que está delante, sigo avanzando hacia la meta

FILIPENSES 3:13-14

¿Cómo te encuentras con relación a esto de sobreponerte a tu pasado dejándolo ir? Si lo que necesitas es liberarte de una persona, un hecho, o la humillación en sí, considera la idea de hacerlo guiada por la oración escribiéndolo en las líneas siguientes, a fin de que encuentres el valor para alcanzar lo que tienes por delante.

Yo libero *(nombra el suceso de tu pasado)*

_____

Dirijo mis esfuerzos hacia *(nombra aquello que anhelas para tu futuro)*

_____

3. Tu pasado fue renovado. Cuando Cristo habita en ti, se produce un intercambio entre tu antiguo ser y uno nuevo. Pablo fue un ejemplo viviente de este milagro que representa iniciar una nueva vida.

Por lo tanto, si alguno está en Cristo, es una nueva creación. ¡Lo viejo ha pasado, ha llegado ya lo nuevo!.

2 CORINTIOS 5:17

¿Cómo te sientes en cuanto a esto de sobreponerte al pasado y vivir como una creación nueva? Trata de describir tu antiguo «yo» que ya se fue y el nuevo que llegó.

Mi antiguo yo era

_____

_____

_____

Mi nuevo yo es

_____

_____

Valentía para sobreponerte al dolor

El dolor se presenta de distintas maneras y puede que padezcas problemas físicos como dolores crónicos, fatiga, migraña o cáncer. O también que tengas que lidiar con la angustia del sufrimiento psicológico de la depresión, los cambios de ánimo abruptos, fobias, ataques de pánico o agotamiento emocional. ¿Sabías que el cansancio físico o emocional te vuelve más vulnerable a la cobardía? Sobre el tema, el gran entrenador de fútbol Vince Lombardi una vez dijo que «la fatiga nos acobarda a todos».

Ginny pertenece a esa categoría de personas que llamamos triunfadoras porque logró superar toda una vida de tortuosa esclavitud al miedo. Durante su niñez aprendió patrones de desconfianza y ansiedad y vivió casi toda su vida teniéndole temor a todo. ¡Para ella, dejar la cama cada mañana significaba un acto de valor! Ginny define su valor como la acción de esquivar el miedo y vivir en plenitud. Ella pasó por encima de sus miedos y recibió asesoramiento cristiano, crió a dos niños, condujo a un grupo de estudio en la lectura de la Biblia, dio comienzo a un grupo de apoyo para el sufrimiento crónico, fundó un negocio de tarjetas y se unió a un ministerio de oración sanadora. Ginny dice: «Conocí el poder de la oración, la alabanza y las Escrituras. Me pongo de pie en mi cuarto y declaro que no viviré más de este modo. No dejaré que el temor arruine un solo día más de mi vida. Soy la hija del Rey. Mayor es la grandiosidad de aquel que me habita, que el temor que habita en el mundo. Dios está de mi lado, así que, ¿quién podría enfrentarme? Se necesita valentía para pararse firme y decir esas cosas en voz alta, llena de convicción y autoridad, pero las repito una y otra vez hasta que penetran mi espíritu, y entonces mi alma y mi cuerpo se alinean con la verdad».

En las Escrituras encontramos tres principios importantes que nos explican el modo de sobreponernos al dolor:

1. A veces la enfermedad se vincula directamente con el pecado. Puedes quedar atrapada en tu enfermedad si esta tiene origen en un pecado inconfeso.

> *Por causa de tu indignación no hay nada sano en mi cuerpo; por causa de mi pecado mis huesos no hallan descanso. Mis maldades me abruman, son una carga demasiado pesada. Por causa de mi insensatez mis llagas hieden y supuran.*
>
> Salmo 38:3-5

Cuando exploras en tu corazón con honestidad, ¿encuentras que la persistencia del pecado trae enfermedad a tu vida? Es importante que entiendas que si el Espíritu Santo no te condena por tus pecados, tú misma no debes hacerlo. Existen ciertas enfermedades que surgen cuando fracasa nuestra confianza en Dios, no nos perdonamos o no lo hacemos con los demás, no decimos la verdad, no vivimos en santidad o no resolvemos conflictos. Si ese es tu caso, describe aquello que el Señor revela como causa de tu dolor, y luego pídele a Dios que te perdone y brinde el poder para superar el patrón de pecado en tu vida.

___

___

2. A veces la enfermedad no guarda ninguna relación con el pecado. La vida acontece simplemente. Defectos congénitos, alergias agudas, o heridas accidentales son hechos que suceden en la vida de las persona y no representan un castigo de Dios por pecado alguno. Saber superar la enfermedad y el dolor significa situarse en manos del plan mayor de Dios.

> *Y sus discípulos le preguntaron:*
> *—Rabí, para que este hombre haya nacido ciego, ¿quién pecó, él o sus padres?*
> *—Ni él pecó, ni sus padres —respondió Jesús—, sino que esto sucedió para que la obra de Dios se hiciera evidente en su vida.*
>
> Juan 9:2-3

¿Qué sientes al permitir que la obra de Dios se materialice en tu dolor? Describe una de las maneras en que adviertes el uso que Dios hace de tu dolor para manifestarse al mundo.

___

___

3. A veces la voluntad de Dios es curar la enfermedad, y otras veces no. No obstante las reiteradas súplicas a Dios, la espina que lastimaba la carne de Pablo no fue quitada. Detengámonos a observar el modo en que Pablo halló el coraje necesario para enfrentar su dolor.

> *Pero él me dijo: «Te basta con mi gracia, pues mi poder se perfecciona en la debilidad». Por lo tanto, gustosamente haré más bien alarde de mis debilidades, para que permanezca sobre mí el poder de Cristo. Por eso me regocijo en debilidades, insultos, privaciones, persecuciones y dificultades que sufro por Cristo; porque cuando soy débil, entonces soy fuerte.*
>
> 2 Corintios 12:9-10

¿Qué puedes argumentar de tu desempeño en cuanto a jactarte de tus propias debilidades así como de la fortaleza en Cristo? Con tus propias palabras, trata de escribir nuevamente la declaración de Pablo.

Valentía para sobreponerte al fracaso

Existen dos tipos de fracaso que requieren de valentía para ser superados: (1) fracasar al correr un riesgo, y (2) fracasar por no cumplir una promesa. Como ejemplos del primero podemos citar la pérdida de dinero a través de una inversión, dar inicio a un negocio que no rinde frutos, proponer un objetivo y no alcanzarlo, o entrar a un concurso y perder. Ejemplos del segundo incluyen la ruptura de una promesa, abandonar a un amigo que nos necesita, faltar a una clase o divorciarse. Más allá del motivo justificable o no por el cual ocurrió, ya sea porque se corrió un riesgo y no resultó o porque se estropeó alguna situación, siempre hace falta valor para recuperarse del fracaso.

Uno de los fracasos más impresionantes que presenta la Biblia es la negación que Pedro hace de Jesús ante una joven criada (Lucas 22:54-62). Pedro había hecho alarde de fidelidad al decirle a Jesús: «Daré mi vida por ti». Sin embargo, unas horas después habría de negar que conociera a Jesús. Luego de resucitar, Jesús buscó a Pedro para recomponer su relación con él (Juan 21:15-17), y este se convirtió en un líder humilde y poderoso de la iglesia naciente (Hechos 2:37-41). Aquel fracaso con su consecuente restauración representó un punto decisivo en la vida de Pedro. Observa las siguientes enseñanzas:

1. El fracaso es una buena advertencia. Pedro nunca repitió su error y dedicó el resto de sus días a proclamar la divinidad de Jesús y su resurrección en sitios y a personas más amenazantes que una joven sierva.

¿Cómo te va en esta tarea de aprender de tus errores? Describe las zonas de tu personalidad en las que creas repetir tus errores y piensa qué puedes hacer para superarlos y así romper el círculo vicioso.

_____

_____

_____

2. El fracaso edifica la personalidad. El fracaso de Pedro lo preparó para convertirse en un líder sobresaliente. En aquellos puntos donde él se sentía fuerte, y de los cuales hacía alarde (Lucas 22:33), Dios le mostró cuál era la verdad, y desde ese momento Pedro se apoyó en Dios.

Por lo tanto, si alguien piensa que está firme, tenga cuidado de no caer.

1 CORINTIOS 10:12

¿Acaso fracasaste en un aspecto que considerabas tu punto fuerte? Explica la manera en que Dios hizo uso de ese fracaso para edificar tu personalidad.

_____

_____

_____

3. El fracaso no es fatal. *Luego* de la negación de Pedro, Jesús le confió una misión: «Alimenta a mis ovejas». Jesús no se alejó de Pedro, ni aun cuando este le falló. Vemos que Dios es el Dios de las segundas oportunidades. Ahora, depende de nosotros que sepamos aprovechar la nueva oportunidad que nos brinda y comenzar de cero a intentar nuevamente.

¿Cómo te encuentras en cuanto a permitir que Dios te libere de la prisión del fracaso? En la página siguiente, escribe en la pizarra el fracaso que hayas tenido, luego táchalo y usa tu pizarra limpia para escribir la misión que Dios podría estar encargándote como resultado de aquel fracaso.

Oración

Amado Señor:

Haz de mí una vencedora. Bríndame una dosis diaria de valentía que me ayude a enfrentar mis problemas cotidianos. Libérame de la prisión de mi pasado, utilizándolo para exhibir tu gracia y así convertirme cada día en una criatura nueva. Libérame de la prisión de mi dolor, utilizándolo para revelar tu obra y tu poder. Si yo misma me situé en una prisión de sufrimiento por causa de mi propio pecado, decláreme culpable y bríndame la ayuda para abandonar mis hábitos pecaminosos. Libérame de la prisión del fracaso, ayudándome a que deje de repetir mis errores. Edifica mi persona sobre el cimiento de mi quebranto, y escribe un nuevo propósito en la pizarra en blanco que mi fracaso me provee hoy para que escriba en ella.

En el nombre de Jesús, amén.

Valentía: Día 5

Pasos hacia la valentía

Nos hacemos valientes a través de la ejecución de actos valientes.
Aristóteles, 384-322 a.C., filósofo griego.

Siéntate en paz junto a tu Creador

Hoy es un día muy especial para ti, porque es el tiempo de reflexión en la privacidad de tu propio espacio de paz. Tienes que organizar un Plan de Acción de la Valentía, y deberás trabajar junto a Dios para desarrollar a conciencia tres tipos de valentía: valentía para correr un riesgo, valentía para tomar una postura, y valentía para prestar ayuda a los demás.

En la intimidad pregúntate qué tan capacitada te encuentras para enfocarte en el incremento de tu valor durante esta etapa de tu vida. A continuación, escoge los pasos de acción apropiados de las páginas 145-148, y hazlo teniendo en mente aquello que seas capaz de experimentar en esta semana de manera realista. Ten en cuenta que este es tu plan, tu vida, y tu decisión basada en la fe. Si ahora mismo sientes la presión de Dios para que te concentres en tu valentía, sin demoras recurre a los ejercicios. Cualquiera sea el esfuerzo que puedas realizar para aumentar tu valentía, tengo la plena seguridad de que será recompensado generosamente por Dios en la tierra y en el cielo.

Plan de acción de la valentía

ENFOQUE EN LA ORACIÓN: Repite la oración de Jabes para el peligro: *«¡Oh, si me dieras bendición, y ensancharas mi territorio, y si tu mano estuviera conmigo, y me libraras de mal, para que no me dañe!»* (1 Crónicas 4:10). Eleva tu oración por los líderes del gobierno, profesores universitarios, maestros de escuela, trabajadores sociales, oficiales de policía y todos aquellos que, al igual que tú, necesiten valor para actuar con firmeza y enfrentar las fuerzas del mal y la injusticia en nuestra sociedad. Luego, pregúntale a Dios qué desea que *tú* hagas para dar un paso de acción. Ora por aquellos que en tu comunidad sufren quebranto, ya se trate de viudas inmersas en el dolor, huérfanos, ancianos, personas con incapacidades, adictos, víctimas del abuso, adolescentes embarazadas, analfabetos, personas que viven sumidas en la soledad, convictos o prostitutas. Pregúntale a Dios qué debes hacer por ellos.

ENFOQUE DEVOCIONAL: Sobre el tema de la valentía, escoge uno de los siguientes pasajes de la Biblia: Para enfocarte en *correr riesgos*, lee la historia de obediencia de Abraham en Génesis 12:1-4 y Hebreos 11:8-10, y reflexiona acerca del modo en que los conceptos de riesgo y fe se relacionan entre sí. Por ejemplo, para enfocarte en *asumir una posición*, en Hechos 16:16-40 lee la historia de Pablo y Silas, donde se relata el encarcelamiento que padecieron al ayudar a una muchacha esclava que había sido torturada, y analiza las actitudes que demostraron durante su dura experiencia. Ahora, si lo que deseas es *prestar ayuda*, en Hechos 11:22-30 lee acerca de Bernabé (cuyo nombre significa «hijo del coraje») y observa las maneras en que este personaje transmitió valor a las personas.

PERSPECTIVA ADICIONAL: Lee *Buenas noticias sobre la injusticia*, de Gary Haugen, a fin de comprender los abusos impactantes que se cometen en la actualidad, y lo que las Escrituras requieren que hagamos en respuesta a eso. O también, puedes hacer gala de tu creatividad y averiguar cuánto bien puedes hacer en una tarde con tan solo diez dólares.

Pasos de acción: Desarrollar valentía para correr un riesgo

Indicaciones: Escoge haciendo uso de la oración entre uno y dos pasos de acción que puedas experimentar durante esta semana.

Fecha de inicio

_____ ☐ **Haré un cambio.** Haré un cambio en mi vida para mejorar una situación que sea deficiente (por ejemplo, cambiar de empleo, variar mi rutina, eliminar el estrés). *(Identifica la situación que hayas de evaluar).*

Segunda parte: Entabla una relación adecuada contigo misma

_____ ☐ **Tomaré un curso.** Me registraré en un curso que me ayude a desarrollar un conocimiento o habilidad que siempre quise para mi vida, o un tema de interés que quiera investigar. (Nombra el curso).

_____ ☐ **Intentaré algo nuevo.** Diré «sí» a una experiencia nueva que por lo habitual trataría de evitar (tal como dar una clase, intentar cocinar una especialidad de otro país, o jugar béisbol). (Haz una lista con las nuevas experiencias).

_____ ☐ **Conquistaré un miedo.** Elaboraré un plan para conquistar algún temor importante en mi vida, haciendo algo que cause ese temor. (El plan puede involucrar lecciones, consultoría, grupos de apoyo, asistencia psicológica o médica). Daré los pasos necesarios para ejecutar aquello que me cause pavor. *(Identifica el temor al que te hayas de enfrentar y el modo en que lo vayas a hacer).*

_____ ☐ **Desarrollaré** la valentía para correr un riesgo por medio de *(agrega aquí tu idea)*

Pasos de acción: Desarrollar valentía para asumir una postura

Indicaciones: Dejándote guiar por la oración, escoge uno o dos pasos de acción que puedas experimentar en esta semana.

Fecha de inicio

_____ ☐ **Confrontaré una ofensa.** Haré frente a un daño moral, ético o relacional que se haya causado, por medio de mis palabras basadas en el amor y la verdad. *(Identifica el daño al que te refieres y cómo vas a encararlo).*

_____ ☐ **Seré mi propia abogada.** Me matendré firme en la defensa de mi persona, sosteniendo mi opinión, brindando mis ideas, poniendo en palabras mis preferencias, o bien ejerciendo mi influencia. (Si estás acostumbrada a ceder ante los demás o a guardarte tus pensamientos, este es un paso de gran relevancia). *(Identifica una manera en que te pondrás de pie para defenderte a ti misma).*

_____

☐ **Me uniré a una causa.** Iniciaré una lucha contra alguna clase de injusticia social, tal como el aborto, la pornografía, la discriminación racial o la persecución religiosa. Actuaré por medio de la colección de fondos, despertando las conciencias, o desplazándome a lugares en los que haya víctimas a quienes pueda asistir. *(Identifica la causa a la que te unas, y cómo vayas a hacerlo).*

_____

☐ **Desarrollaré** coraje para asumir una postura por medio de *(agrega aquí tu idea)*

_____

Pasos de acción: Desarrollar valentía para brindar ayuda
Indicaciones: Escoge, guiada por la oración, de uno a dos pasos de acción que puedas experimentar esta semana.

Fecha de inicio

_____ ☐ **Apoyaré a una persona que esté luchando.** Brindaré mi consuelo, servicio y amistad a alguien que esté llevando adelante una lucha o viva en el agobio de la soledad (por ejemplo, a una madre soltera, la esposa de un soldado, una persona recluida o desempleada, una mujer recientemente divorciada). Esto puede involucrar acciones como hacer visitas, preparar comidas, enseñar, o proveer de transporte o alimentos. *(Identifica la persona a quien vayas a prestar ayuda, y el modo en que piensas hacerlo).*

_____

_____ ☐ **Me haré amiga de alguien.** Seré amistosa con quien parezca necesitar de una amiga. Podría tratarse de un desconocido con el que me cruce cualquier día, o alguien a quien haya estado evitando por mostrarse muy necesitado. *(Identifica sabiamente a una persona a la que puedas, dentro de tus posibilidades lógicas, extenderle tu mano, y el modo en que piensas hacerlo).*

_____ ☐ **Iniciaré un ministerio.** Daré comienzo a un ministerio, o elevaré el nivel de conciencia a favor de un grupo que esté siendo ignorado o siendo víctima en la actualidad. Esto puede envolver la creación de una red de servicios como: consejería, intervenciones, refugio o asistencia médica a padres solteros, hijos de convictos, estudiantes extranjeros de intercambio, miembros de una mezquita, o víctimas de algún desastre. ¡Soñaré a lo grande! *(Identifica a quiénes podrías ayudar y cómo).*

_____ ☐ **Desarrollaré** coraje para brindar ayuda, por medio de (agrega aquí tu idea)

Plan Maestro de Acción

Ahora, selecciona un paso de acción principal de este ejercicio del Día 5 y anótalo en tu Plan Maestro de Acción, en el Apéndice A de la página 362, en la sección en línea. Cuando hayas finalizado la lectura de este libro, continúa dirigiéndote a ese paso de acción principal de tu Plan Maestro de Acción (¡así como a este Plan de Acción de la Valentía, desde luego, siempre que te lo permita este momento de tu vida!). Recuerda que, a fin de que puedas parecerte más a Cristo en tu persona, es necesario que colabores con Dios de tres maneras: con la preparación, la oración y la práctica. Ya has llevado a cabo el trabajo de preparación al aprender la verdad de Dios acerca de la valentía. Ahora, debes interiorizarlo, orando por la ayuda del Espíritu Santo, y poniendo en práctica tus pasos de acción, uno a uno.

Oración por valentía

Amado Señor:
Tú sabes que yo, sin ti, me haría un ovillo en la cama por tantas cosas a las que temo. Te doy las gracias por no haberme creado para ser una persona llena de miedos. Te doy las gracias por haber ideado un plan para mi vida mejor que vivir encogida por la cobardía. Asegúrate de imprimir en mí de una manera nueva, fresca y decidida cómo tu corazón se ve dichoso cuando camino en tu poder, protección y provisión. Haz crecer en mí el espíritu de una guerrera poderosa que no se detiene y avanza con tus fuerzas en el cumplimiento de tus misiones.

En el nombre de Jesús, amén.

TERCERA PARTE

Entabla una relación adecuada con los demás

Capítulo 4

El autocontrol

Como ciudad sin defensa y sin murallas
es quien no sabe dominarse.

Proverbios 25:28

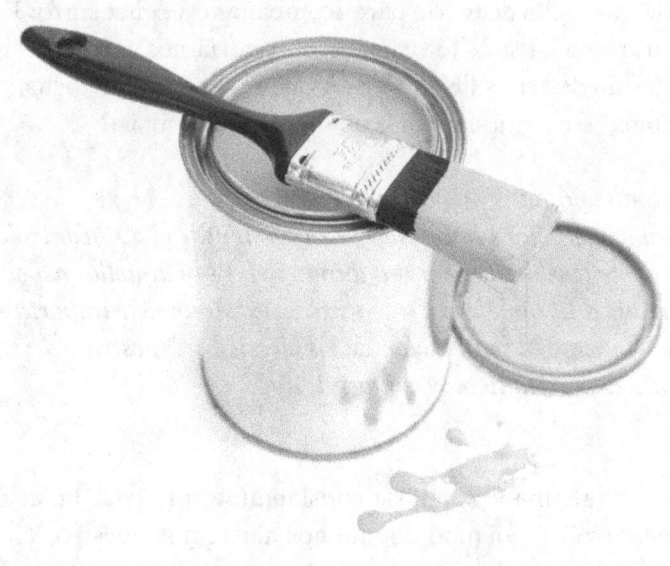

Autocontrol: Día 1

Fortalecida por Dios

La carga más pesada que llevamos en la vida es el ser,
y también la más difícil de controlar.

Hannah Whitall Smith, 1832-1911,
autora de *El secreto de la vida cristiana feliz*

¡Bienvenida a mi hogar!

¡Adelante! ¡Qué alegría verte otra vez! Espero que hayas tenido una semana maravillosa y que estés recorriendo cada aspecto de la renovación que te propusiste llevar a cabo en tu vida. ¿Qué te parece si hoy conversamos en el comedor? Como sé que te encantan las flores, confío en que disfrutarás de los colores y la fragancia de este arreglo que trajo mi hija Stephanie. ¿Te agradaría una tacita de té frío para acompañar este encuentro? Recién acabo de preparar una jarra de té y si prefieres podríamos agregarle algo de hielo. Pero antes de dejarnos llevar por un buen momento de dicha, ¿por qué no bendecimos este tiempo juntas con una oración inicial?

Dios de toda verdad:

Asómbranos con tu habilidad para aumentar el autocontrol. Permanece a nuestro lado esta semana dando luz sobre aquellos aspectos que nos acercan más a tu semejanza mientras estudiamos este importante tema y oramos durante la realización de los ejercicios. Nuestra vida entera la dedicamos a tu sola dicha y conformidad.

Amén.

¿Alguien, alguna vez, podría considerarse apto para lidiar con el tema del autocontrol? Es tiempo de que nos ajustemos nuestros cinturones de seguridad y demos inicio a este viaje de aprendizaje.

Fuera de control

Si alguien cometió desastres financieros en la familia, esa fui yo. Recuerdo que durante años, en los meses previos a la Navidad, me sumergía en compras compulsivas y llegaba a comprometer fondos de los que no disponía. En ese tiempo todo se circunscribía a envolver frenéticamente los regalos, entregarlos y recibir otros a cambio. Sin embargo, la realidad era diferente: me veía envuelta en deudas de tarjetas de crédito asfixiantes hasta marzo del año siguiente. Incluso en cierta oportunidad, para poder salir de esa situación, tuve que aguardar a recibir el cheque de reintegro de impuestos en mayo. El descontrol era total. Ahora todo es diferente y me siento muy feliz de poder decir que el Señor me ayudó a romper aquella actitud espantosa. Siempre me formulo el mismo interrogante: ¿Qué me proponía demostrar? Porque esa no era una manera de vivir, y por cierto, tampoco era el plan que Dios había ideado para mi vida.

El autocontrol es una cualidad del carácter que trae consigo numerosas facetas e implicaciones de amplio alcance en muchas áreas de nuestra vida. Por ejemplo, pones en práctica el autocontrol cuando...

- Sumas dinero a tu cuenta de ahorros con regularidad.
- Resistes el impulso de comprar algo que en realidad no necesitas.
- Asumes la disciplina de levantarte temprano cada día y realizar ejercicios.
- Piensas antes de hablar.
- Dices «no» a un compromiso innecesario.
- Rechazas un segundo plato de entrada en la cena.

Algunos de los conceptos inherentes al autocontrol incluyen la moderación, la autodisciplina, la fuerza de voluntad y la templanza. Asimismo, dentro de las ideas opuestas al autocontrol podremos hallar a la impulsividad, la indulgencia excesiva, las reacciones exageradas y la pereza. Y aquí nos encontramos frente a otra paradoja para los cristianos practicantes: El autocontrol más estricto no es autocontrol en absoluto, sino el control de Dios. Nosotros no poseemos la fuerza de voluntad ni la fortaleza ni la virtud para practicar el autocontrol constantemente. Ahora bien cuando nos ubicamos bajo el control de Dios, encontramos el poder necesario para ejercitar el autocontrol.

David: un ejemplo de autocontrol

David, el futuro rey de Israel, durante un período de trece años fue un brillante ejemplo de autocontrol. Eran los días que transcurrieron entre el momento en que Dios le reveló que sería el próximo rey y el día en que Saúl, rey por aquel entonces, falleció. Dicen las Escrituras que durante ese tiempo, Saúl se volvió cada vez más celoso de la popularidad de que gozaba David. Fue así que, hasta el momento en que Saúl muere en manos de los filisteos, David debió llevar adelante una carrera por su vida. (Para comprender mejor la intensidad de esta injusta cacería humana, piensa en las escenas de la película *El Fugitivo* cuando Tommy Lee Jones persigue a Harrison Ford). No obstante haber tenido varias oportunidades para asesinar a Saúl, David se resistió una y otra vez, porque tenía la convicción de que no era su misión levantar la mano contra el rey ungido por Dios (1 Samuel 26:23).

Aquí podemos observar que la templanza de David demuestra un aspecto importante del autocontrol. A saber: La templanza te otorga el dominio de tus propios impulsos y reacciones. Hay cosas en la vida que no podrás controlar, tales como las acciones de un hombre loco y furioso que te persigue. Pero tú sí puedes controlar la respuesta que ofreces frente a esas personas. Cuando tienes el poder de Dios en ti para ponerles freno a tus impulsos, no hace falta que reacciones con ira precisamente ante la ira. Una persona autocontrolada es capaz de desprenderse de las cosas incontrolables e inmodificables de su vida, y de enfocarse en aquello que es controlable y modificable, es decir, su propia actitud.

> *Los que viven conforme a la naturaleza pecaminosa fijan la mente en los deseos de tal naturaleza; en cambio, los que viven conforme al Espíritu fijan la mente en los deseos del Espíritu. La mentalidad pecaminosa es muerte, mientras que la mentalidad que proviene del Espíritu es vida y paz.*
>
> Romanos 8:5-6

He aquí algunas maneras en las que el control de Dios te ayudará a establecer fronteras adecuadas:

- No puedo cambiar a los demás, pero yo sí puedo cambiar.
- No puedo controlar ciertas situaciones, pero sí mi actitud.
- No puedo exigir que los demás me mantengan en control; mi propio deseo ha de acercarme al control verdadero de mi persona.
- No puedo depender de los demás para que me ayuden a mejorar o reparar mi vida; yo soy responsable de mi propio crecimiento.

Una persona con autocontrol es quien se apropia de lo que puede dominar en el poder de Dios y no renuncia a la responsabilidad personal que le corresponde, dejando en manos de los demás el establecimiento de los límites y controles.

Sansón: una vida de autocomplacencia

En el extremo opuesto del espectro del autocontrol encontramos a David en sus años postreros. Sin embargo, hoy nos ocuparemos de Sansón, quien también constituye la personificación de la autocomplacencia. Podemos decir que él es quien dio lugar a esta mentalidad. Cada vez que veía a una mujer bonita, la deseaba; y luego lloriqueaba, persuadía con ruegos y asustaba a la persona hasta conseguirla. No le interesaba si la muchacha compartía o no su fe, sus deseos o el lecho matrimonial.

Sansón no era el héroe fuerte y poderoso que todos imaginaban. Por el contrario, era una criatura débil, controlada y manipulada por sus apetitos, impulsos y sentimientos. La vida de Sansón tomó un giro trágico cuando sucumbió a los ardides de Dalila y confesó el secreto de su fuerza. Capturado, cegado, torturado y hecho prisionero, concluyó su vida con una explosión última de fortaleza que provocó el derrumbe del templo en el que se hallaba junto con tres mil filisteos. (Ver Jueces 14—16).

Nuestra sociedad favorece la autocomplacencia. Por ejemplo, se nos estimula para que tomemos un descanso, nos hagamos un favor y terminemos haciendo lo que mejor nos plazca. También se da por sentado que no son nuestros principios los que nos *controlan*, sino los placeres, el prestigio, el poder y las pasiones. Sin embargo, hasta las cosas buenas de la vida nos harán daño si nos consentimos demasiado con ellas. Comer, practicar ejercicios, dormir, tener dinero o sexo, desde luego no constituyen cosas malas, pero la gratificación incontrolada con cualquiera de ellas podría resultar nociva. Ayudados por el poder de Dios, debemos practicar una buena dosis de autodisciplina para reemplazar la autocomplacencia.

> *Por tanto, ya que Cristo sufrió en el cuerpo, asuman también ustedes la misma actitud; porque el que ha sufrido en el cuerpo ha roto con el pecado, para vivir el resto de su vida terrenal no satisfaciendo sus pasiones humanas sino cumpliendo la voluntad de Dios.*
>
> 1 Pedro 4:1-2

Todo esto podemos traducirlo en ciertos principios de la vida que debemos transmitir a nuestros hijos, sin descuidar su aplicación en nuestra propia vida:

- Solo porque sea divertido no significa que sea correcto.
- Solo porque los demás lo hagan no significa que nosotros también debamos hacerlo.
- Solo porque lo desees no significa que debas tenerlo.
- Solo porque puedas pagarlo no significa que debas comprarlo.

Una persona bajo el control de Dios ejercita la templanza, la moderación y la fuerza de voluntad, y toma decisiones basadas en principios, no en placeres.

Marta: un intento por controlar a los demás

Ahora analicemos el tema del autocontrol desde un ángulo completamente diferente. Vimos que el autocontrol representa un freno para tus impulsos y una disciplina para tus deseos. Otro aspecto relevante del autocontrol es que involucra un *control propio* y no un *control de los demás*. En este sentido, yo soy la única persona que puede llevar a cabo un cambio en mí misma, y tú la única responsable por tus propios cambios. Ahora, cuando cruzo los límites y me propongo hacer cambios en tu persona, eso se denomina *control de los demás*.

Sobre el particular, la Biblia nos brinda un ejemplo en la persona de Marta, quien actuaba impulsada por la idea errónea de que su hermana María debía hacer lo mismo que ella. Movida por esa convicción, acudió en procura de la ayuda de Jesús para que produjera el cambio que ella deseaba. Jesús desoyó el pedido de Marta y lo que hizo fue permitir que María continuara haciendo aquello que en su cultura era considerado patrimonio exclusivo de los hombres: sentarse a los pies del maestro y aprender.

> *Marta, por su parte, se sentía abrumada porque tenía mucho que hacer. Así que se acercó a él y le dijo:*
> *—Señor, ¿no te importa que mi hermana me haya dejado sirviendo sola? ¡Dile que me ayude!*
> *—Marta, Marta —le contestó Jesús—, estás inquieta y preocupada por muchas cosas, pero solo una es necesaria. María ha escogido la mejor, y nadie se la quitará.*

Lucas 10:40-42

El principio que podemos extraer de este relato es que el autocontrol limita tus deseos de controlar a los demás.

- Es saludable mantenerse bajo control. No es saludable querer controlarlo todo.
- Es saludable querer mejorar, cambiar, desarrollarse uno mismo. No es saludable sobreproteger, dominar, manipular y supervisar meticulosamente a los demás.

Una persona *bajo el control de Dios* resistirá la presión de cruzar barrera alguna y ejercer el control sobre la vida de otra persona.

A continuación veamos cómo te encuentras en todas las áreas del autocontrol. Recuerda que debes respirar hondo y ser amable contigo, a fin de no sentirte deprimida por los resultados. Aquí la frustración no es el objetivo, sino la santidad. Lo cual significa que si centras tu mirada en Dios, él te ayudará con amor.

Lista de comprobación del autocontrol

La siguiente es una lista de asuntos que pueden resultar como consecuencia de la falta de autocontrol. Verifica las zonas problemáticas por las que transitas actualmente en tu vida.

Vida personal

- ☐ Autocomplacencia habitual
- ☐ Diálogo interior negativo
- ☐ Sobreindulgencia en las fantasías
- ☐ Gastos excesivos
- ☐ Perfeccionismo
- ☐ Dieta fuera de balance

Relaciones con los demás

- ☐ Poner en compromiso valores a fin de ser aceptada
- ☐ Necesidad de hacerse cargo, inclinación hacia personas necesitadas
- ☐ Necesidad de complacer a los demás en todo momento y por sobre todas las cosas.
- ☐ Necesidad de corregir, cambiar o mejorar a los demás
- ☐ Necesidad de sobreproteger, dominar, manipular o supervisar en detalle a los demás
- ☐ Excesiva dependencia de los demás para sustentar tu mecanismo de control
- ☐ Inmoralidad en el ámbito sexual

Verbal / Emocional

- ☐ Ira que causa daño propio o en los demás
- ☐ Criticismo
- ☐ Crueldad
- ☐ Cotilleo
- ☐ Hábito de finalizar las oraciones de los demás
- ☐ Espíritu juzgador
- ☐ Mentiras
- ☐ Negatividad
- ☐ Palabras desenfrenadas
- ☐ Temores irrazonables
- ☐ Resistirse a hacer elogios

Manejo del tiempo

- ☐ Carga excesiva de actividades
- ☐ Cansancio frecuente
- ☐ Impuntualidad habitual
- ☐ Excesivas horas de trabajo
- ☐ Postergación
- ☐ Manejo reactivo del tiempo
- ☐ Agenda de tareas desequilibrada

Conductas compulsivas y/o adictivas

- ☐ Alcoholismo
- ☐ Obsesión en el cuidado de la imagen y el cuerpo
- ☐ Adicción a la cafeína
- ☐ Limpieza compulsiva
- ☐ Adicción a las drogas
- ☐ Desorden en la alimentación
- ☐ Obsesión por el ejercicio físico
- ☐ Adicción a los juegos y las apuestas
- ☐ Consumo de pornografía
- ☐ Legalismo religioso
- ☐ Adicción al sexo
- ☐ Adicción a las compras
- ☐ Adicción al cigarrillo
- ☐ Adicción al azúcar
- ☐ Adicción al trabajo

A medida que te prepares para los ejercicios del diario que comienza en la página 161, trata de reflexionar con fe y revisa esta autoevaluación, a fin de pedirle a Dios una visión esclarecedora que ilumine tus respuestas.

Seguidamente, lee el pasaje acerca de los atributos que desarrollaremos en nuestra vida cristiana:

> *Precisamente por eso, esfuércense por añadir a su fe, virtud; a su virtud, entendimiento; al entendimiento, dominio propio; al dominio propio, constancia; a la constancia, devoción a Dios; a la devoción a Dios, afecto fraternal; y al afecto fraternal, amor. Porque estas cualidades, si abundan en ustedes, les harán crecer en el conocimiento de nuestro Señor Jesucristo, y evitarán que sean inútiles e improductivos.*
>
> 2 Pedro 1:5-8

Ahora, en la tabla siguiente, deberás colorear la cantidad apropiada de casillas en cada renglón, según el nivel de seguridad que experimentes por cada atributo. Una casilla representa debilidad en el área analizada, mientras que cinco casillas dan cuenta de tu sentimiento de fortaleza en cada una de las cualidades.

Evaluación de las cualidades	Débil				Fuerte
Ejemplo: Fe	■	■	■		
Fe					
Virtud					
Entendimiento					
Dominio propio					
Constancia					
Devoción					
Afecto					
Amor					

¿De qué manera esos atributos en los que eres más fuerte colaboran para ejercitar el autocontrol? (Incluso puedes mencionar cómo el autocontrol te favorece en la práctica del mismo).

> **Ejemplo:** *Tengo amplio entendimiento porque me esfuerzo en tomar ideas de personas eficientes, y por lo tanto aprendí a controlar mi agenda de actividades para no caer en el estrés con frecuencia.*
>
> A continuación, concéntrate en tus zonas más débiles de la evaluación de las cualidades. ¿De qué manera consideras que tus debilidades contribuyen a las dificultades que atraviesas con el autocontrol?
>
> **Ejemplo:** *Soy poco convincente en cuanto al tema de la amabilidad. Hiero a los demás con palabras desbordadas y lastimo a las personas sin pensarlo demasiado.*

Oración

Amado Señor:

Te doy gracias por tu poder. Sé que cuando coloco mi ser bajo control (tu control), me brindas más poder para ejercitar el autocontrol. Donde me veo luchando con el autocontrol, oro para que me ayudes a desarrollar los atributos cristianos que fortalecen mi decisión de apoyarme más en ti. Ayúdame para que deje de ser reaccionaria, autocomplaciente o controladora. En cambio, bríndame tu poder para que pueda así refrenar mis impulsos, disciplinar mis deseos y controlar mi propio ser, no ya el de los demás.

En el nombre de Jesús, amén.

Autocontrol: Día 2

La ira: Descubre a tu Pedro Picapiedras interior

> En un momento de cólera
> podrías dar el mejor discurso del cual te arrepentirías.
>
> Ambrose Bierce, 1842-1914, escritor satírico estadounidense

UN MENSAJE

 NOTA: Hoy es el Día 2, por lo que tienes que leer el texto que sigue. ¡Que disfrutes este asesoramiento y no olvides comenzar con una oración!

LA OTRA CARA DEL AUTOCONTROL

Pedro Picapiedras representa a un grandilocuente y exagerado maestro del melodrama que anda de continuo requiriendo una buena dosis de autocontrol. Cada vez que recuerdo al clásico personaje de las caricaturas, resuena aquel prehistórico grito de frustración. ¿Se acuerdan como lo hacía? «¡Vil-lllmaaaaa!», vociferaba a todo pulmón. Él iba por la vida dando gritos a los que amaba. Y también lo hacía al sentirse frustrado, herido, avergonzado, decepcionado o con temor.

Precisamente el lenguaje verbal es una de las zonas de nuestro carácter que más dificultad presenta en lo que se refiere al ejercicio del autocontrol, y las palabras más difíciles de controlar son aquellas que acuden a nosotros en un arranque de ira. Mi amiga Jan, es una persona que luchó contra sus ataques de cólera. Por eso quiero que la conozcas y dediques unos instantes para leer su historia y la manera en que pudo sobreponerse a su problema de ira.

JAN: UNA HISTORIA SOBRE LA IRA

En la vida de mi amiga Jan, el cuarto grado fue crucial. En aquellos tiempos cobraron forma diferentes piezas de su autoimagen que le tomó años desarmar. Como se había mudado a otra ciudad, sus calificaciones en la nueva escuela eran las más bajas del curso en casi todas las asignaturas. Y al ser la única estudiante nueva de la clase, también se sintió perdida, desencajada, y comenzó a creer que no era inteligente. En tanto, cada uno de los miembros de su familia lidiaban con sus propios asuntos y no le brindaban el respaldo que necesitaba durante esos momentos difíciles de readaptación, hecho que la llevó a sentirse aun más sola. Hasta la adultez, Jan ignoró el problema de alcoholismo que padecía su padre, no obstante, ella de todos modos percibía sus reiteradas ausencias de la casa, algo que contribuyó a desarrollar una sensación de desamparo y abandono. Por otra parte, su madre no era una mujer comunicativa y de palabras afectuosas, más bien solía esconder sus emociones. El lenguaje que ella utilizaba consistía en dar portazos y arrojar objetos, y ante este panorama Jan se replegaba con miedo y se aislaba.

Ya a los veinticinco años Jan se había casado con un hombre bueno, gentil, generoso y considerado llamado Tim (con quien ha estado casada por treinta y cuatro años), pero aun así albergaba aquellos sentimientos antiguos que le quitan valor. Y dado que no lograba exponer en palabras sus emociones, explotaba de ira ante el mínimo hecho que despertara su temor subliminal de rechazo o abandono. En esos momentos, solía arrojar cosas, golpear puertas y gritar todo tipo de palabras hirientes que llegaran a su mente. Como cristiana que era, vivía abochornada por estos arranques de ira, y parecía que ninguno de los intentos que Tim realizaba para calmarla surtía efectos por el contrario, acrecentaban su enojo y la llevaban a un descontrol mayor.

Tal vez pienses que Jan resolvió su problema de ira realizando actividades como la jardinería, saliendo a caminar, contando hasta diez o memorizando versos de la Biblia acerca del autocontrol y la ira. Nada de eso. Intentar cualquier tipo de combate contra su furia nunca dio resultados. Cuando ella oró desesperada a Dios por ayuda, se vio sorprendida por la respuesta. La contestación que le abriría las puertas y la haría libre de su trampa de ira consistía en comprender al mismo Dios. Cuanto más se involucraba en la tarea de conocer a Dios, de descubrir su verdadero carácter, más disminuía su temor al rechazo, y en tanto decrecía este temor, también lo hacía la intensidad de su ira. Ponte en la piel de Jan e imaginemos por un instante cómo debió sentirse al descubrir el modo de ser de Dios y decidirse a escribir sobre el mismo en su diario:

> **La guía de Jan para dejar atrás la ira:**
>
> *Salmo 3:3*   *Dios es un escudo y él me protege.*
> *Salmo 3:4*   *Dios me escucha y me habla.*
> *Salmo 3:5*   *Dios está a mi lado en mis horas de sueño.*
> *Salmo 16:7*   *Dios me asesora.*
> *Salmo 34:17*   *Dios oye mis gritos de socorro.*
> *Salmo 34:18*   *Dios sabe cuándo me embarga la tristeza.*
> *Salmo 37:4*   *Dios se interesa por lo que deseo.*
> *Salmo 54:4*   *Dios es mi ayuda permanente.*
> *Salmo 139:18*   *Dios está conmigo al despertar.*

Durante meses mi amiga Jan investigó los Salmos y así descubrió la esencia de Dios. A medida que escribía páginas en su diario acerca de él, mayor fue la seguridad que ganó. A su vez, esto le otorgó un sentimiento fuerte de protección divina, amor y bienestar. Y cuando dejó de vivir inmersa en el miedo, también puso freno a los embates de la ira.

La experiencia de Jan se traduce en un progreso en el crecimiento espiritual al cual hace referencia el apóstol Pablo. A continuación, observa los pasos que él enumera en el camino hacia la santidad:

Al entendimiento, dominio propio; al dominio propio, constancia; a la constancia, devoción a Dios.

2 Pedro 1:6

Anatomía de las emociones descontroladas

Ciertas emociones como la ira, el malhumor y la irritabilidad no siempre pueden ser adjudicadas al «mal carácter». A continuación, analiza las fuentes de emociones negativas. ¿Tal vez eres susceptible a alguna de ellas?

Fatiga: Cuando concluye el día y nos sentimos invadidos por el cansancio, todos alguna vez experimentamos irritabilidad y malhumor. Un día la esposa de un pastor me advirtió: «Entre las cinco y siete de la tarde, ni se te ocurra contarme tus problemas, porque en ese momento siempre percibo la sensación de que todos absorben mis energías». Aquí se demuestra que cuando ya no quedan más reservas de fuerza física es difícil refrenar las palabras de enojo.

Vergüenza: ¿Conoces programas de televisión como *Candid Camera, Punk'd*, o *America's Funniest Home Videos*, en los que una persona desprevenida de algún modo es avergonzada o humillada? Ante la humillación hay quienes reaccionan con verdaderos azotes verbales, o bien atacan o escapan, a fin de distraer la atención de los demás sobre ellos.

Frustración: En ciertas ocasiones este tipo de ira se experimenta interiormente. Por ejemplo, ¿no te has sentido frustrada aquellas veces que debiste deshacer hileras enteras de puntos en la ropa que con dedicación tejías? O, en cambio, puede que dirijas tu frustración hacia los demás, conducta por la que mejor se conoce a la esposa de Job. Luego de soportar las mismas pérdidas que su marido y de presenciar la miseria abyecta en la que había caído Job, viéndolo arrancarse la piel por el ardor que le producían las llagas, explotó en un ataque de frustración y dijo: «¿Todavía conservas tu integridad? ¡Maldice a Dios y muere!» (Job 2:9).

Rechazo: Cuando la persona ha padecido un rechazo profundo es factible que se vea envuelta en explosiones de ira. Esto es precisamente lo que le ocurrió a Caín cuando Dios dejó de lado su ofrenda. Celoso de la aceptación que Dios dispensó a las primicias de Abel, Caín se dejó atrapar por una furia que lo condujo a cometer el primer asesinato de la historia (Génesis 4:1-8).

Indignación justificada: Si te sientes lastimada, ofendida o engañada, es natural que reacciones mal. Por ejemplo, cuando alguien te acusa de un hecho que no cometiste, puede que resulte en una explosión de palabras de enojo. Piensa en la indignación que debió de embargar a Pedro antes de cortar la oreja del guardia que había ido a arrestar a Jesús en el jardín (Juan 18:10-11). Debido a que apenas unas horas antes Jesús había predicho la negación de Pedro, quizás lo que su discípulo se proponía era encontrar la oportunidad de demostrar que Jesús se había equivocado. Y tal vez aún se sentía avergonzado por dormirse mientras oraba y haber recibido la reprimenda amable de Jesús. Es por eso que, al acercarse el soldado, perdió los cabales y protegió al maestro con su espada. Podría vislumbrarse como una actitud del tipo: «Jesús, te advertí que te defendería hasta la muerte, ¡así que ahí tienes!».

Venganza: A veces la ira proviene de querer castigar a alguien en reparación por una ofensa recibida. La historia de Sansón constituye un ejemplo del tema que tratamos. Su objetivo principal era vengarse de quienes le provocaban daño. Cuando su novia se casó con otro hombre, tomó represalias al incendiar el maíz y asesinar a mil hombres. Era conocido por formular comentarios tales como: «Esta vez tengo un motivo para vengarme de los filisteos, y no dudaré en hacerlo... Porque tú has actuado así, juro que no me detendré hasta vengarme... Solo respondí con lo mismo que fui atacado» (ver Jueces 15:3—11). En esas tres frases, Sansón está diciendo: «Corresponde vengarme; es su culpa, ellos empezaron». ¿Acaso esto te recuerda a alguien que conozcas?

Lidiar con exabruptos verbales

Las Escrituras son bien claras acerca de la potencialidad de nuestras expresiones orales para causar daño o peligro:

Así también la lengua es un miembro muy pequeño del cuerpo, pero hace alarde de grandes hazañas. ¡Imagínense qué grande bosque se incendia con tan pequeña chispa! También la lengua [...] encendida por el infierno, prende a su vez fuego a todo el curso de la vida.

Santiago 3:5-6

Tan peligrosa como nuestra lengua puede llegar a ser, la Biblia nos dice que también es posible controlar las palabras que ella articula. Pareciera que nuestro discurso es algo así como un barómetro del autocontrol en todos los aspectos de nuestras vidas:

Todos fallamos mucho. Si alguien nunca falla en lo que dice, es una persona perfecta, capaz también de controlar todo su cuerpo.

Santiago 3:2

Desde el mismo instante en que te enfadas, tu cuerpo emite una repuesta psicológica involuntaria que no puedes ignorar. Entonces, debes hacer algo con las señales que tu corazón, rostro y nervios producen ante la ira. Sin embargo, es necesario que antes distingas lo siguiente: aunque en un principio tal vez no tengas el control de la respuesta de tu cuerpo al enojo, sí puedes controlar tu reacción ante esas emociones y esto traerá calma a tu cuerpo. Es importante entender que no somos víctimas de nuestra ira porque nosotros elegimos las respuestas. Podemos determinar sucumbir a la ira y explotar; también elegir cerrarnos si la ira nos atemoriza; o bien dar una respuesta saludable que involucre los siguientes pasos:

1. Consulta a tu corazón. Jesús dijo: «Pero lo que sale de la boca viene del corazón y contamina a la persona» (Mateo 15:18). Antes de lidiar con las palabras, deberías explorar la fuente de donde provienen, es decir, tu corazón. Esta es la verdad que encontró Jan. No pudo hacer ningún avance con su ira hasta que se enfrentó con el miedo que albergaba en su corazón. Cuando percibas que te aferras a la ira, detente y pregúntate: ¿A qué le temo en este momento? Si no tratas de contender con aquello a lo que temes, cualquier intento de avance con los otros pasos será nulo.

2. Recibe cirugía de corazón. Es imposible controlar las palabras con tus propias fuerzas. Aquí el problema de fondo no es tu boca, sino tu corazón. La boca es solo una ventana de lo que está en el corazón. Por eso, si lo que quieres es modificar aquello que sale de tu boca, deberás pedirle a Dios que cambie lo que encierra tu corazón. Por fortuna hoy te tengo una buena noticia: Dios es un experto en el negocio de los transplantes cardíacos.

Arrojen de una vez por todas las maldades que cometieron contra mí, y háganse de un corazón y de un espíritu nuevos.

EZEQUIEL 18:31

Crea en mí, oh Dios, un corazón limpio, y renueva la firmeza de mi espíritu.

SALMO 51:10

3. Solicita la ayuda permanente de Dios. El autocontrol auténtico no se produce cuando tu *ser* se encuentra bajo tu propio dominio, sino bajo la dirección de *Dios*. En este sentido, es necesario que te entregues al control permanente de Dios y, al igual que el salmista, ores para que ese poder continuo dirija tus palabras.

SEÑOR, ponme en la boca un centinela; un guardia a la puerta de mis labios.

SALMO 141:3

4. Piensa primero; luego habla. Siempre debes tener en cuenta lo siguiente: Tú no eres víctima de tus impulsos e incluso puedes elegir cómo responder a las emociones iracundas. Si tienes la capacidad de escoger dominar tus palabras al dirigirte a tu jefe en el trabajo o a tus amigos de la iglesia, entonces puedes hacer lo mismo frente a tus familiares y a las otras personas que pasen por tu vida.

Si alguien se cree religioso pero no le pone freno a su lengua, se engaña a sí mismo, y su religión no sirve para nada.

SANTIAGO 1:26

El sabio de corazón controla su boca; con sus labios promueve el saber.

PROVERBIOS 16:23

¿Es temor lo que encuentras en el centro de tu ira?

- Sentir ira cuando no te invitan a participar de un grupo puede ser señal de miedo al rechazo.
- Sentir ira y estar a la defensiva cuando recibes críticas puede ser un indicio de miedo al fracaso.
- Sentir ira cuando te descubren haciendo algo malo puede ser provocado por el miedo al abandono.
- Sentir ira y deseos de venganza cuando alguien te ofende puede provenir del miedo a que no sea castigado debidamente.
- Sentir ira y hacer juicios cuando alguien no logra colocarse a la altura de tus exigencias puede generarse de tus propios miedos a no ser «lo suficientemente bueno».
- Sentir ira y asumir una postura juiciosa sobre los pecados de los demás puede ser señal de tu propia culpa y del temor a que también seas descubierta.

Diario

Consulta tu corazón. ¿Encuentras un vínculo entre las cosas que te alteran y tus miedos? Si es así, explícalo.

_____

_____

_____

Recibe cirugía de corazón. ¿Colocaste tu corazón en manos de Dios? ¿Le has solicitado un trasplante de corazón? Clama día a día para que Dios reemplace tu corazón de miedo por su corazón de amor.

_____

_____

_____

Pide la ayuda permanente de Dios. ¿Cuáles serían las diferencias sobresalientes en tu vida si cambiaras de mando y te situaras bajo el control permanente de Dios, en lugar de permanecer bajo tu propia dirección?

_____
_____
_____

Piensa primero; luego habla. Reconsidera la siguiente afirmación: «Si puedes escoger, dominar tus labios en presencia de tu jefe o frente a los demás fieles, entonces puedes hacer lo mismo frente a cualquier otra persona». ¿Hay algún cambio que debas hacer en este aspecto de gobernar sobre tus palabras, incluso si esto significara buscar otro círculo de amigos?

_____
_____
_____

Oración

Amado Señor:

Confieso que mi corazón le ha dado refugio a las cosas que son reveladas por mi boca. He sentido furia, deseos de venganza, envidia, odio y rencor en el corazón; mis palabras fueron de gran crueldad. Soporté sufrimiento, miseria, soledad, depresión y amargura en mi corazón, lo que se manifestó en palabras negativas. Sentí culpa, bochorno, remordimiento y desesperanza en lo profundo de mi corazón; todo ello se manifestó en palabras ácidas y sentenciosas. Crea un corazón limpio en mi interior, oh Dios, y reemplaza mi autocontrol con tu dirección. Luego controla mi boca y concédeme el poder necesario para escoger mis reacciones en cada situación.

En el nombre de Jesús, amén.

Autocontrol: Día 3

Cómo reducir el estrés

Ten cuidado con los «debes» que las otras personas
asignan a tu vida, y aprende a decir no.
Recuerda: Que puedas no significa que debas.
Lisa Ryan, autora, locutora

TIENES CORREO

Para:	«La mujer especial» que hay en ti	Fecha: Día 3
De:	Katie Brazelton	
Asunto:	Autocontrol	

Llegamos al Día 3, y he aquí el mensaje dedicado para ti. ¡Disfruta de este asesoramiento y no te olvides de iniciar en oración!

EL ESTRÉS DESDE LA PERSPECTIVA DE UNA ASESORA

Hace ya varios años tuvo lugar una de las experiencias más estresantes de mi vida, precisamente cuando le enseñaba a conducir a mi hijo Andy. Como su papá había fallecido hacía un tiempo, mis hijos me nombraron la mamá entrenadora del volante. En ese tiempo Andy no presentaba ningún signo de estrés. Él se dedicaba a cambiar de carril y hacer las señales con las luces sin preocupación alguna. Sin embargo, cuando el auto se detenía en la entrada de nuestra casa después de cada clase, yo era un manojo de nervios. Todavía tengo pesadillas al recordar esa subida en espiral (y eso que yo estaba armada con una palanca de cambio recién comprada). Ahora bien, ¿me siento así de estresada cuando estoy al volante? ¡Por supuesto que no! ¿Y saben por qué? Porque cuando conduzco, yo tengo el control. El estrés está relacionado directamente a la falta de control de una situación. Es decir, al haber mayor autocontrol, menor será el nivel de estrés.

Los cinco factores principales del estrés

Cuando el desequilibrio domina tu vida, quiere decir que padeces de estrés. Y aunque este puede *conducirte* a la ansiedad, ambos tienen significados diferentes y no siempre las personas con altos niveles de estrés viven sumidas en la preocupación. Simplemente están sobrecargadas. En esencia, el estrés es el problema del demasiado: demasiadas cosas para hacer, demasiadas personas para cuidar, demasiadas prioridades en conflicto, demasiadas problemáticas por resolver.

Una encuesta llevada a cabo en el año 2006 por la Asociación Estadounidense de Psicología demuestra que existen cinco factores estresantes:

- Enfermedad de un miembro de la familia
- Dinero
- La propia salud
- Hijos
- Trabajo

¡Si perteneces al grupo creciente de personas con padres en edad avanzada, podrías escribir un libro acerca del estrés que conlleva esta circunstancia! El dinero también es uno de los agentes estresantes, ya sea porque no tienes suficiente cantidad o posees demasiado. Tu salud constituye otro de estos factores en el sentido de que tratas de llevar un estilo de vida saludable o porque padeces alguna enfermedad. Los hijos son otra causa de estrés, no solo para un matrimonio, sino también para un padre soltero. El estrés y el trabajo podrían estar relacionados íntimamente, sobre todo si este último no te proporciona tiempo libre suficiente.

Los diez factores fundamentales para el alivio del estrés

Observamos que el estrés forma parte de la vida sobre la tierra. Si bien es verdad que los casos específicos pueden variar, las realidades son las mismas. Entonces, cabe preguntarnos: ¿Cómo hizo Jesús para manejar el estrés? Marcos 6 presenta no solo los tipos de estrés que enfrentó Jesús, sino también la manera en que respondió a ellos. Y son sus respuestas las que brindan diez principios sólidos acerca de cómo liberarnos del estrés sanamente.

1. No sumes nada a tu estrés, comienza a restarle.

Según el Evangelio de Marcos, Jesús se dirigió a Nazaret con la intención de enseñar. Después de haberlo escuchado, la gente del lugar se sintió ofendida porque parecía bastante autoritario. Jesús sabía que no podría realizar un trabajo importante con su propia gente, por eso, no forzó la situación. «*En efecto, no pudo hacer allí ningún milagro, excepto sanar a unos pocos enfermos al imponerles las manos*» (Marcos 6:5).

En este sentido, trata de reflexionar acerca de la cantidad de estrés que tú misma provocas mientras continúas haciéndote cargo de cosas que deberías dejar de lado. ¿Alguna vez te comprometiste a hacer algo que implicaría más esfuerzo y dedicación de lo que en realidad valía la pena? ¿Te exiges demasiado al tratar de realizar el trabajo que le correspondería a más de una persona? Si pones mucho empeño en un caso perdido, o si estás atrapada en un proyecto que consume poco a poco toda tu energía, quizás sea el momento de desacerte de tu angustia y entregársela a Dios.

Conclusión: *Se necesita autocontrol para evitar el exceso de responsabilidad.*

2. Elimina parte del estrés por medio de la delegación.

Jesús trataba de no encargarse personalmente de todo. En Marcos 6:7-13 podemos reconocer a Jesús enviando a los doce discípulos a predicar y sanar:

> *Reunió a los doce, y comenzó a enviarlos de dos en dos, dándoles autoridad sobre los espíritus malignos. Les ordenó que no llevaran nada para el camino, ni pan, ni bolsa, ni dinero en el cinturón, sino solo un bastón. «Lleven sandalias —dijo—, pero no dos mudas de ropa.» Y añadió: «Cuando entren en una casa, quédense allí hasta que salgan del pueblo. Y si en algún lugar no los reciben bien o no los escuchan, al salir de allí sacúdanse el polvo de los pies, como un testimonio contra ellos.» Los doce salieron y exhortaban a la gente a que se arrepintiera. También expulsaban a muchos demonios y sanaban a muchos enfermos, ungiéndolos con aceite.*

Jesús instruyó a los apóstoles para luego enviarlos a recorrer el mundo y compartir su trabajo. Piensa en aquellas personas que forman parte de tu vida y a quienes puedes delegarles actividades como compañeros de trabajo, miembros del comité, esposo, hijos y amigos. Si quieres transferir tareas de manera eficaz, debes deshacerte de la idea de que las cosas tienen que ser realizadas a tu manera. No siempre los demás actúan igual que tú (¡o tan bien como tú!), y hasta que no te convenzas de que es así y que debes permitirles intervenir en tu vida y realizar ciertas cosas, vas a cargar con estrés innecesario.

> **Conclusión:** *Se necesita autocontrol para evitar el exceso de control*

3. Libera estrés el renovarte.

Cuando los discípulos regresaron, Jesús les dijo: «Vengan conmigo ustedes solos a un lugar tranquilo y descansen un poco» (Marcos 6:31). Un acontecimiento importante había sucedido hacía poco tiempo: Juan el Bautista, el gran amigo de Jesús, había sido decapitado por el rey Herodes. La noticia de esta tragedia, sumada al agotamiento que producían los viajes encomendados, hacía que los apóstoles necesitaran recobrar fuerzas. Durante los momentos de mayor nivel de estrés debemos buscar experiencias que nos ayuden a calmarnos y relajarnos. Es necesario dormir bien para descansar y respetar el día del Señor a fin de lograr una pausa en nuestras actividades semanales. Asimismo, es fundamental concurrir a retiros espirituales, dedicarle tiempo a las amistades o programar actividades agradables.

> **Conclusión:** *Se necesita autocontrol para evitar el exceso de actividades.*

4. Concéntrate en tu pasión cuando el estrés aumente.

A medida que leas sobre las cosas que le sucedían a Jesús a lo largo del día, trata de posicionarte en esas situaciones y reflexiona acerca de cómo sería tu reacción ante la aparición del estrés.

> *Y como no tenían tiempo ni para comer, pues era tanta la gente que iba y venía [...] Así que se fueron solos en la barca a un lugar solitario. Pero muchos que los vieron salir los reconocieron y, desde todos los poblados, corrieron por tierra hasta allá [...] Cuando Jesús desembarcó y vio tanta gente, tuvo compasión de ellos.*
>
> Marcos 6:31-34

Existen personas que se sienten mejor cuando se encuentran bajo presión; en realidad, se vuelven adictas a la adrenalina. A todas ellas les encanta vivir ocupadas realizando alguna actividad y se sienten muy bien cuando están activas. ¡Sin embargo, necesitan un tiempo para comer! Además, provocaría una gran frustración el hecho de tomarte un descanso solo para que la gente pueda perseguirte y exigirte al máximo. En cambio, cuando Jesús era sorprendido por el estrés, no se sentía frustrado. Él «experimentaba compasión». (¡Fíjate en que la palabra «pasión» está incluida en la palabra «compasión»!). En aquellos momentos en los que sientas que el estrés te consume, intenta atravesar el período de frustración recordando el motivo por el cual te encuentras en ese lugar, quiénes son las personas que amas y qué es lo que te apasiona.

>**Conclusión:** *Se necesita autocontrol para evitar la frustración y concentrarte en tu pasión.*

5. No trates de evadir el estrés, seguirá ahí esperándote.

A medida que se acercaba la noche, los discípulos estaban cada vez más nerviosos, ya que se encontraban en un lugar desértico y la gente no podría comprar alimentos. Tanto es así, que los discípulos deseaban deshacerse del problema y querían que otra persona lo solucionara, pero Jesús les había encargado la misión a ellos.

> —*Éste es un lugar apartado y ya es muy tarde.*
> —*Despide a la gente, para que vayan a los campos y pueblos cercanos y se compren algo de comer.*
> —*Denles ustedes mismos de comer* —contestó Jesús.
>
> Marcos 6:35-37

En aquellos momentos en los que el estrés se vuelve un obstáculo insuperable, ¿evitas solucionarlo o tratas de ignorarlo? Evadir nuestros problemas puede de cierto modo retrasar el dolor, pero indefectiblemente no lo soluciona. Esa dificultad, sin duda, va a estar ahí esperándote, y evitarla empeoraría las cosas. Cada vez que enfrentes algún inconveniente, admítelo y trata de solucionarlo.

>**Conclusión:** *Se necesita autocontrol para evitar la evasión de nuestros problemas.*

6. No aumentes el estrés con la exageración.

Cuando los discípulos detectaron que la intención de Jesús era que ellos mismos solucionaran el problema, en lugar de admitirlo, lo asumieron como algo imposible.

> «*¡Eso costaría casi un año de trabajo!*» objetaron. «*¿Quieres que vayamos y gastemos todo ese dinero en pan para darles de comer?*»
>
> Marcos 6:37

Como buscaron la solución del problema con sus propias fuerzas, entraron en pánico. Desde una perspectiva humana, esa situación era difícil de manejar e imposible de remediar. El hecho de hacerle frente a un inconveniente no significa que tú lo tienes que resolver; simplemente debes ofrecérselo a Dios para que lo solucione, y no permitir que el pánico te invada.

Conclusión: *Se necesita autocontrol para evitar la reacción excesiva.*

7. Enfréntate al estrés priorizando y evaluando.

Vemos que Jesús se hizo cargo del asunto y distribuyó a cada uno de los apóstoles una tarea sencilla. Tan solo les aconsejó que analizaran la situación. «¿Cuántos panes tienen ustedes?», preguntó. «Vayan a ver». Después de averiguarlo le dijeron: «Cinco, y dos pescados» (6:38). Cada vez que enfrentes un problema desalentador, es conveniente que lo evalúes y trates de dividirlo en varias tareas para así comenzar con aquellas actividades que son más sencillas y que puedes realizar con rapidez. Sin embargo, existe otra corriente de pensamiento que sostiene que es mejor realizar primero las tareas más difíciles, ya que es cuando tenemos más energía. De todos modos es tu decisión optar por el procedimiento que más te convenga.

Conclusión: *Se requiere de autocontrol para evitar sentirse agobiado por las dificultades.*

8. Ayúdate a manejar el estrés organizando y coordinando.

Otra forma mediante la cual Jesús manejaba el estrés era la organización. «Entonces les mandó que hicieran que la gente se sentara por grupos sobre la hierba verde» (6:39). Jesús se encargaba de coordinar el equipo y trataba de involucrar a todos en la solución de los problemas. Cada vez que me enfrento a una situación que no puedo controlar, lo que me ayuda mucho es la organización, ya sea acomodando los papeles, clasificando las listas por temas o decidiendo el primer paso a seguir. Especialmente, cuando uno trabaja en grandes proyectos, es de gran ayuda pedir la intervención de más personas para lograr el objetivo deseado.

Conclusión: *Se necesita autocontrol para evitar el exceso de trabajo.*

9. Controla el estrés evitando la desviación.

El disturbio reinante no impidió que Jesús diera gracias por los alimentos y que los ingiriera en el momento apropiado como lo hacía habitualmente.

(¡Me siento tan feliz de que se haya alimentado... por lo menos suponemos que comió!)

> *Jesús tomó los cinco panes y los dos pescados y, mirando al cielo, los bendijo. Luego partió los panes [...] Comieron todos hasta quedar satisfechos.*
>
> Marcos 6:41-42

Aquí proponemos tres hábitos fundamentales que, si los cumples al pie de la letra, van a permitirte controlar el estrés:

Orar: Después de atravesar esta situación difícil, Jesús fue a la montaña a orar (6:46), porque solía retirarse a lugares solitarios para elevar un clamor (Lucas 5:16). Sin embargo, ¿cómo mantenerse en oración cuando el estrés nos acecha? ¿Acaso son esos los momentos en los que te dedicas a orar con más fervor, o dejas de lado el clamor para realizar todas las actividades en las que te comprometiste?

Llevar un estilo de vida saludable. ¿Qué podemos hacer para mantener hábitos alimenticios saludables mientras el estrés permanece? Ese es el momento adecuado para aferrarse a una dieta balanceada. Es importante no sucumbir a la tentación de no ingerir algunas comidas o de subsistir solo con comida chatarra por el hecho de estar siempre apresurados.

Programar tus horarios. Establecer un horario fijo ayudará a disminuir el nivel de estrés personal y familiar. Por ejemplo, la posibilidad de programar las comidas familiares reafirma la vida hogareña y contribuye a crear un sentimiento de seguridad y disciplina. Sin embargo, puede ocurrir que tus horarios para almorzar o cenar tengan que variar debido al trabajo. En ese caso, es importante dejar tu horario a la vista para que todos puedan sentarse a la mesa al mismo tiempo.

Conclusión: *Se necesita autocontrol para evitar perder de vista los hábitos saludables.*

10. Profundiza la fe cuando el estrés se convierta en crisis.

Al anochecer, Jesús hizo que los discípulos subieran a una barca mientras él se iba a orar. Como ellos habían padecido demasiado estrés en un solo día, presta atención a lo que sucedió después:

> *En la madrugada, vio que los discípulos hacían grandes esfuerzos para remar, pues tenían el viento en contra. Se acercó a ellos caminando sobre el lago [...] Los discípulos, al verlo caminar sobre el agua, se pusieron a gritar, llenos de miedo por lo que veían. Pero él habló en seguida con ellos y les dijo:*

Tercera parte: Entabla una relación adecuada con los demás

«¡Cálmense! Soy yo. No tengan miedo.» Subió entonces a la barca con ellos, y el viento se calmó. Estaban sumamente asombrados.

MARCOS 6:48-51

Cuando experimentes que tus niveles de estrés alcanzan grados extremos, recuerda que Jesús está ahí preocupándose por ti y tus inquietudes. En esos momentos debes aumentar tu fe para poder percibir que no vas a naufragar porque Jesús está contigo en el bote... ¡o caminando sobre el agua a tu lado! En estas situaciones es imprescindible reconocer a Jesús en medio de las dificultades y así poder lograr la paz y la seguridad tan deseadas.

Conclusión: *Se necesita autocontrol para evitar el exceso de ansiedad.*

Diario

Elige tres de los siguientes pasajes de Marcos 6 y explica cómo pueden ayudarte a superar el estrés:

En efecto, no pudo hacer allí ningún milagro. (v. 5) – Ver #1

_____

_____

«Reunió a los doce, y comenzó a enviarlos de dos en dos». (v. 7) – Ver #2

_____

_____

«Vengan conmigo ustedes solos a un lugar tranquilo y descansen un poco». (v. 31) – Ver #3

_____

_____

«*Denles ustedes mismos de comer*». (v. 37) – Ver #5

_____
_____

«*¿Cuántos panes tienen ustedes?*» preguntó. «*Vayan a ver*». (v. 38) – Ver #7

_____
_____

«*¡Cálmense! Soy yo. No tengan miedo*». (v. 50) – Ver #10

_____
_____

Oración

Querido Señor:
Te doy gracias porque te preocupas por las cosas que me causan estrés. Te doy gracias porque te convertiste en modelo para ayudarnos a manejar el estrés. Tú no te aferraste a una causa irremediable. En cambio, delegaste en otras personas, que quizás no podían enseñar o sanar tan bien como tú, pero que pudieron experimentar la bendición de ser alcanzadas y recompensadas por tu servicio. Te tomaste un tiempo, renovaste tu pasión, enfrentaste los problemas, estableciste prioridades y lograste organizarte. Y nunca dejaste de orar. Y cuando el estrés llegó a ser una situación crítica, te subiste a la barca y trajiste la paz contigo. Te agradezco porque tu presencia alivia mi estrés.

En el nombre de Jesús, amén.

Autocontrol: Día 4

Tu asesora en el autocontrol

La única conquista que perdura, y que no produce remordimientos, es la conquista de nuestro propio ser.

Napoleón Bonaparte, emperador francés (1769-1821)

Una excursión que cambiará tu perspectiva

Hoy nos encontramos en un lugar excepcional: ¡un negocio que vende yogur helado! En esta semana, en la que abordamos el tema del autocontrol, este sitio parece ser el lugar ideal para dedicarnos a la práctica de esta característica de nuestra personalidad. Aquí tienes la posibilidad de pedir yogur helado de crema irlandesa con crema de malvavisco libre de grasa y azúcar, con una cubierta de frutillas frescas. En este momento, me doy el gusto, de manera autocontrolada, de probar un yogur helado de chocolate belga con salsa de chocolate baja en calorías y cubierto con trocitos de algarrobo. ¡Vaya! ¡Me encanta el autocontrol! Ahora, debemos buscar un lugar para iniciar nuestro momento juntas con una oración. Entonces, ya estamos listas para comenzar a saborear nuestro regalo casi dietético y para intercambiar ideas sobre cómo manejas el autocontrol en los temas relacionados con tus hábitos y horarios.

El autocontrol de los hábitos

Es más probable que actúes según tus sentimientos y no que sientas según tus acciones.
¡Por eso actúa!
Haz cualquier cosa que sepas que deberías hacer.

Anónimo

Todos los hábitos desarrollados a lo largo de tu vida, sean buenos o malos, tienen algo en común: te brindan cierto placer que refuerza ese hábito. La diferencia que existe entre las buenas y las malas costumbres es que en el caso de los malos hábitos la recompensa es temporal y siempre va a estar seguida de consecuencias negativas. En cambio, la retribución que se obtiene al practicar una buena costumbre es duradera y va acompañada de resultados positivos.

Por ejemplo, en el caso de un apostador, su costumbre se ve reforzada por una repentina victoria que, sin embargo, trae aparejado un derrumbe en las finanzas y en las relaciones afectivas. Por otro lado, una persona que se dedica a caminar diariamente se ve recompensada con más energía y una disminución en los niveles de estrés. De esta manera, después de entrenar durante varios años, los resultados positivos de las caminatas incluyen mejoras en la salud, un buen estado físico y una vida extensa.

La clave para poder deshacerse de las malas costumbres y renunciar a las recompensas adictivas es reemplazarlas por buenas costumbres, que traen consigo retribuciones mucho más significativas. Por lo tanto, mientras nos damos el lujo de disfrutar de nuestro yogur, que es más sano que el helado, abordemos el tema de cómo hacer para eliminar las malas costumbres y reemplazarlas por aquellas que son buenas.

Busca el poder de Dios

Las malas costumbres y las tentaciones pueden influir notablemente sobre nosotros. Por eso, el primer paso que tenemos que dar para destruir el poder que tienen es *reconocer nuestra impotencia* para superarlas (¿me parezco a un miembro de un grupo de Alcohólicos Anónimos?) y buscar *el poder de Dios* en las costumbres.

> *Yo, por mi parte, mediante la ley he muerto a la ley, a fin de vivir para Dios. He sido crucificado con Cristo, y ya no vivo yo sino que Cristo vive en mí. Lo que ahora vivo en el cuerpo, lo vivo por la fe en el Hijo de Dios, quien me amó y dio su vida por mí.*
>
> GÁLATAS 2:19-20

¿Qué costumbre o tentación puede influenciarte?

Escoge una frase de Gálatas 2:19-20 que pueda aplicarse a tu tentación. ¿Cuál elegiste y por qué?

_____

_____

No tengas piedad

Los malos hábitos no merecen ni un ápice de tu compasión. La tentación es tu enemiga y no puedes darte el lujo de decir: «Voy a ceder, solo una vez». En cambio, tú tienes que afirmarle a tus tentaciones: «¡Yo no soy esclavo de ustedes!».

> *Antes ofrecían ustedes los miembros de su cuerpo para servir a la impureza, que lleva más y más a la maldad; ofrézcanlos ahora para servir a la justicia que lleva a la santidad.*
>
> Romanos 6:19

Describe una situación, un lugar o una persona de la cual necesites alejarte para evitar de este modo que te conviertas en esclavo de la tentación.

_____

_____

Sin embargo, con solo evitar la tentación no estamos haciendo lo suficiente. Si te sientes seducido por la pornografía, es importante que establezcas límites en tu navegador en al Internet; si eres una persona que gasta excesivamente, debes mantenerte lejos de los centros comerciales; o si eres alcohólico, no deberías ir a los bares. No obstante, estas alternativas no pueden resolver la raíz del hábito. Todavía existe dentro de ti una parte dañada que te conduce a esa tentación o a una nueva. ¿Y qué es aquello que está quebrado en tu interior y que te provoca una atracción hacia la tentación? (Podría ser la baja autoestima, el miedo al abandono, la necesidad de aceptación, la avaricia, etc.).

_____

_____

¡Las Sagradas Escrituras nos alientan a aniquilar la tentación!

Por tanto, hagan morir todo lo que es propio de la naturaleza terrenal: inmoralidad sexual, impureza, bajas pasiones, malos deseos y avaricia, la cual es idolatría.

COLOSENSES 3:5

¿Cómo crees que cambiarían las cosas si te olvidaras de que la tentación se encuentra viva en tu interior y, en cambio, comenzaras a vivir como si no existiera?

_____

_____

Dale paso a lo nuevo

Una vez que te hayas purificado mediante la resistencia a las tentaciones y mediante el «asesinato» de tu antiguo ser, es necesario que llenes esos espacios vacíos con hábitos nuevos y positivos para evitar que regresen las malas costumbres (ver Lucas 11:24-26). Por lo tanto, dale salida a lo viejo y dale paso a lo nuevo. El siguiente pasaje, que consideraremos en su totalidad, constituye una descripción asombrosa sobre cuál es la mejor manera de desarrollar nuevas costumbres. A medida que vayas leyendo en voz alta, fíjate en los verbos que denotan acciones como *revestir, tolerar* y *perdonar*, conceptos que nos dan una idea sobre cómo crear hábitos nuevos.

Por lo tanto, como escogidos de Dios, santos y amados, revístanse de afecto entrañable y de bondad, humildad, amabilidad y paciencia, de modo que se toleren unos a otros y se perdonen si alguno tiene queja contra otro. Así como el Señor los perdonó, perdonen también ustedes. Por encima de todo, vístanse de amor, que es el vínculo perfecto.
Que gobierne en sus corazones la paz de Cristo, a la cual fueron llamados en un solo cuerpo. Y sean agradecidos. Que habite en ustedes la palabra de Cristo con toda su riqueza: instrúyanse y aconséjense unos a otros con toda sabiduría; canten salmos, himnos y canciones espirituales a Dios, con gratitud de corazón. Y todo lo que hagan, de palabra o de obra, háganlo en el nombre del Señor Jesús, dando gracias a Dios el Padre por medio de él.

COLOSENSES 3:12-17

Tercera parte: Entabla una relación adecuada con los demás

Reflexionemos sobre los hábitos que propone este pasaje. ¿Qué mala costumbre puede ser reemplazada por cada una de las siguientes buenas costumbres?

¿Cuáles son los nuevos hábitos cotidianos?	¿Qué antiguas costumbres se pueden sustituir?
v. 12 Revístanse de...	
v. 13 Tolérense unos a otros...	
v. 13 Perdonen...	
v. 14 Vístanse de amor...	
v. 15 Que gobierne en sus corazones...	
v. 16 Que habite en ustedes...	
v. 16 Dediquen tiempo a...	
v. 17 Hablen y actúen en...	

El autocontrol de tus horarios

La mayoría de las personas se ocupan de sobrecargarse tratando de hacer todo lo que piensan que deberían hacer, y nunca encuentran tiempo para hacer lo que quieren hacer.

Anónimo

¿Alguna vez te preguntaron cómo estabas y tuviste que contestar: «Demasiado ocupado», «con muchas cosas para hacer», o «agobiado»? Bueno, ya somos dos. Sin embargo, estar tan atareados no nos enaltece, sino que es una señal de que es momento de poner en práctica el autocontrol.

> *No vivan como necios sino como sabios, aprovechando al máximo cada momento oportuno, porque los días son malos. Por tanto, no sean insensatos, sino entiendan cuál es la voluntad del Señor.*
>
> EFESIOS 5:15-17

Las Sagradas Escrituras no se deben malinterpretar. «Aprovechar al máximo cada momento oportuno» no significa que debemos ocuparnos de realizar todas las cosas buenas que se nos presenten. No. Este pasaje, más bien, afirma que no tenemos que ser necios al momento de elegir, sino que es necesario detenernos y preguntarle a Dios qué quiere que hagamos con nuestro tiempo. Él realmente desea que nos hagamos un tiempo para poder aceptar todas las cosas buenas que nos tiene preparadas. Si llenamos los espacios de nuestra agenda con actividades que parecen buenas y no las hacemos pasar por su filtro, no habremos dejado lugar para que nos interrumpan, cambiar nuestros planes, hacer un alto y atender a una visita inesperada, escuchar a alguien que lo necesita o resolver una necesidad. Se necesita de un margen para poder responder a las sorpresas que se nos pueden presentar, pero la mayoría de nosotros no cuenta con ese margen.

Es hora de otra autocomprobación

Autoevaluación de los horarios

El siguiente cuadro te permitirá evaluar tus horarios, incluyendo las actividades de tus hijos.

Actividades opcionales. Elabora una lista con todas las actividades opcionales que realizas en la semana o el mes, incluyendo los seminarios, el ministerio, las clases, los deportes y el tiempo dedicado a tu estado físico.

Gastos. Luego calcula cuánto tiempo te lleva realizar esa actividad y cuánto dinero gastas al hacerla. Es decir, suma todos los gastos necesarios para participar de esa actividad y el tiempo que te consume por semana o mes, incluyendo los viajes de ida y vuelta.

Beneficios. Después, intenta identificar el beneficio que te produce continuar con esa tarea. ¿Le sirve a alguien? ¿Satisface alguna necesidad? ¿Favorece tu profesión? ¿Completa tu educación? ¿Le enseña a tu hijo alguna destreza necesaria para la vida cotidiana? ¿Mejora tu salud? ¿Te lleva a la excelencia?

Motivo. Ahora intenta ahondar un poco más. ¿Cuál es el verdadero motivo por el cual realizas esta actividad? ¿Porque amas a Dios y le obedeces? ¿Porque de esta manera aumentas tu ego? ¿Porque tratas de cumplir con las expectativas de alguien? ¿Por mero materialismo? ¿Porque sientes la necesidad de que te requieran para algo? ¿Porque tienes deseos de lograr algún objetivo? ¿Porque quieres cumplir tus sueños a través de tu hijo? Es importante que seas sincera contigo misma a medida que reflexiones acerca de la razón por la cual incluyes esa actividad en tu agenda.

Actividades opcionales	Gastos		Beneficios	Motivo
	Dinero	Tiempo		

¡Felicitaciones! Seguramente te costó bastante completar el cuadro. Pero esto no termina aquí. Es necesario tomarnos un tiempo para reflexionar acerca de qué nos quiere decir esta evaluación.

En primer lugar, examina la columna de las actividades opcionales. ¿Necesitas incluir actividades que te ayuden a respetar el día dedicado al Señor? ¿Es necesario que agregues a la lista alguna actividad que te permita descansar, relajarte o tomarte un tiempo? Si piensas que es así, escribe tus ideas aquí:

_____

_____

_____

Consideramos ahora la lista de los gastos. ¿Te demanda mucho dinero participar de ciertas actividades? ¿Cuánto tiempo semanal o mensual les dedicas a ellas? ¿Tienes suficiente margen en tu agenda para incorporar ocupaciones extras y por si Dios decide interrumpirte?

_____

_____

_____

Luego, concéntrate en la columna de los beneficios. Cuando piensas acerca de lo que te ofrece cada actividad, ¿cuál es la tendencia que se repite? ¿Puedes detectar alguna tarea que no te dé los beneficios que Dios quiere para ti, o que no justifique invertir tanto tiempo y dinero en ella?

_____

_____

_____

Finalmente, revisemos la lista de los motivos. Como has hecho antes, trata de buscar la tendencia. ¿Se repite alguna temática que te lleva a cumplir con esa tarea? ¿Existen actividades que realizas por razones equivocadas y que deberías dejar de hacer?

_____

_____

_____

Busca el descanso en el día del Señor

El término sábado proviene del hebreo y significa «detenerse», «desistir», «dejar de hacer». ¿Tienes el tiempo necesario en tu agenda para «dejar de hacer»? Respetar el día del Señor no implica solamente ir a la iglesia y sentarte a leer la Biblia. Una vez que descubras lo que el Padre y el Hijo hicieron durante el día santo vas a poder entender lo que quiere decir el quinto mandamiento («Recuerda santificar el día del Señor»).

- **Dios disfrutaba de sus logros.** Cuando finaliza una semana, puedes mirar hacia atrás y descubrir algo que hayas logrado y que valga la pena festejar.
- **Dios encontraba placer en la creación.** Ir de picnic o salir a caminar son actividades que te permitirán disfrutar de la naturaleza. También puedes crear algo con tus propias manos: hacer manualidades, hornear un pastel o pintar un cuadro.
- **Jesús sanaba a la gente tanto física como espiritualmente, trayéndoles alegría.** Debes concentrar todas tus energías en hacer del día del Señor un día dichoso (ver Isaías 58:13-14) mediante actividades que te permitan descansar, relajarte, renovarte y lograr la sanación personal. Sería una buena idea que elabores un proyecto divertido con los demás, que comiences con la tradición de hacerle comentarios alentadores a la gente durante el almuerzo del domingo, que organices espectáculos semanales con los talentos que hay en tu familia, o que le dediques más tiempo a tu diario espiritual.
- **Jesús le hablaba a la gente de Dios.** Es mucho más fácil concentrarse en Dios cuando le hablamos a los demás acerca de él y cuando le dedicamos parte de nuestro día, como si fuera un pequeño día del Señor.

Oración

Amado Señor:

Sabes que no tengo la energía suficiente para cambiar los malos hábitos que tienen una gran influencia sobre mí. Por eso te pido que me des tu fuerza para liberarme de ellos. Te pido que me fortalezcas para evitar las situaciones que me hacen caer en la tentación, y que me ayudes a comenzar una nueva vida como si algunas partes deterioradas de mi ser estuvieran muertas, porque en verdad lo están. Haz que mis malos hábitos desaparezcan y sean reemplazados por buenas costumbres, como, por ejemplo, llenar todo mi ser con tu Palabra y rodearme de aquellos que piensen de la misma manera que yo, ya que me pueden alentar y ayudar a hacerme cargo de mis responsabilidades. Además, te entrego, Señor, mi agenda. Confieso que he estado realizando tareas que tú nunca planeaste para mí, y que no me dejan el tiempo necesario para detenerme, descansar, divertirme, alegrar a alguien, escucharte y responder a las interrupciones divinas. Ayúdame a tomar las decisiones más difíciles que están relacionadas con mis tareas para evitar la imprudencia y aprender a darme cuenta de lo que tú quieres de mí.

En el nombre de Jesús, amén.

Autocontrol: Día 5

Pasos hacia el autocontrol

> Considero más valiente al que conquista sus deseos
> que al que conquista a sus enemigos,
> ya que la victoria más dura
> es la victoria sobre uno mismo.
>
> **Aristóteles, filósofo griego, 384-322 a. C.**

Siéntate en paz junto a tu Creador

Hoy es tiempo de estar un momento en soledad y reflexionar en la privacidad que te puede ofrecer tu propio espacio. Vas a comenzar a armar un Plan de Acción del Autocontrol. Esto implica una tarea ardua pero muy importante: debes trabajar en el desarrollo del autocontrol sobre tu boca, en la creación de una autodisciplina, y en la elaboración de buenas costumbres.

Primero, reflexiona acerca de la profundidad con la que estás dispuesta a concentrarte en el aumento de tu autocontrol en esta etapa de tu vida. Luego, revisa los pasos a seguir presentados en las páginas 191-194 y elige el mejor, el que creas realmente que vas a poder realizar a lo largo de esta semana. Recuerda que es tu plan, tu vida, tu decisión y la de nadie más. Si tú sientes la fuerza de Dios para concentrarte en el autocontrol ahora mismo, comienza a realizar estos ejercicios con entusiasmo, sin más preámbulos o demoras. Estoy absolutamente segura de que todo el esfuerzo que hagas para mejorar tu autocontrol va a ser debidamente recompensado por Dios tanto en la tierra como en el cielo.

Plan de acción del autocontrol

ENFOQUE EN LA ORACIÓN: Ora que Dios te dé fuerzas para controlar tus palabras y llegar convertirte en una persona que usa siempre su boca para hacer el bien, no el mal. Eleva tus oraciones para que puedas sentir la convicción del Espíritu Santo cuando seas demasiado indulgente contigo misma y para que puedas conseguir el poder del Espíritu Santo de manera que te permita renunciar a los placeres que no son sanos. Ora por todas tus elecciones para el próximo día. Es probable que tengas que elegir cientos de veces durante un mismo día y todas esas opciones constituyen la base de tus actitudes, tus perspectivas y tus costumbres. Pídele a Dios que te haga acordar de que él existe y que puedes recurrir a él incluso para tomar las más pequeñas de las decisiones.

ENFOQUE DEVOCIONAL: Elige alguno de los siguientes pasajes de las Sagradas Escrituras para reflexionar acerca del autocontrol: Para ver cómo *desarrollar más control sobre tu boca*, lee acerca del fruto del Espíritu en Gálatas 5:22-23 y piensa sobre cómo estas nueve características se aplican a tu discurso. Para tratar de *desarrollar una mayor autodisciplina*, lee 1 Corintios 9:24-27 y toma nota sobre la mejor manera de practicar la autodisciplina y aprender sobre sus recompensas. Para reflexionar acerca del *desarrollo de las buenas costumbres*, lee Gálatas 6:7-10 y trata de aplicar los principios de la siembra y la cosecha para crear así buenos hábitos. Préstale mucha atención a los beneficios.

PERSPECTIVA ADICIONAL: Lee libros que traten acerca del control de las emociones, como *Haz del enojo tu aliado*[1] de Neil Clark Warren o *Emociones. ¿Se puede confiar en ellas?*, escrito por Dr. James Dobson. ¡Otra cosa que puedes hacer es ser creativo y fijarte una multa cada vez que pierdes el control!

Pasos a seguir: Desarrollo del autocontrol de la boca

Instrucciones: Escoge uno o dos pasos a seguir para realizar durante esta semana.

Feha de inicio

_____ ☐ **Voy a alentar a los demás.** Voy a crear el hábito de decir algo para alentar y reconfortar a la otra persona cada vez que termine una conversación.

_____ ☐ **Voy a detenerme para pensar.** Voy a intentar hablar menos y decir cosas relevantes. Me voy a tomar un tiempo antes de hablar para pensar lo que voy a decir y decidir si es realmente necesario y acertado.

---

[1] *Make Anger Your Ally*

_____   ☐ **Voy a evitar los chismes.** Si alguien cercano a mí está hablando mal de los demás, voy a tratar de decir algo positivo sobre el asunto o, al menos, voy a cambiar el tema de conversación o dejar de participar en la misma.

_____   ☐ **Voy a ser dulce.** Voy a ser amable, y no voy a herir a los demás con mis palabras. A través del poder de Dios, voy a evitar conscientemente la negatividad y los términos violentos, porque estas acciones aumentan el furor (Proverbios 15:1) y nos desalientan.

_____   ☐ **Voy a ser agradecido.** De ahora en más, mi vida va a estar regida por el agradecimiento. Le voy a agradecer diariamente a todos aquellos que viven conmigo por algo en que me hayan ayudado. Les voy a escribir notas de agradecimiento por los favores recibidos. No voy a dejar de reconocer ningún acto solidario.

_____   ☐ **Voy a proteger mi mente.** Todo lo que almaceno en mi mente, fluye a través de las palabras. Por lo tanto, voy a defender mi mente de los chismes sin sentido que aparecen en algunos periódicos, de las historias provocativas que podemos ver en las novelas, de los temas deplorables que presentan los culebrones o los programas de entrevistas, y de las conversaciones de aquellas personas que viven de estas cosas. Dios me va a dar la fuerza necesaria para ser implacable con esos espectáculos televisivos, esas revistas, libros o conversaciones desagradables y no bajar nunca la guardia, ni siquiera para decir: «Solo por esta vez». A partir de ahora, voy a llenar mi mente de estímulos positivos y alentadores.

_____   ☐ **Voy a trabajar** en el desarrollo del control de mi boca *(agrega tus ideas aquí)*

_____

_____

Pasos a seguir para el desarrollo de la autodisciplina

Instrucciones: Escoge uno o dos pasos a seguir para realizar durante esta semana.

Fecha de inicio

_____   ☐ **Voy a comenzar a hacer ejercicio físico** al menos tres veces por semana, haciendo algo sencillo para así no abandonar *(describe los ejercicios aquí)*.

- ☐ **Voy a seguir una dieta balanceada.** La voluntad de Dios me va a permitir no ser esclavo de la comida. Dios me va a ayudar a encontrar otras formas de reconfortarme que no sea a través de los alimentos. Voy a reconocer mis emociones para no reemplazarlas por la comida. Voy a comer solamente cuando tenga hambre y solo lo que necesito, no lo que quiero.

- ☐ **Voy a respetar el día del Señor.** Voy a eliminar algunas de las tareas de mi agenda para tomarme un día en a la semana y dedicárselo a Dios y al descanso.

- ☐ **Voy a ser puntual.** Voy a intentar hacer menos cosas mientras me preparo para dejar un lugar y dirigirme a otro. Voy a tratar de llegar diez minutos antes de lo acordado. Esos diez minutos me van a permitir organizar mis pensamientos y orar por lo que está por suceder. Además, puedo utilizar ese tiempo para realizar una llamada telefónica o escribir una nota de agradecimiento. También durante ese tiempo se puede conocer mejor a una persona (lo que representa una idea descabellada para las personalidades tipo A).

- ☐ **No voy a dilatar las cosas.** Me voy a preguntar: «¿Qué es lo mejor que podría estar haciendo en este momento y qué es lo que me impide hacerlo?» Voy a evitar que los mandados interminables, las limpiezas eternas o mi estado de ánimo no me dejen terminar de hacer lo que es importante en ese momento.

- ☐ **Voy a buscar un autocontrol avanzado.** Voy a tratar de conectarme con Dios a través de un autocontrol más avanzado, mediante alguna disciplina espiritual como el ayuno o la soledad.

- ☐ **Voy a trabajar** en el desarrollo de la autodisciplina mediante *(agrega tus ideas aquí)*

_____

_____

Pasos a seguir para el desarrollo de buenas costumbres

Instrucciones: Escoge uno o dos pasos a seguir para realizar durante esta semana.

Fecha de inicio

- ☐ **Voy a escribir un diario íntimo.** Voy a registrar por escrito todas las lecciones de vida, las oraciones, los sueños y los acontecí-

Tercera parte: Entabla una relación adecuada con los demás

mientos importantes para no perder de vista, de esta manera, mi progreso espiritual y recordar el trabajo de Dios en mi vida.

_____ ☐ **Voy a buscar un mentor.** Voy a buscar la compañía de alguien (o me voy a unir a algún grupo) para estudiar y orar, y encontrar así desafíos a lo largo de mi caminar cristiano. (*Define uno o dos mentores posibles*).

_____

_____

_____ ☐ **Voy a adorar a Dios.** Voy a desarrollar el hábito de congregar a los creyentes una vez por semana, de adorar al Señor todos los días, y de buscar momentos para orar cada vez que algo me recuerde que debo alabar a Dios.

_____ ☐ **Voy a procurar un encuentro santo cada día.** Voy a ofrecer mis *primeros frutos* del día para renovarme, mediante la conexión con Dios a través de la adoración, la oración, la lectura de la Biblia, la meditación y mi diario personal.

_____ ☐ **Voy a buscar un compañero responsable.** Voy a buscar un compañero responsable con quien me pueda reunir periódicamente. Saber que tengo que ser sincero y contarle a un amigo de confianza cómo me está yendo con el desarrollo del autocontrol me va a ser de gran ayuda en esos momentos en los que me gana la tentación y pienso: «Solo una vez». Mi compañero responsable tendrá permiso para reprenderme cuando me equivoque. (*Describe los compañeros responsables posibles*).

_____

_____

_____ ☐ **Voy a trabajar** en el desarrollo de buenas costumbres mediante (*agrega tus ideas aquí*)

_____

_____

_____

Un Plan Maestro de Acción

Ahora bien, elige uno de los principales pasos a seguir de este Día 5 y escríbelo en el Plan Maestro de Acción que se encuentra en el Apéndice A en la página 362, en la sección en línea. Una vez que hayas terminado de leer el libro, puedes continuar fijándote en ese principal paso a seguir del Plan Maestro de Acción (¡así como también en este plan de acción de autocontrol, siempre y cuando el momento de tu vida te lo permita!). Recuerda que si quieres parecerte a Cristo debes colaborar con Dios de tres maneras: preparación, oración y práctica. Tú ya has realizado el trabajo de preparación cuando aprendiste la verdad de Dios sobre el autocontrol. Ahora, es momento de asimilarlo pidiendo la ayuda del Espíritu Santo y practicando todos los pasos, uno por uno.

Oración de autocontrol

Amado Señor:
Tú sabes que no estoy haciendo un buen trabajo con el autocontrol. Siento que cada vez que me descuido un momento tengo un gran retroceso. Cuando pierdo el control, el pecado se manifiesta y se me acerca. Ayúdame a prestarle atención a todos los pasos que señalé anteriormente y a concentrarme en ellos nos solo durante esta semana, sino a lo largo de toda mi vida. Oye mi pedido. Envíame un compañero responsable con quien pueda orar y conversar periódicamente acerca de mis avances. Además, necesito un poco más de gracia para que me ayude a implementar en mi vida este rasgo de la personalidad. Te doy gracias porque ya me has depositado todo esto en mi cuenta bancaria espiritual. Te agradezco de todo corazón.
En el nombre de Jesús, amén.

Capítulo 5

La paciencia

El amor es paciente
1 Corintios 13:4

Paciencia: Día 1

Esperar en Dios

Creo en el sol, aunque no lo vea brillar.
Y creo en el amor, aunque no lo sienta.
Creo en Dios, aunque guarde silencio.

Leyenda en una pared de la Alemania nazi

¡Bienvenida a mi hogar!

¡Hola! Pasa... y por favor no te quites el suéter. Tengo preparada una sorpresa para la aventura de hoy que ahondará profundamente en la transformación de tu persona. Tengo listo todo lo necesario para una comida al aire libre y pensé que podríamos caminar por la calle de mi casa hasta aquel parque que tanto aprecias. Llevaré también una manta por si encontramos todas las mesas y bancos ocupados. ¿Consideras que el plan es excelente, verdad? Antes de salir, clamemos al Señor por su compañía durante nuestro paseo:

Maravilloso consejero:
 Ven con nosotras en este día mientras indagamos en el tema de la paciencia. Tú sabes que este rasgo del carácter no nos es fácil de alcanzar. Incrementa con grandeza nuestro nivel de conciencia acerca de lo que tú quieres para nosotras en esta área de nuestras vidas. Te damos gracias por la paciencia que nos demuestras.

                Amén.

La paciencia no es mi punto fuerte

Estimo que lo que más agota mi paciencia es tener que hacer filas interminables en el banco, en la oficina de correos o en la cafetería del barrio. No, un minuto... creo que lo que más me irrita es que me coloquen en espera cuando llamo al técnico de la computadora o a alguna empresa de servicios públicos. Perdón, cambié de opinión... lo peor es tener que esperar el regreso de la mesera después de un largo rato de haber ordenado algo. ¿Puedes advertir un patrón en todo esto? Básicamente, detesto la desorganización o el planeamiento escaso que me genera inconvenientes como consumidora crucial.

Amiga, antes de que entres en pánico al comprobar que tu asesora del carácter perdió la paciencia, te diré que he logrado grandes avances. Si bien todavía aborrezco aquellas cosas y creo que nunca tendrá sentido para mí entender por qué las empresas no contratan personal capacitado y eficiente para responder en sus departamentos de atención al cliente, también puedo decirte con absoluta honestidad que lo que me ayudó a desarrollar mi paciencia es tomar conciencia de que Dios *espera* que yo sea paciente. Ese descubrimiento dio inicio a un cambio en mi vida. ¿Sabes algo? La navidad pasada me encontré de pronto orando en silencio por aquellas personas que aguardaban en la fila de un enorme centro comercial (¡y ni siquiera me sentía con el espíritu navideño!). Dios siempre es bueno.

Paciencia es esperar

La paciencia es una cualidad del carácter que se demuestra de manera externa y que es resultante del rasgo interior llamado autocontrol. De hecho, las Escrituras vinculan directamente a estas dos características:

> *Al conocimiento, dominio propio; al dominio propio, paciencia; a la paciencia, piedad.*
>
> 2 Pedro 1:6, RVR1960

La Biblia utiliza dos palabras distintas para referirse a la «paciencia». Una hace referencia a la aptitud de esperar bajo circunstancias adversas o difíciles, y la otra trata más bien de un tipo de esfuerzo realizado durante un período extenso frente a personas difíciles. Hoy vamos a concentrar nuestra atención en la primera definición: la que nos llevará a la sala de espera de la paciencia.

Toda la Biblia habla de esperar

Son numerosas las historias de la Biblia que guardan un aspecto relacionado con la espera. ¡De hecho, toda la Biblia trata de la espera! Observa si puedes detectar en el siguiente cuadro una clase de espera que sientas cercana:

Espera para una curación	• Naamán esperó la cura de la lepra (2 Reyes 5). • Una mujer esperó doce años para que se sanaran sus hemorragias (Marcos 5:25). • Lázaro esperó cuatro días su resurrección de entre los muertos (Juan 11). • Pablo esperó en vano el alivio de su «espina en la carne» (2 Corintios 12:7).
Espera para cumplir una expectativa	• David esperó trece años para alcanzar el trono (2 Samuel 3:1; 5:4). • Nehemías oró durante cuatro meses antes de acercarse al rey para reconstruir los muros de Jerusalén (Nehemías 1–2).
Espera para iniciar un ministerio	• Moisés esperó y esperó en el desierto (Deuteronomio 31:2). • Jesús esperó treinta años en la tienda de un carpintero (Lucas 3:23). • Los discípulos aguardaron durante diez días en el cenáculo (Hechos 1–2). • Pablo esperó años en el exilio hasta que los judíos dejaron de temerle (Gálatas 1:18).
Espera para alcanzar la reivindicación	• Noé esperó la lluvia luego de ser puesto en ridículo por fabricar una barca en tierra árida (Génesis 7). • José esperó en prisión tras ser acusado injustamente (Génesis 39–41). • María, la madre de Jesús, esperó que el Mesías fuera conocido aun cuando todos la consideraban adúltera (Juan 2:1-11).
Espera para ser rescatado	• José esperó en un foso, luego en prisión, y más tarde en un territorio desgarrado por el hambre (Génesis 37:24-28, 41:1). • Rajab esperó en el muro de Jericó (Josué 2; 6:22). • Daniel esperó en la cueva del león (Daniel 6:16-24). • Jonás esperó en el estómago de una ballena (Jonás 1:17). • José, el padre de Jesús, esperó con su esposa e hijo en Egipto hasta que se volviera seguro el regreso a Nazaret (Mateo 2:13-15).
Espera por una esposa	• Jacob esperó y trabajó durante catorce años para casarse con Raquel (Génesis 29:20-30). • Rut esperó por Boaz (Rut 3).
La espera de los hijos	• Abraham y Sara esperaron por Isaac (Génesis 21:5). • Raquel esperó por José y Benjamín (Génesis 30:22). • Ana esperó por Samuel (1 Samuel 1). • Zacarías y Elisabet esperaron por Juan el Bautista (Lucas 1:18-25).

¿Lograste encontrar algún ejemplo de estas clases de espera en tu experiencia? No hallarás gran cantidad de personajes bíblicos que de una u otra manera no hayan tenido que aguardar por algo en sus vidas. Sin lugar a dudas, los esquemas de Dios son muy distintos a los nuestros, y el proceso de la espera es una experiencia divina que el Señor utiliza con el objetivo de prepararnos para lo que nos tiene previsto.

La espera en el desierto

Cualquier tipo de espera puede convertirse en lo que a menudo denominamos «la espera en el desierto». ¿Alguna vez viviste esta situación? Tal vez se trate de una enfermedad persistente; una situación económica que te hunde día a día; la rebeldía de un miembro de la familia; una coyuntura laboral insoportable; o quizás un sueño que se convierte en decepción. Cuando te encuentras en el desierto, podría parecer que Dios te abandonó. Te sientes confundida y sin saber qué hacer a continuación, probablemente viviendo una profunda angustia en tu espíritu. Veamos entonces por qué Dios decide llevarnos a través de la espera en el desierto.

Resulta interesante destacar que los momentos de espera en el desierto pueden tener lugar tanto después de caídas poderosas (crisis o tragedias) como de logros importantes (victorias espirituales). Por ejemplo, Moisés vivió su lapso de espera en el desierto luego de sufrir una crisis (había asesinado a una persona y huido a las montañas para esconderse durante todo un período de su vida). Por otra parte, años después, tanto él como los israelitas iniciaron el viaje de cuarenta años por el desierto impulsados por dos grandes victorias (la Pascua judía y la división del Mar Rojo). En ambos casos, una vez que te encuentras en el desierto de la espera solo tienes dos modos de responder: resistirte o relajarte.

Resistirse al desierto

¡Los desiertos son lugares desagradables! Las reacciones naturales ante esta situación son la queja, la confusión y la pérdida de fe. Ahora bien, si en esa perspectiva egoísta insistes en resistirte y hundirte en tu mala actitud, la experiencia de esperar en el desierto se volverá más difícil de sobrellevar, e incluso podría prolongarse.

La queja te convierte en una persona más desdichada. ¿Por qué será que adoptamos la actitud de quejarnos ni bien las cosas se tornan un poco difíciles? Claro, el desierto tiene sus inconvenientes. ¡Sabemos que es seco, árido, hostil, y sin buenos restaurantes japoneses! Ahora bien, si todo el tiempo manifestamos disconformidad, solo lograremos experimentar más desdicha. En este caso, el ejemplo típico que nos presenta la Biblia lo encontramos en los israelitas, porque cuando ellos se quejaron, perdieron de vista las bendiciones que recibían.

> *«Pero ahora, tenemos reseca la garganta; ¡y no vemos nada que no sea este maná! [...] Moisés escuchó que las familias del pueblo lloraban, cada una a la entrada de su tienda, con lo cual hacían que la ira del Señor se encendiera en extremo.*
>
> NÚMEROS 11:6, 10

La confusión te acerca a la desesperación. En el desierto también te puedes confundir. Quizá te preguntes: ¿Por qué Dios permitió que esto aconteciera? ¿Dónde me equivoqué? ¿Por qué esto me pasa a mí? ¿Fallé en comprender el mensaje de Dios? ¿Estoy pecando? ¿No soy tan espiritual como se espera? ¿Dios se olvidó de mí? ¿Le intereso a Dios? Cuando caes presa de la confusión, es fácil desanimarse y perder la esperanza. Observa lo que le sucedió al pueblo de Israel cuando entró en desesperación:

> *En sus murmuraciones contra Moisés y Aarón, la comunidad decía: «¡Cómo quisiéramos haber muerto en Egipto! ¡Más nos valdría morir en este desierto ¿Para qué nos ha traído el Señor a esta tierra? ¿Para morir atravesados por la espada, y que nuestras esposas y nuestros niños se conviertan en botín de guerra? ¿No sería mejor que volviéramos a Egipto?».*
>
> NÚMEROS 14:2-3

¡En ese estado de confusión, ellos consideraron que sería mejor retornar a la esclavitud en Egipto antes que seguir camino a la tierra prometida! ¿Qué pensarían en esos momentos para arribar a esa determinación? Se les había prometido un nuevo hogar, y en cambio deseaban volver a sus antiguos cobertizos, a ese entorno que les resultaba familiar. Cuando la situación se vuelva difícil, no mires hacia atrás para reclamar aquello de lo que Dios te libró.

La pérdida de fe te deja sin salida. Tal vez Dios te pida que confíes en él y avances en la fe, pero si te rehúsas y pierdes de vista el poder que Dios tiene para hacer que te sobrepongas a tus miedos, puede que nunca abandones el desierto. Precisamente, esto fue lo que le sucedió a toda una generación de israelitas cuyo temor no solo los dejó atrapados al otro lado del río Jordán, sino que los condujo a la muerte en el desierto. En consecuencia, por la mala información que les trajeron los espías, se abstuvieron de avanzar hacia la tierra prometida y decidieron no continuar guiados por la fe.

> «Ninguno de los que me desobedecieron y me pusieron a prueba repetidas veces verá jamás la tierra que, bajo juramento, prometí dar a sus padres. ¡Ninguno de los que me despreciaron la verá jamás!»
>
> Números 14:22-23

Relajarse en el desierto

La alternativa a resistirse en el desierto es relajarse. Puede que te resulte contrario a la lógica, pero seamos sinceras, ¿qué más se puede hacer en una tierra seca y sombría? De hecho, una vez que decidas afrontar ese reto y poner tu paso al ritmo del entorno, lograrás enfocarte en lo que Dios desea de ti en este lugar. Y, lo creas o no, Dios puede utilizar el desierto como un sitio de alimentación espiritual. En realidad, son tres las maneras en que Dios nos sustenta en el desierto:

Dios va a tu encuentro. El desierto no es un sitio donde se realicen acciones extraordinarias para la gloria de Dios. En cambio, es un lugar donde Dios se encuentra con las personas. Analiza los dos ejemplos siguientes: Dios siguió a Elías al desierto, lo alimentó y allí le habló en un susurro. Asimismo, con regularidad Jesús se dirigía al desierto cuando deseaba tener comunión con su Padre.

También estaban los israelitas, quienes no conquistaron ninguna ciudad ni construyeron templos en el desierto. Ellos solo daban vueltas alrededor del Monte Sinaí, y mientras caminaban, Dios los acompañaba. Él los alimentó cada mañana, les dio de beber agua, los guió con una nube, los protegió por las noches y hasta les habló. El Señor los trató con un cuidado amoroso que daba cuenta de la medida del afecto que les profesaba, incluso cuando ellos ya lo daban por sentado. Los israelitas no llevaban un estilo de vida que les permitía alcanzar un logro nuevo cada día. En el desierto, las tareas más importantes eran pospuestas, y así llegaron a conocer a Dios de un modo más profundo, más íntimo, como nunca antes lo habían experimentado. He aquí la enseñanza de esta historia: las relaciones requieren de tiempo y el desierto es el lugar adecuado para construir nuestra comunión con Dios.

Dios te refresca. Cuando sales de una gran crisis o cuando desciendes de una cima espiritual, es probable que te sientas exhausta. En este tipo de situaciones, a veces Dios nos conduce al desierto para darnos un descanso, tranquilizar nuestro ánimo, concedernos espacio para sanar nuestra alma o bien para ponernos en pie otra vez. Su sala de espera nos fuerza a detenernos a fin de que podamos recargar las baterías del espíritu.

Pero los que confían en el Señor renovarán sus fuerzas; volarán como las águilas; correrán y no se fatigarán, caminarán y no se cansarán.

Isaías 40:31

Dios te hace crecer. En el desierto ocurre algo que, si bien no suele advertirse mientras sucede, constituye uno de los propósitos fundamentales de la espera. Dios prepara algo en tu interior e intenta demostrarte que mientras aguardas en el desierto, se preocupa más por tu carácter que en apurar el fin de la situación. Cuando Israel emergió del desierto le esperaba una gran tarea por llevar a cabo: poseer la tierra prometida. Y, como lo prueba la fallida expedición con los espías (Números 13—14), su fe era ínfima. Por lo tanto, Dios empleó cuarenta años para formar una nueva generación de israelitas que confiaran en él lo suficiente como para entrar en el río Jordán y conquistar la ciudad donde habitaban los supuestos gigantes, marchando siete veces alrededor de los muros de Jericó.

Creo que es por ese motivo que la espera en el desierto lleva más tiempo de lo que se estima. Dios quiere prepararte para lo que vendrá luego y necesita que permanezcas allí el tiempo suficiente a fin de que tu confianza en él aumente. Lo mismo ocurre cuando una semilla germina y brota bajo la tierra mucho antes de asomar al exterior. Si Dios sabe que debes convertirte en un roble para tu próximo desafío, no te sacará de su invernadero del desierto si solo te brotó una pequeña hoja. Ten en cuenta que los robles demoran en crecer.

Ahora, pasemos a estudiar algunos casos de personas que transitaron por experiencias en el desierto. Escoge uno o dos (o más si dispones del tiempo necesario) de los siguientes personajes bíblicos que pasaron estadías en el desierto y completa los espacios en blanco:

	¿Cuál fue la crisis o victoria que tuvo lugar anteriormente?	¿Cómo lo / la fortaleció Dios en el desierto?	¿Cuál fue el resultado de su estadía en el desierto?
Moisés Éxodo 2:11—3:12			
Elías 1 Reyes 18:21—19:18			
Agar Génesis 21:9—21			
Jesús Mateo 3:13—4:17			

Si tú misma vives (o viviste en algún momento del pasado) una espera en el desierto, respóndete las siguientes preguntas:

¿Cuál fue la crisis o la victoria que precedió al viaje por el desierto?

_____
_____
_____
_____

¿Cuáles son las áreas en las que Dios te fortalece (o te fortaleció) al transitar por el desierto?

¿En esta experiencia, hacia qué resultado se enfocan tus oraciones?

Oración

Amado Señor:

No creí que alguna vez lo fuera a decir, pero te doy gracias por el desierto. Admito que me quejé, me desesperé, y hasta llegué a perder la fe durante mi tiempo de espera. Tú en cambio fuiste paciente conmigo. Gracias, Señor. Ahora, ayúdame a confiar y entender que este período es sanador y restaurativo, que es un tiempo en el que tú y yo podemos permanecer juntos, sin tantas expectativas. Te agradezco por la gran labor que realizas mientras espero sin que yo lo advierta, dejándome aquí el tiempo necesario para convertirme en el árbol que deseas.

Tengo que estar preparada para lo que a continuación tú tienes planificado para mi vida.

En el nombre de Jesús, amén.

Paciencia: Día 2

La impaciencia: Descubre a tu Shrek interior

Primero procura comprender, luego ser comprendido.
Dale Carnegie, 1888-1955, escritor

Un mensaje

 NOTA: Hoy es el Día 2, por lo que tienes que leer el texto que sigue. ¡Que disfrutes este asesoramiento y no olvides comenzar con una oración!

El reverso de la paciencia

En el film del año 2001 denominado *Shrek*, nos encontramos con el personaje del título (interpretado por Mike Myers), un ogro enorme de color verde que hierve de impaciencia mientras emprende la misión de reconquistar su pantano. En la película observamos que un burro muy fastidioso (con la voz de Eddie Murphy) se acopla a Shrek para realizar el viaje. Shrek, que tiene un carácter irritable, se altera con el burro que intenta de continuo establecer una relación estrecha con él. Tomemos como ejemplo la siguiente conversación:

SHREK: Los ogros son como las cebollas.
DONKEY: ¿Apestan?
SHREK: Sí... ¡no!
DONKEY: Ah, te hacen llorar.
SHREK: No.
DONKEY: Entonces quiere decir que si las dejas al sol se ponen marrón y empiezan a echar unos brotecitos como pelos blancos.

Shrek: ¡NO! Capas. Las cebollas tienen capas. Los ogros tienen capas. ¿Entiendes? Los dos tenemos capas.
Donkey: Ah, los dos tienen capas. No todo el mundo gusta de las cebollas. Pero a todos les encantan los helados con salsa de frutas. ¿Alguna vez te encontraste con una persona que al decirle: «Vamos a tomar un helado», te responda: «No, no me gustan los helados»? Los helados son deliciosos.
Shrek: ¡NO! ¡Eres una bestia de carga irritante! Repito: ¡Los ogros son como las cebollas! Fin de la historia. Me voy. Hasta luego.
Donkey: Espera, ¿qué te pasa, Shrek? ¿Qué problema tienes con el mundo, eh?

Hay personas que son irritantes como el burro, y otras irritables como Shrek. ¿Qué tipo de personas provoca tu impaciencia? ¿Algún empleado incompetente? ¿Un familiar cascarrabias? ¿Una compañera de cuarto desordenada? ¿Un pasajero muy conversador en el avión? También existen relaciones frustrantes como un padre anciano que se vuelve cada día más dependiente y discutidor; una hija que hace elecciones desafortunadas; un marido que no está dispuesto a colaborar en el matrimonio; o tal vez un vecino con el que tienes un desacuerdo profundo desde hace tiempo. Estas relaciones difíciles en reiteradas oportunidades constituyen el caldo de cultivo de la impaciencia, una característica que podemos observar en la vida de Moisés.

La impaciencia de Moisés

Moisés trabajaba con un grupo de gente irritante y por lo tanto tenía dificultad para controlar su temperamento. Sin embargo, cuando se sentía molesto era propenso a la crítica aguda hacia las personas. En un ejemplo concreto, podemos detectar su impaciencia mientras tiene que hacerle frente a otra ronda de reclamos.

Considerando esta etapa de la vida de Moisés, hay que tener en cuenta que su hermana Miriam acababa de morir, y emocionalmente debe haberse sentido agobiado. Concluido el entierro, los israelitas se agruparon en torno a Moisés y su hermano Aarón para quejarse acerca de la falta de agua. Sin dudas, la ocasión no era oportuna para el reclamo. Además, para entonces ellos deberían haber sabido que Dios no permitiría que pasaran sed. Sin embargo, expusieron su reclamo y sacaron a relucir una vez más la famosa «carta de Egipto»:

> «¿Para qué nos trajiste a este desierto, a morir con nuestro ganado? ¿Para qué nos sacaste de Egipto y nos metiste en este horrible lugar? Aquí no hay semillas, ni higueras, ni viñas, ni granados, ¡y ni siquiera hay agua!»
>
> NÚMEROS 20:4-5

¿Pueden escuchar sus llantos desesperados? Ante esta situación, Moisés y Aarón hicieron lo correcto. Oraron al Señor y recibieron instrucciones para que le hablaran a la roca y de ella brotara el agua. ¡Así que se dirigieron a hablarle a una roca! Desafortunadamente, a su regreso ya Moisés estaba cansado de las disputas con su pueblo. No solo los llama de otro modo (dado el enojo que sentía), sino que de improviso golpea la roca con su cayado. Contar hasta diez para calmarse no era precisamente su punto fuerte.

> «¡Escuchen, rebeldes! ¿Acaso tenemos que sacarles agua de esta roca?» Dicho esto, levantó la mano y dos veces golpeó la roca con la vara, ¡y brotó agua en abundancia, de la cual bebieron la asamblea y su ganado!
>
> NÚMEROS 20:10-11

Por aquella erupción de desobediencia, Moisés nunca llegó a entrar en la tierra prometida. Dios le dijo con toda claridad: «Háblale a la roca». No manifestó: «Si te pones muy impaciente, entonces golpea la roca».

Anatomía de la impaciencia

¿En realidad cómo se demuestra la impaciencia? A continuación podemos detectar algunas maneras positivas y negativas por medio de las cuales Moisés enfrentó su impaciencia. ¿Te sientes relacionada con alguna de ellas?

- *¿Te detienes a orar?* Luego de escuchar los reclamos, Moisés y Aarón «se postraron rostro en tierra. Entonces la gloria del Señor se manifestó ante ellos» (Números 20:6).
- *¿Culpas y etiquetas a aquella persona que te resulta irritante?* Moisés acusó a los israelitas cuando les manifestó: «Escuchen, rebeldes... » (v. 10), como si dijera: «Si no fueran rebeldes, no habría razón para que me vuelva impaciente».
- *¿Te sientes apenada por ti misma?* Moisés preguntó: «¿Acaso tenemos que sacarles agua de esta roca?» (v. 10), como si dijera: «Estoy cansado de sus reclamos, no puedo tolerarlo más».

- *¿Golpeas, agitas o arrojas objetos?* «Moisés levantó la mano y dos veces golpeó...» (v. 11), como si con ese gesto hubiera desahogado su frustración sobre un objeto inanimado.

Si tuviéramos que hacer un análisis profundo sobre la impaciencia, veríamos que se encuentra enraizada en los deseos bloqueados. Surge con gran facilidad cuando alguien no concuerda con nuestro parecer (golpeando así nuestro orgullo), cuando no nos salimos con la nuestra (lo cual es egocéntrico), cuando nos hallamos demasiado cansados o hambrientos (esto es una consecuencia de la falta de autocontrol), y asimismo cuando nos volvemos hipersensibles (esto también tiene que ver con el ego).

Cómo ser paciente con la gente irritante

¿Qué podemos hacer para lidiar con aquellas personas que irritan nuestros nervios? Las Escrituras hablan acerca de brindarles comprensión y tolerancia.

Bríndales tu comprensión

El que es paciente muestra gran discernimiento; el que es agresivo muestra mucha insensatez.

Proverbios 14:29

Las personas con quienes nos tornamos más irritables son aquellas que no llegamos a comprender. De acuerdo, ¿verdad? Por ejemplo: me he visto volviéndome irritable con un chiquillo revoltoso, hasta que pude advertir que él padecía cierto tipo de desorden. Una vez que comprendí la situación de aquel niño, sentí vergüenza de mi impaciencia. También recuerdo haber tratado en el sector de las ventas con una empleada tan lenta en la atención de los clientes que llegué a preguntarme por qué la habrían contratado. Sin embargo, cuando me enteré de que estaba preocupada por su madre que había sido internada en un hospital, mi irritación se disipó.

Aquí tenemos algunas razones por las cuales las personas se ponen irritables a partir de la incomprensión:

Piensas que puedes conocer los motivos de los demás. No puedes.

En efecto, ¿quién conoce los pensamientos del ser humano sino su propio espíritu que está en él? Asimismo, nadie conoce los pensamientos de Dios sino el Espíritu de Dios.

1 Corintios 2:11

Piensas que las palabras de los demás tienen el mismo significado que tú les darías si las pronunciaras. Es un error pensar de esa manera. Por ejemplo, en la lengua inglesa quinientas de las palabras de uso habitual tienen un promedio de veintiocho significados cada una. Las personas no siempre se refieren a lo mismo cuando utilizan las mismas palabras.

Cuanto más intentes ejercer la comprensión, así también se elevará tu nivel de paciencia. ¡Entonces, a fin de comprender verdaderamente a otra persona, lo primero que debes hacer es dejar de asumir que ya la entiendes! Es imposible que puedas percibir o conocer los motivos de los demás hasta que te sean revelados por ellos mismos, y no puedes saber lo que significan hasta que te los expliquen o clarifiquen. Para comprender mejor a las personas existen dos pasos a tener en cuenta: (1) Formula preguntas aclaratorias, tales como: ¿Qué quisiste decir con aquello? ¿Cómo te sientes? ¿Existe algo más que quieras que yo sepa? ¿Qué necesitas de mí en este momento? ¿Por qué te sientes así? (2) Escucha las respuestas. Trata de hacerlo con atención. No causes ningún tipo de interrupción hasta que la persona haya tenido la oportunidad de clarificar sus razones y el significado de sus palabras.

Es necio y vergonzoso responder antes de escuchar.

Proverbios 18:13

Una vez que hayas comprendido a la otra persona por medio de las aclaraciones y prestado buenos oídos a sus explicaciones, pasa al nivel siguiente e intenta posicionarte en el lugar de quien se trate. Es fácil caer en la impaciencia cuando mantienes una perspectiva unilateral (solo miras desde tu óptica). Lo importante es observar las cosas desde el punto de vista de la otra persona, y así verás grandes avances en relación a tu paciencia.

Bríndales tu tolerancia

Siempre humildes y amables, pacientes, tolerantes unos con otros en amor.

Efesios 4:2

Los seres humanos a veces tenemos días malos. Cualquiera sea el motivo, no nos sentimos con buen ánimo. Tal vez perdimos nuestro empleo, o quizá no tenemos fondos en nuestra cuenta bancaria, o se nos rebalsó el lavarropas. Aquí debes reparar en dos hechos:

Tú también pasas días malos, y Dios te acepta.

> *Pero precisamente por eso Dios fue misericordioso conmigo, a fin de que en mí, el peor de los pecadores, pudiera Cristo Jesús mostrar su infinita bondad.*
> 1 TIMOTEO 1:16

Cuando te detienes a pensar en ello, observas que a lo largo de tu vida Dios demostró una cantidad mayor de paciencia de la que tú misma tuviste que exhibir hacia la persona con la que te sientes irritada en este momento. Piensa en cómo te pones cuando estás en uno de tus días complicados; luego, ofrécele una tregua.

A veces las relaciones buenas también requieren una buena indiferencia.

> *El buen juicio hace al hombre paciente; su gloria es pasar por alto la ofensa.*
> PROVERBIOS 19:11

No discutas por cada cosa que alguien haga mal. Deja que algunas sigan de largo. Pasa por alto un insulto y no guardes un registro de las ofensas que recibas.

Diario

Piensa en aquellos momentos en que te vuelves impaciente con otras personas y califícate en una escala de 1 a 5 en cada una de las áreas. El 1 indica que raramente utilizas dicha respuesta, y el 5 significa que la usas con frecuencia.

Uso infrecuente — Uso frecuente

1 2 3 4 5 Cuando me siento impaciente, intento recordar que probablemente no conozco los motivos reales del otro.

1 2 3 4 5 Cuando me siento impaciente, intento asumir el hecho de que probablemente ignoro lo que el otro quiso expresar.

1 2 3 4 5 Cuando me siento impaciente, lo primero que intento es comprender.

1 2 3 4 5 Cuando me siento impaciente, formulo preguntas aclaratorias.

Paciencia: Día 2 • La impaciencia: Descubre a tu Shrek interior

1 2 3 4 5   Cuando me siento impaciente, escucho antes de hablar.
1 2 3 4 5   Cuando me siento impaciente, le doy una tregua al otro.
1 2 3 4 5   Cuando me siento impaciente, recuerdo que soy aceptada por Dios.
1 2 3 4 5   Cuando me siento impaciente, ignoro los insultos sin importancia.

¿En cuál de las respuestas necesitas trabajar con mayor esmero? ¿Por qué?

Oración

Amado Señor:

Gracias por demostrarme paciencia, incluso en mis peores días. En el «capítulo del amor» de la Biblia (1 Corintios 13), la paciencia se ubica en el primer puesto de la lista sobre cómo debe ser el amor, por lo tanto, si mi deseo es amar a las personas, necesitaré más paciencia. Oriéntame para buscar el entendimiento de aquellos que me causan irritación, clarificar sus razones y el sentido de sus palabras. Ayúdame a que abandone la postura de asumir que cuando una persona finalmente crece, será tal como soy yo. Asimismo, guíame para no ser tan juiciosa con aquellos que desacuerdan con mi opinión. Recuérdame, Señor, que no siempre tengo la razón acerca de todo. Enséñame a ser amable con la gente que me ignora, me desaprueba o lastima, incluso si pienso que lo hacen deliberadamente. Deseo tomar las cosas con calma, demostrar un amor superior hacia los demás y brindarles la paciencia que con generosidad me has dedicado.

En el nombre de Jesús, amén.

Paciencia: Día 3

¿Cómo tomarse la vida con más calma?

Cualquiera que se encuentra en apuros demuestra que el problema en cuestión es demasiado grande para que lo pueda solucionar.
Lord Chesterfield, 1694-1773, estadista inglés.

Tienes correo

Para:	«La mujer especial» que hay en ti	Fecha: Día 3
De:	Katie Brazelton	
Asunto:	La paciencia	

Llegamos al Día 3, y he aquí el mensaje dedicado para ti. ¡Disfruta de este asesoramiento y no te olvides de iniciar con una oración!

El lenguaje de nuestro estilo de vida

Sobre este tema, no podría agregar nada más a lo expresado por Rick Warren en un sermón hace unos años atrás. En esa oportunidad, manifestó lo siguiente: Tú *saltas* de la cama, *entras y sales* de la ducha, *devoras* tu desayuno, te *tragas* tu café y *corres* hacia tu trabajo. Tus jefes te dicen que *te apures* con el informe, que *te concentres en* aquellos cambios que debes realizar y que *finalices* ese proyecto. *Sales* apurada para almorzar un sándwich, *vuelves urgente* a la oficina, *miras a las corridas* algunos correos electrónicos, *escuchas apresuradamente* los mensajes de voz, en una palabra, haces con *rapidez* todas esas tareas. A las cinco de la tarde, *te vas volando* de allí *a toda veloci-*

dad, en plena *hora pico*, y *entras como una flecha* a tu casa. *Arrojas* la cena sobre la mesa, *repasas* lo que hizo cada uno en el día, *luchas* por lograr que los chicos hagan sus tareas escolares, y *caes* en la cama después de hacerte *en un instante* unos masajes y de *pagar* algunas facturas por Internet. Y al acostarte oras: «¡Señor, necesito paciencia, y la necesito ahora!».

¡Nuestra cultura posee muchos términos para describir la prisa! Nosotros nos sentimos acosados cuando la prontitud perturba la paz de nuestra vida. ¿Qué se necesita para retirar el pie del acelerador, disminuir la velocidad, y dejar de forzar con impaciencia el camino por la vida? Para Lisa, eso se transformó en una catástrofe.

Lisa, la mujer «multifunción»

Por querer realizar varias tareas al mismo tiempo, Lisa se vio envuelta en la desdicha. Ella pensó darle a su esposo un regalo de cumpleaños especial, así que trató de hacer cebollas fritas en abundante aceite, de la misma manera que las sirven como aperitivo en algunos restaurantes. Como Lisa no tenía una freidora, vertió en una sartén la mitad del contenido de una botella de aceite y colocó el recipiente de plástico cerca de la cocina. Lisa dijo «Ahora, ya que soy la mujer orquesta, no pienso quedarme parada y esperar a que el aceite se caliente. ¡Cielo santo... tengo muchas cosas por hacer! Está comprobado que las mujeres podemos lavar la ropa, completar un álbum, escribir notas de agradecimiento, limpiar los baños y hasta soplarnos la nariz mientras se calienta el aceite». Por un minuto se fue arriba para realizar otras tareas y, por supuesto, perdió el sentido del tiempo. En el momento en que sonó la alarma, Lisa corrió hacia la cocina, donde encontró llamas que llegaban a la parte más alta de las alacenas. Sus esfuerzos denodados por extinguir el fuego solo empeoraron las cosas y tuvo quemaduras graves, especialmente en su brazo derecho. El arribo de los bomberos no impidió que la cocina quedara destruida en su totalidad y que el humo impregnara toda la casa.

A consecuencia del incendio, Lisa tuvo que recibir tratamientos y terapias prolongadas y necesitó ayuda en tareas simples como vestirse, levantar un vaso o sostener un tenedor. Debió aprender un nuevo ritmo de vida, un cambio que demandó una buena dosis de paciencia, especialmente en una mujer que realizaba multitareas todo el tiempo. Tiempo antes del incendio, Lisa y su esposo habían comprado esa casa, que resultó ser demasiado grande, por lo que debieron llevar a cabo algunos cambios que demandaron esfuerzos importantes. El estrés provocado por las muchas responsabilidades combinado con la situación forzada de tener que tomar las cosas con calma, desencadenaron en Lisa la oportunidad de disponer de mayor tiempo para pensar. Se dio cuenta de que había trabajado en exceso, tomó decisiones con demasiada rapidez, trató de hacer mucho en el menor tiempo posible, y prestó menos atención a su esposo, sus hijos y la iglesia. Un año después del incidente y luego de meditar mucho, Lisa se apartó de sus costumbres anteriores. Ya no estuvo tan pendiente de la casa y en la actualidad lidera en su iglesia un grupo de mujeres a quienes instruye para que logren tener actitudes más tranquilas.

¿Alguna vez tuviste problemas al querer cumplir al mismo tiempo con todas tus obligaciones? ¿Te mueves tan velozmente que pierdes el rumbo de hacia donde te diriges? Necesitamos aprender a tomarnos las cosas con más calma, respirar profundo y desarrollar un estilo de vida donde reinen la paciencia, la calma y la serenidad... ¡¿Cómo?! ¿Sabemos el significado que tienen estas palabras? En realidad, somos más proclives a desarrollar ciertas actividades como *precipitarnos* y *consenrtir pequeñas molestias*.

Precipitarse

Lisa tuvo que arrepentirse de aquellas decisiones que tomó de manera impulsiva. ¿Alguna vez te ocurrió? ¿Tomas un trabajo que no es adecuado para ti? ¿Te inscribes en un curso que te mantiene demasiado tiempo lejos de tu familia? ¿Tratas de resolver un problema y lo empeoras? ¿Originas una deuda que no vas a poder afrontar? A veces nuestra impaciencia nos mantiene en movimiento y hace que nos precipitemos. Esto ocurre cuando las demoras nos ponen nerviosas y tomamos resoluciones poco claras. Nos sentimos inquietas porque consideramos que debemos hacer algo. Nos precipitamos a cubrir vacíos, adoptar decisiones precipitadas, o hacer lo que consideramos correcto. Esa tendencia hacia la precipitación significa: «¡No te quedes parada allí, haz algo... cualquier cosa!». Por el contrario, cuando nos enfrentamos a esta tentación, deberíamos escoger una actitud opuesta.

«¡No solo tienes que actuar, también debes esperar!»

> *Guarda silencio ante el Señor, y espera en él con paciencia; no te irrites ante el éxito de otros, de los que maquinan planes malvados.*
>
> Salmo 37:7

A través de las Escrituras, precisamente en Génesis 15, podemos observar que Dios le promete a Abraham que tendría una descendencia numerosa, aun mayor que las estrellas en el cielo. Sin embargo, ¿cómo ocurriría este hecho si él y su esposa, Sara, no tenían hijos y así continuarían durante años? Para Sara no significó problema alguno porque era una mujer de tomar decisiones. Según Génesis 16, ella apresuró el proceso y estableció un acuerdo para que Abraham tuviera un hijo con su sierva Agar, quien dio a luz a Ismael. Vemos que Sara respondió al «¡No te quedes parada allí, haz algo!» como corresponde a una mujer decidida.

Ante la demora de la respuesta de Dios es importante adoptar una actitud diferente: «¡No solo tienes que actuar, también debes esperar!». Por alguna razón, a menudo se producen retrasos y se encuentran obstáculos. En este caso, utiliza con sabiduría esa demora para orar. No pases una aplanadora para retirar el inconveniente del camino. Invita a Dios a quedarse junto a ti y aprende a realizar un movimiento cuando él te lo permita.

Saber medir las consecuencias del apresuramiento es otra estrategia que te impedirá precipitarte.

Calcula el costo

> *Supongamos que alguno de ustedes quiere construir una torre. ¿Acaso no se sienta primero a calcular el costo, para ver si tiene suficiente dinero para terminarla?*
>
> Lucas 14:28

Seguramente, Sara no se detuvo a analizar las consecuencias posibles que sobrevendrían por la decisión que tomó. Después del nacimiento de Ismael, Sara culpó a Abraham por estar de acuerdo con el plan de ella (¡él debió saber que haría eso!). Agar y Sara estaban dominadas por los celos, y la enemistad entre ellas fue heredada por los hijos, traduciéndose esto en una guerra que aún hoy persiste entre árabes y judíos.

Las Escrituras dicen: «Calcula el costo». En lugar de aguardar por la promesa de Dios, Sara se apresuró y esa actitud se tradujo en fisuras relacionales, desavenencia conyugal, rupturas en los lazos familiares, problemas por los acuerdos de subsistencia y celos. No deberíamos llevar a cabo acciones sin pensar detalladamente en los resultados negativos que ese proceder provocaría.

El último consejo para mantenerte alejada del apresuramiento es evaluar si no te encuentras confundida acerca de la decisión que vas a tomar.

Dios no es un Dios de confusión

Porque Dios no es un Dios de desorden sino de paz.

1 CORINTIOS 14:33

Antes de continuar, reflexiona acerca de las acciones que vas a llevar a cabo.

- ¿Te sientes confundida?
- ¿Recibiste un consejo contradictorio?
- ¿No estás de acuerdo con tu esposo?

En lugar de actuar impulsivamente, y a fin de no cometer errores, debemos tomar un tiempo para aclarar lo que tenemos que hacer. Reflexiona sobre el ejemplo que presenta *El pequeño libro devocional de Dios para mujeres (God's Little Devotional Book for Women,* Honor Books, 2001) sobre la conductora de una lancha rápida que sufrió un accidente grave. Ella fue despedida de su asiento y arrojada al agua a una profundidad tal que no podía ver la luz de la superficie. No sabía en que dirección estaba. Sin embargo, en vez de caer en pánico, la mujer se mantuvo en calma y esperó a que su chaleco salvavidas flotara y la impulsara hacia arriba. Luego, nadó hacia la dirección correcta.

Si te encuentras asustada y piensas que no puedes tranquilizarte para tomar una decisión adecuada, trata de hacer una pausa para reflexionar y orar. Sigue el adagio que dice: «Cuando hay confusión, esperamos». Espera el suave toque de Dios que te atrae hacia él. La espera puede demandar unos pocos minutos, horas, o quizá meses; pero la ayuda vendrá, y la claridad te sacará del caos.

Las personas pacientes confían en Dios y hacen una pausa antes de precipitarse. Ellas van lo suficientemente despacio para amar a los demás a lo largo del camino, y de esa manera están menos proclives a consentir pequeñas molestias.

CONSENTIR LAS PEQUEÑAS MOLESTIAS

Las personas impacientes por lo general, tienden a permitir que ciertas contrariedades las afecten. Las pequeñas molestias tienen poca importancia y representan inconvenientes inesperados que están más allá de nuestro control. Estos fastidios bloquean nuestra agenda, y nos irritan fácilmente. Cuanto más impaciente seas, mayor cantidad de pequeñas molestias aparecerán en tu vida, y mientras más proclive seas a consentirlas, más te inquietarán.

Paciencia: Día 3 • ¿Cómo tomarse la vida con más calma?

¡Claro que sí, admito que tuve bastantes fastidios a lo largo de los años y a veces reinaron en mi vida de manera absoluta! Mis pequeñas molelstias aparecían siempre que me sentía cansada, con hambre o frío, cuando no se cumplían mis expectativas, o cuando estaba frustrada por algo que no podía controlar. A continuación les detallo algunas de las cosas que aún pueden fastidiarme.

- Perder las llaves.
- Las pretinas ajustadas.
- La vajilla sucia en la pileta de la cocina.
- Los dormitorios desordenados de los adolescentes.
- Todos los vendedores por teléfono.
- Las campañas de las revistas escolares (¡No ... no es cierto, niñas exploradoras vendedoras de galleticas, tráiganmelas todas!).
- Los vehículos que salen del estacionamiento de la iglesia.
- Los que golpean la puerta pidiendo donaciones de legitimidad dudosa.
- Vecinos que ensayan rock and roll en un garaje cercano.

Karen Scalf Linamen, autora del libro *Madre Luchadora* (*Parent Warrior*, Victor Books, 1993), narra la historia de una mamá joven que entrena a su hija de cinco años para que tenga paciencia. Ella le dice: «Kaitlyn, debes aprender a ser paciente, de lo contrario tendrás problemas durante toda tu vida».

«Tú no entiendes», responde Kaitlyn con sinceridad. «¡Es como si yo tuviera veinte *paciencias*, y cuando ellas se van, significa que se van!».

¿Un día cualquiera, antes del almuerzo, tienes tantas pequeñas molestias que acabas con tu *paciencia*? El secreto para no consentir esos inconvenientes pequeños es aprender a salirte de la agenda, tus preferencias y expectativas en el instante que los notes. De esa manera, puedes atravesar una situación frustrante en forma despreocupada. Nosotros mismos hacemos que nos sintamos abatidos cuando insistimos en querer vivir aquí y ahora toda la felicidad del cielo. Aprende a ver tus pequeñas molestias como señales que Dios te envía: un llamado de atención cuando amas a alguien que no se lo merece, una indicación a hacer algo bueno, aprender a ser paciente, o a hablar con él acerca de tus acciones.

> [El amor] *no se comporta con rudeza, no es egoísta, no se enoja fácilmente, no guarda rencor*
>
> 1 Corintios 13:5

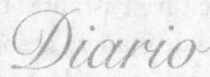

«¡No solo tienes que actuar, también debes esperar!»

*Guarda silencio ante el S*EÑOR*, y espera en él con paciencia;*
no te irrites ante el éxito de otros, de los que maquinan planes malvados.

Salmo 37:7

¿De qué forma este versículo te ayuda a tener una actitud calma en vez de precipitarte?

Calcular el costo

Supongamos que alguno de ustedes quiere construir una torre. ¿Acaso no se sienta primero a calcular el costo, para ver si tiene suficiente dinero para terminarla?

Lucas 14:28

¿Tomaste alguna decisión y no mediste las consecuencias? ¿Qué resultados obtuviste?

Dios no es un Dios de confusión

Porque Dios no es un Dios de desorden sino de paz.

1 Corintios 14:33

¿De qué manera este versículo te ayuda a tomar decisiones?

Consentir las pequeñas molestias

[El amor] no se comporta con rudeza, no es egoísta, no se enoja fácilmente, no guarda rencor.

1 Corintios 13:5

¿Cuáles son algunas de tus pequeñas molestias? ¿De qué manera este versículo te ayuda a lidiar con ellas?

_____

_____

_____

Oración

Amado Dios:

Cuando leí la historia de Lisa, la mujer «multifunción», pensé: «¡Allá voy por la voluntad de Dios!» Muchas gracias por protegerme de mí misma, de las consecuencias desastrosas de querer hacer demasiadas cosas en tan poco tiempo. Por favor, continúa protegiéndome. No quiero herir a nadie debido a mi impaciencia. Ayúdame a no precipitarme. Cuando encuentre obstáculos en el camino, concédeme paciencia para saber esperar y te invito para que estés allí conmigo. Al tomar una decisión, oriéntame para saber medir las consecuencias, y no me permitas continuar hasta que le hayas dado paz a mi vida. No dejes que consienta mis pequeñas molestias, sino que tenga paciencia y amor cuando las circunstancias me irriten. Haz que tome las cosas con calma. Bríndale paz y serenidad a mi alma.

En el nombre de Jesús, amén.

Paciencia: Día 4

Tu asesora en la paciencia

Calcomanía:
Un hombre sin paciencia
es como un auto sin frenos.

Una excursión que cambiará tu perspectiva

Hoy es un día maravilloso para caminar y admirar la naturaleza en las montañas del lugar. Deambulamos tranquilamente por un sendero del bosque de secuoyas, y nuestros pasos crujen al caminar sobre la corteza que cayó de los árboles. Mientras nos alejamos, dejamos atrás la civilización y comenzamos a hablar en voz baja, como si no quisiéramos perturbar a la naturaleza con nuestras voces. Vemos que la luz se filtra entre los árboles y cae sobre nosotros como rayos benditos. Se escucha el gorjeo de los pájaros, el susurro de las ramas, y nos embriagamos con el perfume vigorizante de los pinos, la corteza y las hojas. Finalmente, llegamos a un claro en el bosque y juntas nos sentamos en silencio sobre un tronco caído, y oramos mientras disfrutamos de la naturaleza. Al mirar hacia abajo, nos damos cuenta de por qué llegamos hasta este lugar. Debajo de nuestros pies brotan pequeñas secuoyas. Estos diminutos brotes nos recuerdan el propósito de la sala de espera de Dios. Allí es donde nos alberga, nos alimenta, nos da tiempo y protección para que crezcamos lo suficientemente fuertes para resistir las tormentas, el fuego... y luego, florecer.

Hoy vamos a intensificar la actividad con un examen a nuestra paciencia. Ya aprendimos a esperar, a entender a los demás y a tomarnos la vida con más calma. Ahora, vamos a determinar cómo hacer una prueba extrema de paciencia: paciencia cuando no obtenemos respuestas, paciencia cuando solo tenemos que esperar, y paciencia cuando la gente no quiere cambiar.

Paciencia cuando Dios permanece en silencio

Con frecuencia nos sumimos en el desconcierto porque la única respuesta que recibimos de Dios a todas nuestras oraciones es el silencio. Es decir, Dios se abstiene de hablar y espera a que estemos listos para escuchar su respuesta. ¡Sin embargo, él puede darnos la respuesta exacta que esperamos, y hasta proveernos más de lo que alguna vez imaginamos!

Recordemos cómo funcionó esto para María y Marta en Juan 11:1-44. Cuando Jesús se entera de la enfermedad de su amigo Lázaro, hermano de María y Marta, demoró en ir a sanarlo. Jesús se mantuvo en silencio a lo largo de toda la agonía, muerte y sepultura de Lázaro. Y permaneció en esta actitud durante cuatro días después de ese acontecimiento. Cuando Jesús finalmente apareció, María y Marta estaban desconsoladas y lo cuestionaron por no haber sanado a su hermano. Personalmente me gusta como Henry Blackaby y su coautor Claude King describen la respuesta de Jesús en su libro *Encuentro con Dios* (Experiencing God, Broakman and Holman, 1994):

> Si yo hubiera venido cuando ustedes me lo solicitaron, habrían sabido que yo podía curarlo porque ustedes han sido testigos de lo que hice muchas veces. Sin embargo, nunca habrían sabido lo que ahora saben de mí. Yo sé que ahora ya están listas para conocer la gran revelación acerca de mi persona. Quiero que sepan que yo soy la resurrección y la vida. Mi silencio no significó un rechazo. Fue la oportunidad para revelarles lo que nunca han sabido de mí.

A continuación, describe minuciosamente el descubrimiento que has hecho acerca de Dios. Podrías comenzar con una oración como esta: «Descubrí que Dios no era como mi papá cuando...» o «Conocí a Dios como líder indiscutible cuando...» o «Dios hizo un milagro en mi vida cuando...»

_____

_____

Detalla el momento en que te sentiste más desilusionada debido a que Dios permanecía en silencio. ¿Por qué cosa(s) orabas en aquel momento?

_____

_____

¿Consideras que hubo ciertas conexiones entre los silencios de Dios y los descubrimientos que hiciste acerca de él y de sus mejores intenciones hacia ti?

_____

_____

_____

Pues la visión se realizará en el tiempo señalado; marcha hacia su cumplimiento, y no dejará de cumplirse. Aunque parezca tardar, espérala; porque sin falta vendrá.

Habacuc 2:3

¿Al leer este pasaje bíblico qué sientes respecto a tu experiencia vivida?

_____

_____

_____

Hay que tener paciencia cuando esperamos

Hay personas que nunca aprenden a esperar. Por ejemplo: cambiamos de fila en el supermercado por no tener que esperar. Tenemos miedo de hacer pausas en una conversación. Tocamos la bocina si el automóvil que está delante nuestro demora un poco ante la luz verde. Si compramos un colchón, en lugar de esperar al día siguiente para que lo envíen, preferimos atarlo sobre el techo de nuestro carro Jetta. Adquirimos un televisor con pantalla plana motivados por una publicidad que dice que compre ahora, y pague después. Y si un amigo no tiene correo electrónico (¡que debe ser un pecado capital!), olvídenlo. En estos días, ¿quién enviaría una carta y luego esperaría que llegue a destino?

Si aprendemos teología correctamente, sabremos esperar. Aquellos que saben hacerlo están convencidos de que Dios proveerá, que siempre trabaja y que él es quien tiene el control de todas las cosas.

Dios proveerá

La Biblia cuenta que Esaú era una persona que no podía esperar. Estaba tan hambriento que por un plato de comida cedió su derecho de hijo primogénito a su hermano Jacob. En ese momento Esaú pensó que iba a «morir de hambre» y esa necesidad momentánea le provocó consecuencias negativas. (ver Génesis 25:29-34).

En este caso, la lección es obvia: ¡Con el estómago vacío no debemos tomar decisiones que alteren nuestra vida! Y mejor aún, lo que aprendemos del error de Esaú es que no deberíamos permitir que nuestras necesidades naturales solo nos conduzcan a satisfacerlas sin tener en cuenta lo que Dios ya tiene para ofrecernos. Lo irónico de esta historia es que Esaú no iba a estar hambriento por mucho tiempo más. Su comida ya estaba cocinándose despacio. Lamentablemente, él no tuvo la fuerza de voluntad suficiente como para esperar la hora correcta para ingerir los alimentos.

> *Espero al SEÑOR, lo espero con toda el alma; en su palabra he puesto mi esperanza.*
>
> SALMO 130:5

> *Sabrás entonces que yo soy el SEÑOR, y que no quedarán avergonzados los que en mí confían.*
>
> ISAÍAS 49:23

¿Cuál es tu necesidad imperiosa que te resultaría imposible esperar para satisfacerla? ¿Qué podrías aprender de las Escrituras para aplicarlo a tu impaciencia?

_____

_____

_____

Dios actúa según lo programado

También existe otra historia acerca del rey Saúl, quien se puso nervioso cuando el profeta Samuel no acudió a tiempo para ofrecerle un sacrificio a Dios, por lo cual Saúl siguió adelante y preparó su propia ofrenda. Samuel amonestó a Saúl por no seguir los designios del Señor y le advirtió al rey que su impaciencia era un acto arrogante y desobediente que le costaría la corona (ver 1 Samuel 13:5-14).

Tercera parte: Entabla una relación adecuada con los demás

Dios hizo todo hermoso en su momento, y puso en la mente humana el sentido del tiempo, aun cuando el hombre no alcanza a comprender la obra que Dios realiza de principio a fin.

ECLESIASTÉS 3:11

¿En qué situaciones percibiste que Dios llegó tarde? ¿Sentiste la tentación y la arrogancia de hacer las cosas según tu parecer? ¿De qué manera este versículo te ayuda a ser paciente en circunstancias similares al ejemplo citado?

___

___

___

Dios dispone

Recuerda lo que dicen las Escrituras sobre el momento en que Dios dictó los Diez Mandamientos. Aarón esperaba al pie del Monte Sinaí que Moisés regresara al campamento, aunque estaba convencido de que nunca lo haría. El tiempo pasaba y la impaciencia comenzó a apoderarse de las personas. Cansado de soportar los reclamos de su pueblo, Aarón hizo un becerro de oro que tomó el lugar de Dios (ver Éxodo 32:1-6). La enseñanza de esta historia es: Si no vas a esperar, trata de no escuchar consejos sacrílegos.

Encomienda al SEÑOR tu camino; confía en él, y él actuará.

SALMO 37:5

Pero yo he puesto mi esperanza en el SEÑOR; yo espero en el Dios de mi salvación. ¡Mi Dios me escuchará!

MIQUEAS 7:7

¿Alguna vez consideraste que Dios había perdido el control de la situación? ¿Cómo te sentiste en esa oportunidad? ¿De qué manera estas Escrituras te brindaron paciencia en momentos similares?

___

___

___

SÉ PACIENTE CUANDO LAS PERSONAS NO QUIEREN CAMBIAR

Algunas personas nunca van a cambiar para bien. Piensa en alguna persona en tu vida mientras completas el siguiente ejercicio. En cada escala, marca el lugar que refleja cómo te relacionas más a menudo con esa persona.

Soy irritable   Soy tolerante
1   2   3   4   5   6   7   8   9   10

Me pongo más enojada   No me entrometo
1   2   3   4   5   6   7   8   9   10

Estoy impaciente   Estoy paciente
1   2   3   4   5   6   7   8   9   10

Soy estricta con mis expectativas   Soy flexible con mis expectativas
1   2   3   4   5   6   7   8   9   10

Soy prepotente   Estoy relajada
1   2   3   4   5   6   7   8   9   10

Soy cariñosa   Soy cariñosa a veces
1   2   3   4   5   6   7   8   9   10

Soy controladora   Doy consejos si los piden
1   2   3   4   5   6   7   8   9   10

Tengo tendencia a enojarlo/la   Doy ánimo
1   2   3   4   5   6   7   8   9   10

Hago cumplir las reglas   Soy misericordiosa
1   2   3   4   5   6   7   8   9   10

Tengo creencias y principios sólidos   Permito el disenso
1   2   3   4   5   6   7   8   9   10

Suelo presionar   Permito que Dios haga su trabajo
1   2   3   4   5   6   7   8   9   10

Espero una conducta como la mía   Aliento las cualidades personales
1   2   3   4   5   6   7   8   9   10

Me deprimo cuando pienso en él/ella   Sigo adelante
1   2   3   4   5   6   7   8   9   10

¿Cuál es para ti la escala más reveladora en esta prueba y por qué?
_____
_____
_____

Oración

Querido Dios:
Te agradezco los descubrimientos que he hecho de ti durante mi vida. Gracias por tus silencios, porque ellos me han preparado para recibir una nueva verdad o tener una nueva experiencia junto a ti. Ayúdame a crecer, Señor, en lo que respecta a esperar pacientemente. A veces parezco una niña que desea algo y lo quiere inmediatamente, quiero dejar esta etapa. Ayúdame a no adelantarme a tus designios, a no ser inoportuna cuando pienso que estás demorando, y a no asumir el poder cuando pienso que no tienes el control.

Quiero orar ahora por mi situación con una persona que no quiere cambiar. Padre, dime, ¿en esta relación, soy yo la que no quiere cambiar? Ruego para que me ayudes a ver con honestidad cómo voy a tratar a esta persona. Muéstrame dónde parar, cuándo tranquilizarme, cómo mostrar más cortesía, y sinceramente, cómo ser más como tú eres conmigo. Te pido que te concentres en esta persona como yo me concentré en ti.

En el nombre de Jesús, amén

Paciencia: Día 5

Pasos hacia la paciencia

> Ten paciencia con todas las cosas, pero sobre todo contigo misma.
> No tengas miedo de descubrir tus propios defectos, trata de corregirlos de inmediato y trabaja todos los días para lograrlo.
> **Francis de Sales, 1567-1622, obispo de Ginebra**

SIÉNTATE EN PAZ JUNTO A TU CREADOR

Hoy es para ti un día de reflexión y aislamiento en la intimidad de tu espacio de paz y tranquilidad. Pondrás en funcionamiento un plan promovedor de la paciencia. Es tu día especial para trabajar en el desarrollo de la paciencia en tu vida y en tus relaciones con las personas.

Pregúntate a ti misma cuán capacitada estás para concentrarte en aumentar tu paciencia durante esta etapa de tu vida. Luego, elige los pasos apropiados a seguir en las páginas 230-233, aquellos que sientes que puedes experimentar realmente en esta semana. Es tu plan, tu vida y tu decisión, y de nadie más. ¡Si sientes que Dios te presiona para que ahora te concentres en tu paciencia, haz estos ejercicios con gusto, sin más preámbulos ni dilaciones! Confío en que cualquier esfuerzo que hagas para mejorar tu paciencia será bien recompensado por él en la tierra y en el cielo.

Plan de acción de la paciencia

ENFOQUE EN LA ORACIÓN: Cambia el enfoque de tus oraciones y en vez de buscar solución a tus problemas, pide a Dios que te conozca en profundidad. «Señor, te estoy esperando». Clama por las personas con las que tiendes a ser impaciente y recuerda incluir a los miembros de tu familia, debido a que suele ser dificultoso ser paciente con las personas más cercanas. Ruega para que Dios los bendiga y haga que los comprendas mejor. Por último, ora para que puedas fomentar la paciencia todos los días. ¡Esta es una de las plegarias más aterradoras!

ENFOQUE DEVOCIONAL: Elige uno de los siguientes pasajes de las Escrituras que hablan sobre la paciencia: Acerca de ser *paciente en el desierto*, lee la experiencia vivida por Nehemías durante sus cuatro meses de espera (Nehemías 1:1-2:8) para que veas lo que hizo este joven visionario durante el silencio de Dios. Para centrarse en la *paciencia con las demás personas*, lee 1 Corintios 13 y piensa por qué la paciencia está primera en la lista de las características que distinguen al amor. Para enfocarse en temas sobre la *paciencia de todos los días*, lee Romanos 8:28 y aplícalo a las cosas que te hacen perder la paciencia.

PERSPECTIVA ADICIONAL: Lee *Todos somos normales hasta que nos conocen*, un excelente libro escrito por John Ortberg en el que describe cómo amar a las personas difíciles. O puedes ser más creativo aún y ponerte en el lugar de otra persona durante unas horas, de alguien cuyo rol en la vida es tener paciencia. (Por ejemplo: mira cómo trabaja una maestra de preescolar, alguien que cuida ancianos, una recepcionista o una persona con discapacidad visual).

Pasos de acción: Desarrollo de la paciencia

Instrucciones: Elige con devoción uno o dos pasos para la experiencia de esta semana.

Fecha de inicio

_____ ☐ **Haré una tarjeta alentadora** para leer cada vez que lo necesite. En un lado escribiré lo que espero o por lo que estoy luchando. En el otro, escribiré el texto de Isaías 64:4: «Fuera de ti, desde tiempos antiguos nadie ha escuchado ni percibido, ni ojo alguno ha visto, a un Dios que, como tú, actúe a favor de quienes en él confían».

_____ ☐ **Cambiaré mi ritmo.** Trataré de ir más despacio y permitirme más esparcimiento. Pensaré si Dios quiere que yo cambie mi ritmo en forma permanente.

Paciencia: Día 5 • Pasos hacia la paciencia

_____ ☐ **Haré mis plegarias de distinta manera.** Encontraré una nueva forma de relacionarme con Dios. Buscaré otro lugar donde orar (Por ejemplo, la habitación de mis hijos cuando ellos estén en la escuela, una colina cerca de mi casa). Adoptaré una nueva posición para emitir mis plegarias: con las manos abiertas, arrodillada, con la cara baja, parada, mirando hacia arriba. Cantaré y leeré mis plegarias directamente de la Biblia. Diré en voz alta y escribiré mis plegarias.

_____ ☐ **Anotaré mis experiencias en la vida.** Todos los días, haré tres anotaciones: una plegaria, algo de lo que estoy agradecida, y de qué manera sentí a Dios ese día. Este es mi registro de que Dios me acompaña y trabaja por mi bien, aunque no lo parezca. Buscaré y esperaré las relaciones que existen entre mis plegarias y la acción de Dios.

_____ ☐ **Desarrollaré** mi paciencia de la siguiente manera *(agrega tu idea)*

_____

_____

Pasos de acción: Desarrollo de la paciencia en las relaciones con las personas

Instrucciones: Elige con devoción uno o dos pasos a seguir para la experiencia de esta semana.

Fecha de inicio

_____ ☐ **Trataré de entender a alguien.** Debido a que suelo ser impaciente con algunas personas, me informaré acerca de sus tres intereses más importantes y de sus tres peores pequeñas molestias. Trataré de entender qué los enoja, qué los lastimó en el pasado y qué cosas los hace felices y sienten con ardiente anhelo. *(Identifica a las dos personas que tratarás de comprender).*

_____ ☐ **Haré mis plegarias.** Durante las conversaciones, cuando me sienta impaciente, enviaré plegarias rápidas hacia la otra persona, para que sea bendecida y para que reciba alegría.

_____ ☐ **Escucharé.** *Las personas pacientes escuchan, las impacientes interrumpen.* Trataré de no interrumpir cuando esté conversando con otra persona. Permitiré a los demás que hablen más que yo. Preguntaré sobre los intereses de la otra persona y escucharé la respuesta, seguiré haciendo más preguntas en vez de hablar de mí.

_____ ☐ **Seré flexible**. Las personas rígidas tienden a ser más impacientes que las flexibles, por lo tanto, elegiré un tema en el que soy rígido, por ejemplo la puntualidad, o de qué forma se carga el lavaplatos, o dónde van ubicadas las cosas, o qué come la gente, y trataré de relajarme por una semana en ese tema. Al principio probablemente será motivo de tensión, pero seguiré ejercitándome y observando cómo las personas que me rodean reaccionan cuando no muestro impaciencia en lo que antes sí lo hacía. *(Identifica un tema en el que serás más flexible)*.

_____

_____ ☐ **Seré una persona a la que se puede interrumpir**. Tomaré las interrupciones como voluntad divina. Dejaré de hacer lo que estoy haciendo, miraré a los ojos del que interrumpe, y le daré la bienvenida. (Si para ti las interrupciones son frustrantes porque te alejan de lo que estás haciendo, agrega a tu lista de cosas por hacer unos puntos que llamarás «Interrupciones Desconocidas», de ese modo te alegrarás de ir tachando cada una).

_____ ☐ **Desarrollaré** la paciencia en las relaciones con las personas de la siguiente manera *(agrega tu idea)*

_____

_____

Pasos de acción: Desarrollo de la paciencia diaria

Instrucciones: Elige con devoción uno o dos pasos a seguir para la experiencia de esta semana.

Fecha de inicio

_____ ☐ **Aprenderé a esperar**. Elegiré deliberadamente la fila más larga del supermercado o la vía más lenta de la autopista. (¡Bien... trata de hacerlo algunas veces, o por lo menos, no te adelantes a la gente o a los autos para evitar la espera!) Tomaré aire profundamente mientras espero, eso disminuirá el ritmo de las pulsaciones, y me concentraré en las cosas que suceden a mi alrededor. Miraré a las personas que están cerca de mí, aunque no las conozca, y oraré por ellas las plegarias que Dios envíe a mi mente.

Paciencia: Día 5 • Pasos hacia la paciencia

_____ ☐ **Aprenderé a ir más despacio.** Comeré más despacio, masticando bien los alimentos y saboreándolos. Comenzaré a hacer las cosas con más ganas y hablaré con Dios durante los primeros treinta minutos de todo lo que voy a hacer (Por ejemplo, mientras estoy conduciendo un auto, en una reunión, cocinando, estudiando, en un juego de mesa o incluso antes de dormir una siesta). Estaré más relajada cuando salude a alguien, centrada en la llegada de las personas, las miraré a los ojos, me interesaré en ellas antes continuar con mis tareas. Adoptaré un paso más lento para saludar a la gente y darles un abrazo, una bendición y elevar una plegaria juntos.

_____ ☐ **Haré una tarea a la vez.** No realizaré varios trabajos al mismo tiempo. Cuando hable por teléfono, no contestaré correos electrónicos, sino que me concentraré en la persona con la que estoy hablando. Cuando esté conversando, no miraré televisión ni realizaré cualquier otra actividad, sino que miraré a las personas directamente a los ojos y tendré mis manos quietas. Cuando esté manejando, no cambiaré constantemente las estaciones de radio para buscar emisoras menos bulliciosas, así podré mirar a mi alrededor y agradecerle a Dios por la belleza que veo.

_____ ☐ **Seré una persona calma.** Memorizaré 1 Pedro 3:4: «Que su belleza sea más bien la incorruptible, la que procede de lo íntimo del corazón y consiste en un espíritu suave y apacible. Esta sí que tiene mucho valor delante de Dios». Lo repetiré siempre que me sienta impaciente. Le pediré a Dios que me transforme en una mujer llena de paz y serenidad.

_____ ☐ **Desarrollaré** la paciencia todos los días de esta manera (*agrega tu idea aquí*)

_____

_____

_____

_____

Plan Maestro de Acción

Ahora, elige solo el paso a seguir más importante de este ejercicio del Día 5 y regístralo en el Plan Maestro de Acción del Apéndice A en la página 362, en la sección en línea. Cuando hayas finalizado de leer este libro, prosigue con la consulta de ese paso tan importante en tu Plan Maestro de Acción (¡por supuesto, haz lo mismo con este Plan de Acción de la Paciencia, según te lo permitan tus actividades!). Recuerda, para que te parezcas lo más posible a Jesús, necesitas colaborar con Dios y seguir estas tres pautas: preparación, oración y práctica. Has hecho el trabajo de preparación al aprender de Dios acerca de la paciencia. Ahora ora para que el Espíritu Santo te ayude a asimilar ese conocimiento y practica uno por uno los pasos a seguir.

Oración de paciencia

Amado Señor:

Me siento honrado ante ti, ya que siempre has sido paciente conmigo. Después de todo, tú sabes que a menudo me he adelantado una y otra vez espiritualmente, alejándome de ti. Sin embargo, siempre esperas con paciencia que vuelva a ti. ¡Quiero que seas mi modelo de conducta en este cambio de mi carácter, en especial de mi paciencia! Estoy maravillado de lo paciente que fuiste cuando te acusaron injustamente, te golpearon y te clavaron en la cruz hasta morir. Gracias por tener tanta paciencia, aun en las peores situaciones. Es hora de que te pida un poco de tu paciencia. Te doy gracias por adelantado por seguir ayudándome.

En el nombre de Jesús, amén

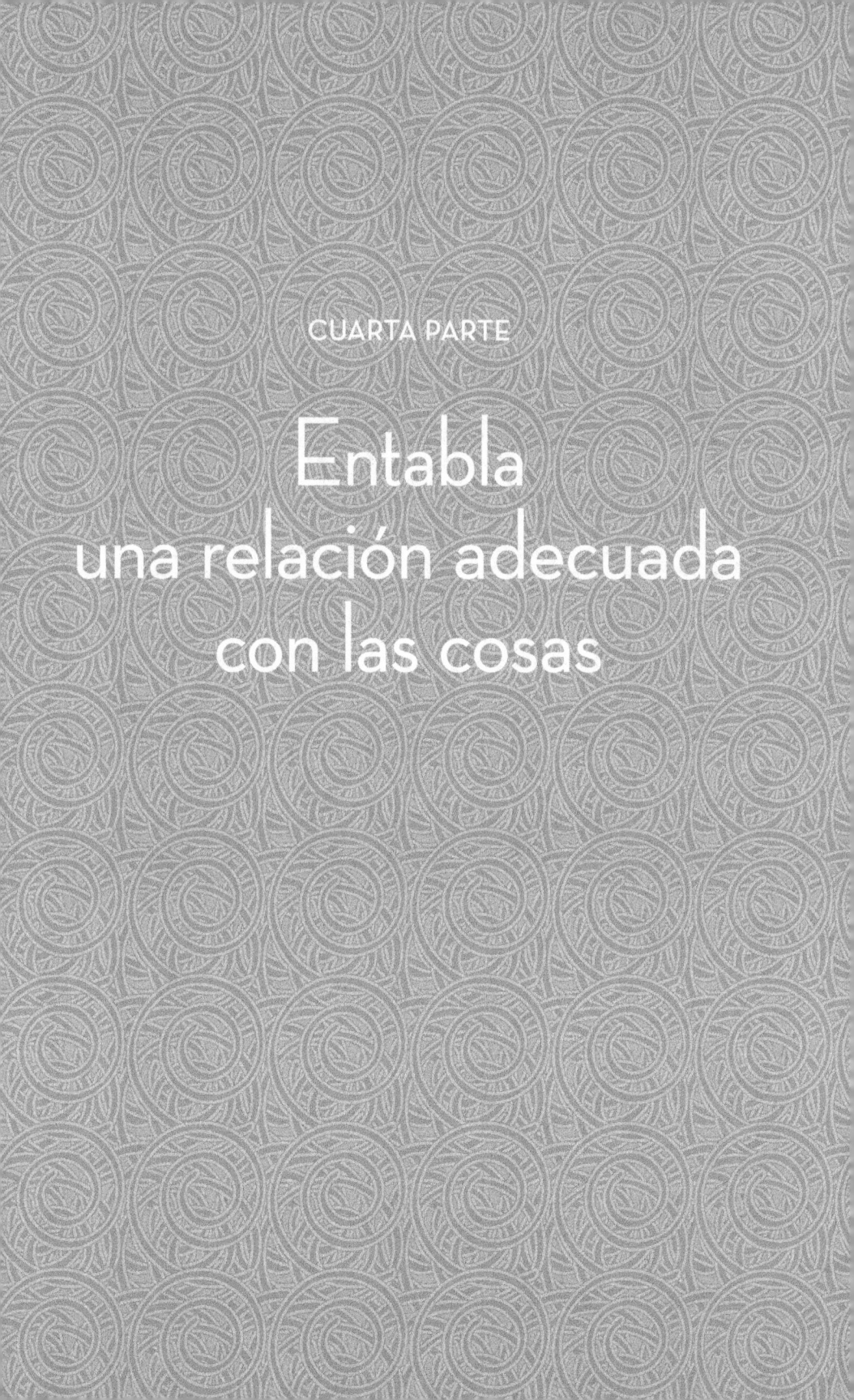

CUARTA PARTE

Entabla una relación adecuada con las cosas

Capítulo 6

La satisfacción

Sé lo que es vivir en la pobreza, y lo que es vivir en la abundancia.
He aprendido a vivir en todas y cada una de las circunstancias,
tanto a quedar saciado como a pasar hambre,
a tener de sobra como a sufrir escasez.

Filipenses 4:12

Satisfacción: Día 1

Dar gracias a Dios

La satisfacción hace ricos a los pobres;
la insatisfacción vuelve pobres a los ricos.

Benjamín Franklin, estadista fundacional norteamericano

¡Bienvenida a mi hogar!

Hoy me encantaría que nos reuniéramos en mi oficina «ordenada» donde invito a todos mis clientes, ¡no aquella que está hecha un desastre y con la puerta cerrada! (Al hablar de la necesidad de hacer cambios importantes, es mejor no aventurarse tras la puerta cerrada de una mujer, ¿no?) Adoro el escritorio en la oficina despejada. Proviene de la India, allí donde no tienen ningún reparo en pintar con tonos azules y verdes, y con pantallas de serigrafía del viejo mundo. Por favor, siéntate en el sillón de cuero con la banqueta, de modo que puedas levantar y apoyar los pies y relajarte plenamente. Yo voy a usar la silla de tejido que está a tu lado. En ocasiones previas me comentaste que te gustaría aprender a orar en voz alta, así que por qué no practicas dando inicio a la oración del día:

Rey de todos:
 Nos inclinamos ante tu presencia para confesar que te adoramos. Perdónanos por cualquier insatisfacción que pudiera cerrarle el paso a las bendiciones abundantes que otorgas a nuestras vidas. Aunque resulta un tanto intimidante, pedimos tu sincera visión sobre nuestra personalidad durante esta sesión de entrenamiento. Te damos las gracias por ser todo aquello que necesitamos.

Amén.

Gracias por orar. Ya estamos preparadas para dar inicio al tema del día: la satisfacción.

Una asesora con la satisfacción en baja

¡Cada vez que desbordaba de alegría al comer un sándwich de carne picante con mostaza, yo solía decir: «La vida no tiene nada mejor que esto». Tal vez, ese bocadillo del almuerzo me hacía recordar la comida deliciosa que preparaba mi madre o algo por el estilo, porque en verdad lo disfrutaba en grande. Sin embargo, hace ya varios años, después de pronunciar las mismas palabras sobre un sándwich que había ordenado, algo distinto atrajo mi atención: un florista le entregaba un arreglo de rosas a una de mis compañeras de trabajo. ¡Era tan inmenso como el tamaño de su escritorio! Me quedé estupefacta al observar el arreglo maravilloso, y cuando ya comenzaba a sentir el aroma encantador que inundaba el ambiente, casi sin darme cuenta susurré las siguientes palabras: «¡Bueno, tal vez sí exista algo mejor que el sándwich de carne con mostaza!» ¡Qué rápido había cambiado el objeto de mi lealtad y satisfacción!

Satisfacción: ¿Por qué es tan huidiza?

He aquí un fascinante comentario de John Gardner en su libro *Autorenovación: El individuo y la sociedad de la innovación*[1]: «Si la felicidad pudiera hallarse en la posesión de cosas materiales y en la posibilidad de sucumbir de satisfacción ante objetos que consideramos placenteros, entonces seríamos delirantemente felices. Viviríamos comentándonos unos a otros acerca de nuestra dicha sin paralelo, en lugar de intercambiar recetas de psicotrópicos». Por lo tanto, si la satisfacción no puede encontrarse en el goce de lo material, ¿entonces, dónde la hallaremos?

Esa es una pregunta importante que solo puede confundirse debido a nuestras expectativas irracionales sobre lo que significa ser feliz. ¿Alguna vez te sentiste engañada por los cuentos de hadas que nos hicieron creer en expectativas tan altas como irracionales cuando apenas éramos niñas? Sin duda alguna, todas nosotras crecimos y caímos en cuenta de que los obstáculos son tan grandes que probablemente no lleguemos a vivir un rescate que nos conduzca a ser «por siempre felices» manos del príncipe encantado, cabalgando en su caballo blanco. Sin embargo, puedo ver una evidencia creciente en la actualidad acerca de la «mentalidad mágica» que nos dice que «si puedo tener _____ perfectos, seré feliz por siempre», y llenaré el espacio en blanco con cosas como:

---

[1] *Self-Renewal: The Individual and the Innovative Society* (W. W. Norton & Company, 1981)

Cuarta parte: Entabla una relación adecuada con las cosas

- **Belleza perfecta:** Existe una adicción diagnosticada recientemente que se denomina trastorno dimórfico corporal. Se trata de una adicción a la cirugía plástica debido a una permanente insatisfacción con la apariencia propia.
- **Cuerpo perfecto:** La glorificación de la delgadez que llevó a cabo nuestra cultura, combinada con una falta de autoestima o necesidad psicológica de control, conduce a un número cada vez mayor de mujeres a la anorexia, la bulimia, el abuso de laxantes, el consumo indebido de píldoras para adelgazar y el exceso de ejercicio.
- **Casa perfecta:** Algunas mujeres viven continuamente ocupadas en tareas de limpieza, decoración, redecoración, arreglos y gastos en exceso; y en la búsqueda incansable de la casa perfecta, pierden la posibilidad de disfrutar adecuadamente de su hogar.
- **Niños perfectos:** Muchas madres presionan a sus hijos para que se involucren en cursos o talleres de danza, teatro, música, en los estudios escolares o los deportes, con el objetivo subconsciente de realizar sus propios sueños a través de ellos.

La paradoja de nuestra época

«Gastamos más de lo que tenemos; compramos más pero disfrutamos menos; tenemos más comodidades pero menos tiempo; más ocio pero menos diversión; más conocimientos pero menos juicio; más accesorios pero menos satisfacción; más medicinas pero menos bienestar. Gastamos imprudentemente, nos reímos poco; conducimos deprisa; nos enfadamos con demasiada facilidad; nos quedamos despiertos hasta tarde; nos levantamos muy cansados; leemos poco; miramos mucha televisión, ya rara vez oramos.

«Hemos multiplicado nuestras posesiones, pero reducido nuestros valores; hablamos demasiado, amamos muy poco y mentimos con frecuencia. Aprendimos a vivir apurados, pero no a saber esperar; tenemos más fiestas pero menos diversión; más gente conocida pero unos pocos amigos. Estamos en la época de las casas suntuosas, pero hogares quebrados; altos ingresos, pero baja moral. Aprendimos cómo hacernos de un medio de vida, pero no de una vida; sumamos años a la vida, no vida a los años» (Bob Moorehead, *Palabras certeras*[1], Overlake Christian Bookstore, Kirkland, Wash., 1995).

---

1 *Words Aptly Spoken*

La verdad acerca de la satisfacción

¿En verdad debería ser tan difícil sentirse satisfecho? Eva no se sintió satisfecha, y eso que vivía en el paraíso; algunos ángeles no se sintieron satisfechos, y vivían en el cielo. El rey Salomón pensaba que la vida era un desperdicio, y eso que era la persona más exageradamente rica, que complacía todos sus deseos y tenía en sus manos el mayor poder de entre los hombres de su tiempo. Por lo tanto podemos afirmar que, incluso las circunstancias ideales, como ser dueños de mansiones celestiales y posesiones abundantes, no producen el encuentro con la plena satisfacción del hombre. Según el apóstol Pablo, la satisfacción no se obtiene, se *aprende*:

> *No digo esto porque esté necesitado, pues he aprendido a estar satisfecho en cualquier situación en que me encuentre. Sé lo que es vivir en la pobreza, y lo que es vivir en la abundancia. He aprendido a vivir en todas y cada una de las circunstancias, tanto a quedar saciado como a pasar hambre, a tener de sobra como a sufrir escasez. Todo lo puedo en Cristo que me fortalece.*
>
> Filipenses 4:11-13

Cualquiera de nosotros puede experimentar satisfacción, dado que es un estado de saciedad *independiente* de las circunstancias, y que se aprende a través de la confianza en Cristo, quien nos brinda fortaleza. Puede que te preguntes: ¿Eso quiere decir que puedo sentirme satisfecha aunque mi casa esté hecha un desastre? Claro que sí. ¿Y que no es necesario que mis hijos tengan un empleo maravilloso para que me sienta satisfecha? Seguro que no. ¿Y que no tengo que esperar a estar de vacaciones en Hawai para poder suspirar relajada en señal de satisfacción? Es cierto, puedes suspirar satisfecha ahí mismo donde te encuentres. Ahora bien, ¿qué sucede cuando atravesamos momentos económicos difíciles como pérdidas financieras? ¿Puedo estar satisfecha después de algo así? Desde luego. ¿Se puede concebir la satisfacción en la cama de un hospital? Por supuesto. ¿Puedo estar satisfecha con un hijo que presenta problemas en el aprendizaje, si debo enfrentarme a la infertilidad, o si pierdo a mi marido? Sí, es posible y alcanzable. La satisfacción es una sensación de saciedad en Dios que no se disipa con las ausencias que sufras, las ofensas que padezcas, o al verte estancada en un punto determinado.

No trato de decirte que la satisfacción significa complacencia. Por ejemplo, la complacencia dice: «No me molestes, así estoy bien». Asimismo, la satisfacción tampoco se traduce en un fatalismo que expresa: «Estoy atrapada», o «Para qué intentarlo», o «No tiene caso». Ese tipo de pensamiento no va en consonancia con el «descontento sagrado» que sobreviene cuando Dios nos quiere perfeccionar o llevar a marcar una diferencia en el mundo. La mentalidad fatalista también nos puede persuadir de que no escuchemos al Espíritu Santo cuando nos encuentra culpables por algo. No intentes quedarte atrapada en un sitio estático donde no puedas crecer o en una situación de riesgo, basándote en el hecho de que «simplemente me siento satisfecha». No puedes hacer eso.

La satisfacción tampoco implica negación. Hay mujeres que espiritualizan sus problemas más de la cuenta y se obligan a vivir en la negación de sus heridas reales. Eso no es saludable, y de ningún modo representa satisfacción. La verdadera saciedad es una perspectiva. Es la expectativa de decir: «Dios conoce mi dolor, y sabe de mis necesidades. Dios es un sanador y él se encarga de llenar mis falencias. Él fue leal a mi bienestar en el pasado, me cuidará en el presente y cumplirá sus promesas en el futuro. Confío en su voz y sigo su guía».

La práctica de la satisfacción: gratitud

Cada vez que muestres disconformidad con el tema de la satisfacción, intenta mostrarte agradecida. Es la mejor manera de practicar la satisfacción cuando no la experimentas. Si hubo alguien que en alguna ocasión haya sabido cómo expresar agradecimiento en circunstancias terribles, ese fue el apóstol Pablo. Parecía deleitarse en hallar situaciones en las que era imposible sentir gratitud. Teniendo aún en su mente los recuerdos de la prisión, golpizas, hambre y naufragios, Pablo escribió:

- **Da gracias por lo que tienes:** «Dando siempre gracias a Dios el Padre por todo» (Efesios 5:20).
- **Da gracias por aquello que ocupa tu tiempo durante el día:** «Y todo lo que hagan, de palabra o de obra, háganlo en el nombre del Señor Jesús, dando gracias a Dios el Padre por medio de él» (Colosenses 3:17).
- **Da gracias por tu situación:** «Estén siempre alegres, oren sin cesar, den gracias a Dios en toda situación, porque esta es su voluntad para ustedes en Cristo Jesús» (1 Tesalonicenses 5:16-18).

Lo descrito anteriormente cubre casi todo, ¿no crees? No hay mucho sobre lo que pueda pensar que no se encuentre incluido en esta lista. Y la gratitud no exige condiciones. Pablo no nos aprueba por ser desagradecidos cuando no obtenemos lo deseado, cuando sentimos angustia en nuestro empleo o sobrevienen circunstancias dolorosas. Es necesario que en todo momento seamos agradecidos, porque la gratitud le brinda a Dios la señal indicativa de que confiamos plenamente en él, incluso en momentos en los que la vida parece no tener sentido. Y es en ese preciso instante en que puedes decir con satisfacción: «La vida no podría ser mejor que esto».

Diario

Utiliza las siguientes categorías para confeccionar una lista de cosas por las que sientas gratitud. Es factible que tengas que poner a trabajar tu lado creativo en alguna categoría en la que experimentaste dolor o en la que en la actualidad te encuentre luchando por lograr satisfacción. Clama a Dios para que te indique maneras auténticas de agradecerle por esas dificultades, o expresar tu confianza en que podrás agradecerle en el futuro.

Doy gracias por las siguientes cosas en mi...
Familia:
_____
_____

Situación conyugal (seas casada o soltera):
_____
_____

Situación de maternidad (ya sea que tengas tus propios niños, sobrinas o sobrinos, estudiantes o hijos de vecinos en tu vida):
_____
_____

Ocupación:

Hogar:

Pasatiempo:

Salud:

Iglesia:

Amistades:

Posesiones:

Imagina por un instante que debieras optar entre un millón de dólares y la satisfacción. ¿Cuál escogerías y por qué razón? No hagas trampas y digas: «¡Bueno, si tuviera un millón estaría satisfecha!».

Oración

Amado Señor:

¡GRACIAS! Te doy gracias por la satisfacción que me hace vislumbrar cuánto tengo en mi poder. (Retrocede al diario de hoy y agradece a Dios específicamente por cada cosa que hayas colocado en las listas). *A medida que digo mi oración al recorrer las listas que termino de realizar, te doy las gracias por cada una de las bendiciones otorgadas, incluso aquellas para las que tuve que utilizar mi creatividad. Por favor, lléname de nuevo con el conocimiento de cuánto ya poseo. La vida no podría ser nada mejor que esto.*

En el nombre de Jesús, amén.

Satisfacción: Día 2

Envidia: Descubre a tu Veruca Salt interior

> Lo que nos vuelve insatisfechos
> es la idea exagerada que nos hacemos
> sobre la felicidad de los demás.
> **Proverbio francés**

> Gran cantidad de personas advierten algo bueno
> en el momento que otro lo descubre.
> Charlie «Tremendo» Jones, orador motivacional

Un mensaje

NOTA: Hoy es el Día 2, por lo que tienes que leer el texto que sigue. ¡Que disfrutes este asesoramiento y no olvides comenzar con una oración!

La otra cara de la satisfacción

En realidad me siento identificada con Veruca Salt, la joven egocéntrica del cuento *Willy Wonka y la fábrica de chocolate* que parecía nunca hallar satisfacción, como cuando canta: «Quiero la fábrica; quiero la fábrica entera con regalos, premios, dulces y sorpresas; de todas las formas y tamaños; y ahora mismo; no me importa cómo; la quiero ahora». ¡Y, por favor, no me digas que esa melodía no apareció por momentos en la quietud de tu propia alma! Nosotras como mujeres tenemos tendencia a desear *las fábricas*, sobre todo cuando alguien las consigue primero. Si en tu cabeza escuchas la canción de Veruca cuando te encuentras frente a la buena fortuna de otra persona, entonces mi amiga, lo que sientes se llama envidia.

> La codicia, los celos y la envidia son semejantes entre sí.
> La codicia busca más. Los celos hacen acopio de lo que ya poseen.
> Pero la envidia desea poseer aquello que otro tiene.
>
> **Charles Swindoll, pastor, escritor**

La envidia en una semana de Shelley

Durante el transcurso de la semana, y mientras escribíamos este capítulo, ¡Shelley hizo su propia incursión en la envidia! Al respecto, ella escribió lo siguiente:

> Cuando nuestros hijos eran pequeños, uno de mis motivos de queja más frecuente surgía cada vez que decían: «¡No es juuusto!» si uno recibía el pote para limpiarlo con la lengua y el otro solo la cuchara y los accesorios de la batidora, o si uno podía salir a jugar mientras que el otro debía quedarse para hacer las tareas escolares. Entonces, se convirtió en mi misión arrancar esas palabras de su vocabulario. Para tal fin, mi esposo y yo les hicimos memorizar el pasaje de Romanos 12:16: «Regocíjate con aquellos que se regocijan, y llora con aquellos que lloran», y lo decíamos cada vez que los veíamos regocijarse en el dolor del otro, o llorando por la buena fortuna de una hermana».
>
> Todo parece bien, ¿verdad? Ahora, veamos lo que sucedió la semana pasada.
>
> **Envidia: episodio Nº 1.** El lunes le llevamos pastelitos a la pareja de jóvenes que acaba de mudarse a la casa situada frente a nosotros, y ellos me mostraron los arreglos que hacían. Deben tener por lo menos veinte años menos que yo, y ya llevan a cabo la renovación que tanto he deseado. La muchacha consiguió esa alfombra que yo quería, la piscina que yo nunca tendré, y hasta el fregadero de la cocina profundo donde cabría cómodamente mi sartén. Es tan injusto.
>
> **Envidia: episodio Nº 2.** Una amiga mía muy bella se está haciendo un tratamiento bucal con frenillos transparentes para enderezar más su ya maravillosa dentadura. Bueno, yo quiero tener mis dientes perfectos sin utilizar ningún aparato, así que me dirigí al consultorio del dentista de la familia y daba por sentado que me haría un descuento importante, ¡ya que en la actualidad le pago por los arreglos dentales de cuatro de mis cinco hijos! Sin embargo, no fue posible. El trata-

miento bucal me costaría más que alfombrar toda mi casa. Además, no tengo ninguna justificación de salud razonable que respalde el uso de los frenillos. No hay nada de justo en eso.

Envidia: episodio Nº 3. El miércoles vi a una compañera de trabajo que vestía el mismo par de zapatos verdes que yo me quería comprar. ¡Los busqué por seis meses! Corrí a la tienda, y desde luego, ya no les quedaba el mismo tono de verde, ni ahí ni en ninguna otra de las sucursales en un radio de ochenta kilómetros. De ninguna manera es justo. Sin lugar a dudas, esa fue la parodia de los zapatos. Luego, le dije a mi compañera que estaba verde de envidia.

¡No sé cuál será tu opinión, pero yo con toda certeza me siento como Shelley! Me avergüenzo de reconocer cuán a menudo envidié la casa de otras personas, sus muebles o accesorios. La envidia puede definirse como «un sentimiento de insatisfacción y resentimiento provocado por el deseo de poseer las pertenencias o el éxito de otro». ¿Acaso es esta tu batalla por librar?

Los humanos somos proclives a la envidia. De hecho, es un problema tan habitual y penetrante que el mismo Dios inició y terminó los Diez Mandamientos con este importante tema:

- **Primer mandamiento:** «No tengas otros dioses además de mí» (Éxodo 20:3).
- **Décimo mandamiento:** «No codicies la casa de tu prójimo: No codicies su esposa, ni su esclavo, ni su esclava, ni su buey, ni su burro, ni nada que le pertenezca» (Éxodo 20:17).

Es probable que no tengas ambición por conseguir un buey o un burro, pero, ¿qué me dices del carro deportivo de tu vecino o su convertible? Tu vecina puede que no tenga servidumbre que anhelar, ¿pero qué de su servicio de limpieza? ¿Imaginas que el matrimonio de tu vecina es lo que quieres para ti? Si has roto el décimo mandamiento al desear lo que tu vecina tiene, es factible que asimismo hayas violado el primero convirtiendo aquello en un dios. Por ejemplo, si codicias el éxito profesional de tu amiga, quizá sería mejor que investigues cuál de los ídolos relacionados con el éxito (dinero, reconocimiento, viajes, libertad, ropas, actividad creativa, afirmación, valor aparente o poder) se convirtió en un anhelo ardiente en tu vida.

Las marcas de la envidia

Si tienes inseguridad acerca de la presencia de la envidia en tu vida, he aquí algunas señales ante las cuales deberías estar alerta: las comparaciones, el egocentrismo y la codicia de los bienes ajenos.

El deporte favorito de la envidia: juego de comparaciones

¡Cada vez que compares tu vida con la de alguien más, ten cuidado porque podría tratarse de la envidia en estado de gestación! Cuando te comparas y te quejas por algo que falta en tu vida, puede que sientas la tentación de decir, como le sucedió a Shelley: «¡No obtuve lo mismo que ella, no es justo!». O, cuando haces comparaciones, es posible que presumas al descubrir que resultaste favorecida en la contienda. En ese caso dirías: «Ella no tiene lo que yo tengo». El orgullo es el hermano malvado de la envidia, y ambos crecen en la tierra de las comparaciones.

El juego de la comparación genera división. Cuando deseas lo que pertenece a otro pones una traba entre tú y la otra persona. Observa lo que ocurrió entre dos amigos, Saúl y David. Cuando el rey Saúl escuchó la comparación entre David y él (como un tema musical: «Saúl destruyó a un ejército, ¡pero David aniquiló a diez!»), su envidia dio paso a una cacería total que ahogó su amistad y perduró por trece largos años (1 Samuel 18).

Ahora bien, ¿cómo podemos ponerle freno a este juego comparativo? Intenta leer Romanos 12:15: «Alégrense con los que están alegres». ¿Por qué parece más fácil aplicar el resto del verso que dice «y llora con aquellos que lloran»? Claro, si mi amiga sube diez libras, puedo derramar muchas lágrimas sin dificultad. Pero si *pierde* diez libras o más, entonces es difícil «alegrarse con los que están alegres».

La pegatina egocéntrica de la envidia: «Todo gira a mi alrededor»

En resumidas cuentas, la filosofía de la envidia se resume en una frase que observé en la pegatina de un auto: «Todo gira a mi alrededor». La envidia es, sin dudas, un sentimiento dirigido por el ego. Entonces, ¿qué sucede cuando el ego recibe toda la atención que desea? En lugar de sentirte segura, comienzas a experimentar inseguridad, es decir, temes no poder sostener la imagen mucho tiempo más. Este tipo de personas intentan demostrar su valía frente a los demás, y al hacerlo, lo único que consiguen es reforzar su sensación de inferioridad.

Cuando mis ojos miran hacia dentro no pueden hacerlo al mismo tiempo hacia fuera. Por lo tanto, un enfoque interior me impide concentrar en las necesidades y valores de los demás, e incluso en la suficiencia de Cristo. Esto queda ilustrado en la historia de los hermanos celosos de José, quienes observaban a su padre, Jacob, prodigarle todo tipo de elogios, atenciones y favores a José. Imagina el daño que debía producir en la autoestima de los hermanos tener que competir por el amor de su padre. La envidia que sentían hacia José alimentó su odio y, en un momento determinado, condujo a urdir la trama para eliminar a José de la familia (Génesis 37).

¿Cuál es el remedio para el mal de «todo gira a mi alrededor»? Amar a los demás. En 1 Corintios 13:4 se nos dice que el amor «no envidia». Eso significa que el amor anula la envidia. Esta se enfoca hacia el interior; el amor, al exterior, ya que aparta tus ojos de ti y los coloca sobre alguien más. Si los hermanos de José hubieran optado por amarlo (en realidad envidiaban el amor que recibía), es probable que hubieran obtenido aquello que deseaban tanto, es decir, la aprobación de su padre. Es importante que tengas en cuenta que a menudo lo que en verdad anhelas cuando envidias a alguien no son las cosas que esta persona posee, sino lo que esas cosas representan: afecto, aprobación, aclamación, afirmación, aplausos. Todas estas son necesidades que la apariencia genera, las cuales la envidia trata desesperadamente de satisfacer.

Canción principal de la envidia: «Lo quiero todo»

La presentación que hace Veruca Salt de «Lo quiero todo» me recuerda la fábula de Esopo titulada «El perro y la sombra». En esta historia un perro lleva en la boca un trozo de carne mientras atraviesa un arroyo. Al mirar hacia abajo descubre su reflejo en el agua y cree que se trata de otro perro con una porción de carne. Es así que decide tener lo del otro. Insiste en morder el supuesto trozo de carne y al hacerlo deja caer su parte en el agua y la pierde. La moraleja de la historia sería la siguiente: Si ambicionas todo, puede que lo pierdas todo.

La codicia de la envidia podría costarte todo lo que posees. Un ejemplo lo constituye la historia de Eva y Adán. Se les dio una sola regla en el paraíso: no comer del árbol del conocimiento del bien y del mal. No obstante, Satanás consiguió hacerlos enfocar en lo único que no podían poseer, y así lo arriesgaron todo. Cuando Eva determinó tomar la fruta, al mismo tiempo decidió alcanzar el conocimiento del mal, que era solo del dominio de Dios y ella no poseía. Hasta ese momento, Eva no tenía conocimiento del mal en el Edén, solo sabía del bien. Su decisión de ser como Dios y conocer el mal la condujo a aquello mismo que, de haber sabido, no habría escogido. La situación concluyó con la expulsión de Adán y Eva del jardín. En realidad tuvieron su manzana, pero perdieron el Edén.

¿Dejarás que la envidia te cueste las cosas que más valoras? La cura para el síndrome de «lo quiero todo» consiste en un ajuste de tu pensamiento. Intenta los siguiente «pasos de reflexión» para pasar del *estado de deseo* a la *práctica de la confianza*:

1. Dios *puede* darme todo lo que le pida.

«Yo soy el Señor, Dios de toda la humanidad. ¿Hay algo imposible para mí?»

JEREMÍAS 32:27

2. Por tanto, le pido.

No tienen porque no piden.

SANTIAGO 4:2

3. Ahora bien, existen tres posibilidades que podrían ocurrir:

- Si lo obtengo es porque Dios sabe lo que es bueno para mí.

¡Cuánto más su Padre que está en el cielo dará cosas buenas a los que le pidan!»

MATEO 7:11

- Si no lo obtengo es porque Dios sabe lo que no es bueno para mí.

Toda buena dádiva y todo don perfecto descienden de lo alto, donde está el Padre que creó las lumbreras celestes, y que no cambia como los astros ni se mueve como las sombras.

SANTIAGO 1:17

- Si obtengo algo diferente es porque Dios sabe qué cosas necesito.

«Mis caminos y mis pensamientos son más altos que los de ustedes; ¡más altos que los cielos sobre la tierra!».

ISAÍAS 55:9

4. Por lo tanto, puedo depositar mi confianza en Dios para proveerme de aquello que necesito.

Así que mi Dios les proveerá de todo lo que necesiten, conforme a las gloriosas riquezas que tiene en Cristo Jesús.

FILIPENSES 4:19

Los destructores de la envidia

Si adviertes que te sientes afectada por cualquiera de las marcas de la envidia, ya sea que caigas en el juego de las comparaciones al decir: «Todo gira a mi alrededor», o que cantes la canción «Lo quiero todo», recuerda los siguientes destructores de la envidia: (1) Si te descubres comparándote con otros, intenta regocijarte con aquellos que se regocijan. (2) Si estás insegura al punto de necesitar llamar la atención de otros, trata de enfocarte en ellos por medio del amor. (3) Si quisieras conseguir tantas cosas al punto de llegar a perder lo que realmente valoras, intenta realizar un ajuste de tus pensamientos y confía en que Dios te brindará aquello que sea de tu auténtica necesidad.

Si de pronto te hallaras jugando al «Eso no es justo» de las comparaciones, ¿con qué te compararías más a menudo? Luego, ¿cuál sería una forma de «regocijarte con aquellos que se regocijan» en el asunto que se trate?

PREGUNTA ADICIONAL: ¿Cuál es la necesidad subyacente que te conduce a comparar? (Por ejemplo, necesidad de aprobación, afirmación, recompensa o el respeto que la otra persona recibe en tu lugar).

Si padeces del mal de «Todo gira a mi alrededor», ¿en qué área te sientes inferior? ¿De qué manera podrías quitar la atención de ti misma cada vez que te sientas motivada por el ego?

_____
_____
_____

PREGUNTA ADICIONAL: ¿Qué es lo que te lleva a sentirte insegura (por ejemplo: baja autoestima, miedo al abandono, necesidad de aceptación)?

_____
_____
_____

Si te sientes atrapada por el síndrome de «Lo quiero todo», dirígete de regreso a los «pasos de reflexión» e identifica la zona en que puedas sentirte detenida (por ejemplo: «No creo que Dios sea capaz»; «No le pido»; «Por lo general no comprendo qué sucede cuando Dios responde»; o «No confío en que Dios vaya a darme lo que necesito»).

_____
_____
_____

PREGUNTA ADICIONAL: ¿Cuál es la razón que te lleva a desear lo que otros poseen (por ejemplo: temor al futuro; descontento con lo que tienes; enojo reprimido por las experiencias vividas; cansancio de compartir)?

_____
_____
_____

Oración

Amado Señor:

Perdóname por comportarme como Veruca Salt cuando exijo: «Quiero la fábrica y la quiero ahora». Solo tú eres capaz de proveerme de aquello que en verdad necesito y deseo. Por eso, la próxima vez que me sienta inferior en comparación con mis compañeros de trabajo o celosa de la buena fortuna de alguien más, recuérdame que obtener lo que ellos tienen no acrecentará mi confianza en ti. Tú conoces las causas profundas (necesidades, deseos, problemas y demás motivos) que existen debajo de mi envidia. Solo tú puedes hacerme sentir el respeto que desearía tener cuando me invade la envidia por el ascenso de algún compañero. Solo tú puedas darme la afirmación que creo me llegará al tener una casa más bonita. Solo tú puedes darme la seguridad de que sigo siendo atractiva aun cuando desearía tener un cuerpo diferente. Ayúdame a empezar a recibir tu provisión para mis verdaderas necesidades a través de la dicha en los demás, el amor y la confianza en ti.

En el nombre de Jesús, amén.

Satisfacción: Día 3

Cómo alcanzar la dicha y la paz

Para experimentar la felicidad es necesario entrenarnos en el gozo presente,
saborearlo por lo que es, y no anticiparnos
a los tiempos futuros ni quedarnos paralizados en el pasado.
Luci Swindoll, escritora, oradora

La madre del exceso no es la dicha, sino la tristeza.
Friedrich Nietzsche, 1844-1900, filósofo alemán

Tienes correo

Para: «La mujer especial» que hay en ti	Fecha: Día 3
De: Katie Brazelton	
Asunto: Satisfacción	

Llegamos al Día 3, y he aquí el mensaje dedicado para ti. ¡Disfruta de este asesoramiento y no te olvides de iniciar con una oración!

Los socios de la satisfacción

Aunque parezca irónico, los parques de diversión suelen volverse sitios de gran descontento. Es como si a mayor cantidad de vueltas en la montaña rusa fuera menor la satisfacción de los niños. Por ejemplo, el pequeño ya no dirá: «¡Eso estuvo divertido!». Simplemente al concluir las vueltas expresará: «¿Y ahora qué?». Luego pedirá un algodón de azúcar y dinero para los juegos electrónicos, ¡como si los setenta y cinco dólares que debiste pagar para entrar en el sitio más feliz de la tierra no fueran suficientes en un día!

Imaginemos ahora a un niño que atraviesa la misma experiencia con satisfacción. Cuando termina el paseo en la montaña rusa dice: «¡Vaya! Solo quiero quedarme aquí sentado un minuto y recordar el paseo. ¡Fue tan divertido!». Y al pasar frente al vendedor de algodones, exclama: «Esto me recuerda cuánto disfruté de los bocadillos que hoy trajiste». En las maquinitas de juegos, señala: «Me parece una tontería gastar dinero en estos juegos cuando los paseos en montaña rusa son mucho más divertidos».

Aquí tenemos una maravillosa, aunque improbable, imagen de la satisfacción. El niño que disfruta feliz en el parque de diversiones y goza cada experiencia no se encuentra manipulado por el demonio interior de pasar de un juego al siguiente y así sucesivamente, sin llegar a gozar en realidad de lo que sucede en cada momento. Ese niño es *dichoso*. Además, se muestra agradecido por lo que recibe y no exige o ansía aquello que no le dieron. No teme que pueda existir mayor satisfacción o diversión en lo que tienen los demás niños. En su interior hay *paz*. Precisamente, la dicha y la paz son socias de la satisfacción: cuando surge una, le sigue la otra.

Chris:
Un ejemplo insólito de satisfacción

Chris no es una persona que lleva el tipo de vida que uno podría considerar como para sentirse satisfecha. En 1981, antes de cumplir treinta años de edad, le diagnosticaron esclerosis múltiple, y en menos de un año esta joven mamá de tres niños se encontró postrada en una silla de ruedas. Los síntomas eran tan terribles como impredecibles, y variaban sin aviso. Un día, tenía convulsiones. Al siguiente, era imposible que se pudiera alimentar por sus propios medios. Otro día, difícilmente lograba abrir los ojos, lo que aumentaba su temor de perder la vista.

¿Cómo pudo Chris, al igual que Pablo, sentir satisfacción en el estado en que se hallaba? Ella suele decir: «Tengo esclerosis múltiple, pero ella no me tiene a mí». Aprendió a trazar la fina línea divisoria entre satisfacción y conformidad. La satisfacción acepta lo que puede y no puede hacer, pero la conformidad hace su nido y deja que la enfermedad dirija el juego. La conformidad se presentó cuando Chris cedió a la frustración de tener que dejar en manos de otras personas lo que ella deseaba hacer, es decir, atender a sus niños. Pero en la satisfacción halló cosas que aún podía hacer por sus hijos, tales como abrazarlos y celebrar sus logros. La conformidad aparece cuando Chris siente pena por sí misma, lo que de hecho a veces sucede. La satisfacción ocupa la escena cuando ella busca sentirse controlada por la gratitud en lugar de la tristeza. Si cediera ante la conformidad, arrojaría por la borda todos los sueños de su vida. ¡Pero la satisfacción define un «nuevo estándar», uno en el que sus sueños y planes para el futuro son adaptados, y donde, después de todo, todavía puede hallar un futuro en la vida!

Chris tiene un amigo con esclerosis múltiple y mucha insatisfacción. Mientras Chris disfruta el hecho de que todavía puede abrazar a sus hijos, él lee de continuo acerca de la enfermedad y se vuelve más negativo en su perspectiva. Cuando Chris planeó un viaje familiar a Disney World, él trató de convencerla de que no lo hiciera, y argumentó: «¿Cómo puedes disfrutar de algo en silla de ruedas?». Mientras ella realizaba sus ejercicios de piernas con la esperanza de recuperar cierta movilidad en los músculos, él ya se había entregado a su silla de ruedas y renunciado a todo intento. En tanto Chris persistía en continuar siendo una esposa y madre, él ya no luchaba por vivir.

Chris atribuye su satisfacción a la confianza en Dios. «Hoy tengo coraje suficiente para enfrentar nuevos desafíos e intentar cosas nuevas y así salir de mi zona de comodidad, ya que sé en manos de quién se encuentra mi vida, y confío en él por completo. Estoy decidida a disfrutar la vida y ser tan activa como pueda. Gracias al cuidado que Dios me dispensó en el pasado, y con el conocimiento de que le pertenezco, es que hoy puedo enfrentar el presente y todo lo que trae consigo».

La historia de Chris nos muestra que la satisfacción no es un estilo de vida, sino una elección; y depende de nosotros permitir o impedir que la autocompasión y las ilusiones vanas nos la roben.

Ladrón de dicha: la rutina diaria

Existe un ladrón de dicha llamado *la rutina diaria* que acecha y amenaza con robar tu alegría. Este criminal se encarga de quitarle sentido a tu vida y convertir tus quehaceres diarios en una verdadera carga. En cierta manera, todos alguna vez hemos sido esclavos del trabajo. En el caso del asistente administrativo, existe la rutina de archivar. El maestro tiene que calificar. El médico debe hacer fichas. El abogado, elevar informes. El atleta tiene entrenamientos. El músico debe practicar. El técnico de las computadoras tiene que... mmm... ¡no creo que muchos de nosotros podamos explicar lo que un técnico de computadoras personales tiene que hacer! Pero sí sé que un ama de casa tiene varias tareas hogareñas, y me encanta lo que probó hacer esta mamá:

> Cansada de sentirse irrelevante, una madre de niños pequeños decidió demostrarle a su esposo la importancia de su trabajo y dejó de realizarlo por un día entero. «¿Qué pasó aquí?», él preguntó al entrar en la cocina donde se apilaban los platos sucios, había emparedados por la mitad y cereal en el suelo. Desde el sillón del living, entre juguetes y periódicos desparramados, le respondió: «Siempre me preguntas qué hago durante el día, así que hoy decidí no hacerlo» (Elisa Morgan y Carol Kuykendall, *Lo que toda madre necesita*, Zondervan, Grand Rapids, Mich., 1995).

En realidad no intento apoyar las huelgas, aunque en algunas ocasiones convienen. Solo quiero señalar que todos nos enfrentamos a actividades agotadoras que nos desmotivan o aburren. ¡Si te enfocas en el desánimo y el trabajo pesado, acabarás con tu dicha! En cambio, si observas tu trabajo como un llamado divino, no una carga diaria, redescubrirás la alegría y el sentido en tus quehaceres.

> *Hagan lo que hagan, trabajen de buena gana, como para el Señor y no como para nadie en este mundo.*
>
> Colosenses 3:23

Ladrón de paz: el pasto más verde

Adicionalmente al ladrón de dicha, también existe el ladrón de paz llamado *el pasto más verde*. Este ladrón lo que intenta es mantenerte perturbada con una inquieta ambición, sintiéndote insatisfecha, incapaz de disfrutar lo que haces en el momento. Este ladrón utiliza las palabras «si solo» (y otras palabras crueles con el mismo significado) para conseguir que ubiques tu satisfacción en lista de espera hasta que se den ciertas condiciones. Tal vez, alguna de las siguientes expresiones te resulta familiar: «Yo sería feliz si solo...», «No puedo esperar hasta que...», «Me sentiré satisfecha cuando... » o «Todo será mucho mejor luego de...»

¿Qué esperamos tú y yo? ¿Deberíamos postergar nuestra satisfacción de continuo hasta alcanzar un objetivo determinado? Examina el siguiente conjunto de sentencias y fíjate en cómo el pasto más verde puede mantenerte alejada de la satisfacción en cada etapa de tu vida:

La época de la carrera

«No veo la hora de terminar mis estudios y conseguir un buen empleo».
Ella no valora la vida de estudiante. Sobrelleva la escuela y se gradúa.

«Me sentiré plena cuando alcance mis metas profesionales».
Su salario no la satisface. Y ahora su empleo se vuelve frustrante.

«Si recibiera un ascenso, sería feliz».

La época del matrimonio

«Me sentiré plena cuando encuentre un marido».
Se casa. La realidad la golpea.

«Sería feliz si mi marido fuera diferente».
Ella intenta cambiarlo. Él retrocede.

«Si yo fuera una mujer más atractiva, él me querría más».

La época de la maternidad

«Seré feliz cuando tengamos nuestro primer bebé».
Tiene un bebé. Tres años después...

«Si tan solo mi niño me hiciera caso».
Ella se siente una madre deficiente, y se refugia en sus pasatiempos. Cinco años después ...

«No veo la hora de que mis niños crezcan».

Si en esta época de tu vida atraviesas por un ciclo de insatisfacción, dos cosas son ciertas: (1) No estás sola; a todos nos sucede. (2) Te pierdes el viaje; ¡todos lo hacemos! Para sentirte satisfecha, no esperes a alcanzar el próximo objetivo. Recuerda que en la vida no son imprescindibles un nivel social, bienes, personas o triunfos determinados para «merecer» la satisfacción.

El rey Salomón, más allá de su vasta riqueza, luchó por sentirse satisfecho. Y llegó a la conclusión de que la única fuente de satisfacción es el obsequio que Dios nos hace de ser capaces de realizar algo bueno con nuestras vidas y entender que nuestro trabajo valió la pena.

> *Yo sé que nada hay mejor para el hombre que alegrarse y hacer el bien mientras viva; y sé también que es un don de Dios que el hombre coma o beba, y disfrute de todos sus afanes.*
>
> Eclesiastés 3:12-13

No pases por alto el hecho de que esto es un regalo de Dios. En este momento imagina como si Dios te hiciera entrega del regalo de la satisfacción. Él no espera tu arribo, ya se encuentra allí para hacer la entrega en este instante. Regocíjate en la aventura de hoy. Saborea la batalla del ahora. No esperes el próximo paseo para celebrar o relajarte. Cuando saltes del carrito de la montaña rusa, simplemente siéntate un instante y di: «¡Vaya! ¡Eso estuvo divertido!».

Diario

¿Experimentas aburrimiento, luchas por encontrar un sentido o alegría en tus tareas diarias? ¿Te sientes en constante espera, aguardando pasar al siguiente nivel para sentir satisfacción? Describe un sitio en tu vida en el que necesites mayor alegría, paz o satisfacción.

_____

_____

_____

El siguiente es uno de los pasajes claves en cuanto al tema de la satisfacción:

> *He aprendido a estar satisfecho en cualquier situación en que me encuentre. Sé lo que es vivir en la pobreza, y lo que es vivir en la abundancia. He aprendido a vivir en todas y cada una de las circunstancias, tanto a quedar saciado como a pasar hambre, a tener de sobra como a sufrir escasez. Todo lo puedo en Cristo que me fortalece.*
>
> Filipenses 4:11-13

Con tus propias palabras rescribe Filipenses 4:11-13, y basándote en tu misma situación, completa aquellas partes del pasaje donde se haga referencia a «cosas» o a «todo».

Ejemplo: *Aprendí a sentirme satisfecha en la ciudad donde nos mudamos y por el hecho de que lo hicimos antes del año en que Jesse ingresara a la escuela secundaria. Sé cómo vivir cuando la ciudad no me agrada y sé cómo vivir cuando amo mi hogar.*

Aprendí los secretos de ser feliz como sea y donde sea que me mude. Puedo estar satisfecha en medio de este cambio a través de Cristo, porque él me da la fortaleza.

Oración

Amado Señor:

A veces me siento asaltada por los ladrones de dicha y paz. Pierdo la alegría en mis tareas diarias porque no las realizo como si fueran para ti. No siento paz en mi camino porque no recibo tu regalo de la satisfacción en cada parada. En cambio, salto de un lado a otro, ansiosa por aquello que me puedo perder, y pienso que todos han de pasar mejores momentos que los míos. Ayúdame a detenerme aunque sea un minuto, a mirar desde dónde acabo de llegar, y a decirte: «Gracias por el paseo. Estuvo maravilloso. Me subí. Aguardé por la vida deseada; grité; me quedé hasta el final; y aquí tengo una foto divertida que lo prueba». Reclamo en este momento tu presente de la satisfacción.

En el nombre de Jesús, amén.

Satisfacción: Día 4

Tu asesora en la satisfacción

*Si encuentro en mi interior deseos que no se pueden satisfacer
con nada de este mundo,
la única explicación lógica es que fui hecho para otro mundo.*
C. S. Lewis, 1898-1963, escritor, intelectual

Una excursión que cambiará tu perspectiva

En este día, tú y yo nos encontraremos en un lugar que nos dará una idea real sobre lo que es la satisfacción. Ese sitio que menciono es la modesta sala de estar de Sally, mi líder en el estudio de la Biblia. Ella nos recibe con calidez y nos invita a pasar. Cuando dices: «¡Qué habitación más cálida!», Sally no se perturba y aclara que todavía no ha colocado las cortinas. Luego señala que podemos sentarnos en los sillones muy cómodos para disfrutar de esta cita. A continuación sirve el té, y sin disculparse por los platillos desgastados, nos cuenta acerca de los recuerdos que guarda de su abuela, quien le dejó unas escasas piezas de su atesorada colección de porcelana. Cuando su hija pequeña nos interrumpe, Sally sin molestarse la sube con cariño sobre su falda unos minutos, le presta atención y le indica que debería ayudar a su padre en el garaje. Al tiempo que la niña se retira, nosotras nos miramos un instante, disfrutando del momento de ternura que acabamos de presenciar. Hasta ahora, Sally superó la prueba de la satisfacción con un puntaje de diez.

Exploremos con detenimiento y verifiquemos su satisfacción más de cerca.

¿Qué tan satisfecha te sientes con lo que tienes?

Mejor escoge desear menos, antes que tener más.
Tomás de Kempis, 1380-1471, monje holandés y escritor

Hoy me atrevo a preguntarle a Sally lo siguiente: «¿Qué tan satisfecha te sientes con lo que tienes?».

Entonces ella me responde: «Miro a mi alrededor hacia los muebles que compré. Observo los cuadros en las paredes y los toques decorativos que agregamos. Pienso en las cosas que tenemos en nuestros armarios, en la cocina, en el garaje (¡y a propósito, cuántas cosas hay ese garaje!). Luego hago una pausa y agradezco a Dios por todo lo que hay en casa. Doy gracias por aquellas cosas básicas que siempre pasamos por alto, tales como el calentador del agua que nos permite tomar duchas calientes y la tela metálica de la puerta que evita la entrada de insectos. Agradezco a Dios por el aislamiento térmico que hace que la calidez reine en el ambiente durante el invierno, por el botiquín lleno de medicamentos y vitaminas, y también por el teléfono que nos permite recibir llamadas de vendedores durante la hora de la cena... Bueno, no por eso precisamente. Asimismo, doy gracias por las cosas que nos demandaron esfuerzo conseguir, pero que ahora disfrutamos, como nuestra camioneta en la que podemos llevar de paseo a nuestros hijos... ¡y a los del vecino! En realidad, no sé si estoy satisfecha porque me siento bendecida, o si me siento más bendecida por sentir satisfacción».

Y a continuación Sally agrega: «Disfruten de la sala de estar en esta sesión de entrenamiento. Yo voy hasta la cochera para ayudar a mi familia a regalar aquellas cosas que ya no necesitamos. Hasta luego».

Ahora, leamos el pasaje siguiente como nuestra oración de inicio, y luego juntas realicemos un análisis acerca de tu satisfacción con las cosas que tienes:

> *Porque nada trajimos a este mundo, y nada podemos llevarnos. Así que, si tenemos ropa y comida, contentémonos con eso. Los que quieren enriquecerse caen en la tentación y se vuelven esclavos de sus muchos deseos. Estos afanes insensatos y dañinos hunden a la gente en la ruina y en la destrucción. Porque el amor al dinero es la raíz de toda clase de males. Por codiciarlo, algunos se han desviado de la fe y se han causado muchísimos sinsabores.*
>
> 1 Timoteo 6:7-10

1. Supongamos que pudieras sentarte en las rodillas de Dios y contarle sobre las cosas que deseas para ti en este momento, ¿qué colocarías en tu lista? (Utiliza el espacio en blanco de la página 274). Sé específica y no tengas reparos. Recuerda que Dios ya conoce los deseos de tu corazón. También incluye cualquier objeto material que anheles, y no te olvides de aquellos servi-

cios como la tintura del cabello o la contratación de servidumbre. Confía en mí por un momento, y en lugar de buscarle sentido a este ejercicio, simplemente hazlo, ¿de acuerdo? ¡No quieras echarle un vistazo a lo que sigue!

_____   _____

_____   _____

_____   _____

_____   _____

_____   _____

_____   _____

2. Ahora bien, revisa tu lista y escribe una «N» al lado de los puntos que representen una necesidad genuina, y una «D» al lado de aquellos que sean un deseo. ¿Qué es lo que observas en tu lista cuando identificas las cosas que necesitas versus las que deseas? (A propósito, nunca me voy a olvidar de una conversación que tuve con una amiga en el año 1991. Me hablaba acerca de sus necesidades versus sus deseos como madre soltera, tratando de criar a tres adolescentes en un pequeño condominio. La miraba como si ella me estuviera hablando en otro idioma. Mi ceño estaba fruncido y mi boca abierta en señal de la más absoluta confusión. El concepto me resultaba sencillamente absurdo. Lo único que sabía es que mi mente estaba programada para: «Lo deseas; entonces lo obtienes». Solo quería que supieras cuán sorprendida estaba cuando me enfrenté por primera vez con esta idea).

3. Por último, circula cada punto que de alguna manera esté provocándote ansiedad, conflicto o envidia. Si estás sacrificando tu paz mental, dañando relaciones, renunciando a dar a otros, o tal vez enfocando tus pensamientos y energía en aquellas cosas, entonces estas podrían estar esclavizándote.

¿QUÉ TAN SATISFECHA TE SIENTES CON TUS OCUPACIONES?

> Todo niño que esté ansioso por cortar el césped es demasiado pequeño para hacerlo.
> Charlie «Tremendous» Jones

¿Notaste cuán atractiva parece cierta actividad hasta que llega el momento de realizarla día tras día? Por ejemplo, ¿alguna vez te postulaste para un puesto en el centro de estudiantes, solo para descubrir que debías confeccionar una gran cantidad de carteles, sin tomar decisiones importantes? ¿Sentiste el deseo ardiente de quedar embarazada sin tener en consideración lo mentalmente agotador y enervante que puede resultar un bebé cuando atraviesa por cólicos que lo mantienen despierto durante la noche entera y también a ti? ¿Y qué dices de aquel empleo que tanto deseabas, sin pensar cuántas horas al día habrías de pasar sentada tras un escritorio?

Independientemente de lo energizantes o irritantes que sean las actividades diarias que realices, más allá de la fascinación o frustración que generen, tú puedes experimentar satisfacción en lo que haces si cambias el motivo por el que lo haces, y por quién lo haces.

> *Hagan lo que hagan, trabajen de buena gana, como para el Señor y no como para nadie en este mundo.*
>
> Colosenses 3:23

1. ¿Cuáles fueron aquellas cosas que hiciste durante la semana pasada que resultaron divertidas o significativas? ¿Qué había en esas actividades que las hizo tan satisfactorias? Describe tu estado de satisfacción o descontento al realizarlas.

_____

_____

2. ¿Cuáles fueron las actividades que realizaste durante la semana anterior que fueron monótonas o irritantes? ¿Qué parte de ellas no puedes disfrutar? Describe tu estado de satisfacción o descontento al realizarlas.

_____

3. ¿Qué porcentaje de tu semana es significativo, y qué porcentaje es monótono?

Significativo: _____%   Monótono: _____%

¿Cómo te sientes con tu respuesta? ¿Qué podrías hacer para transformar tus actividades monótonas en significativas?

¿QUÉ TAN SATISFECHA ESTÁS CON LO QUE SUCEDE?

> Dichoso el hombre que soporta la mejor y la peor de las fortunas.
> Aquel que haya atravesado el cambio con calma
> le ha quitado el poder a la desgracia.
>
> **Marco Anneo Séneca, 4 a.C.-65 d.C.,**
> **filósofo y estadista romano**

¿Atravesaste por momentos de aflicción en tu vida? A veces, las mismas cosas que causan dolor en la vida pueden resultar los mejores desencadenadores de la satisfacción. Por ejemplo, imagina que tengas que experimentar un revés financiero y necesites vender tus muebles y comer sobre cajones de madera. ¿Qué sentirías por tu mesa y sillas luego de eso? Entonces, puede que descubras el placer maravilloso de comer sobre una mesa, ¿no te parece? O, supongamos que atravesaras un período de enfermedad en el que perdieras el cabello y la salud desmejorara demasiado. Luego de eso, ¿no estarías más agradecida que nunca por cosas tan pequeñas como tener cejas y disfrutar del desayuno?

Podemos apreciar que cualquier pérdida, cuando es reparada, puede generar satisfacción. ¿Qué sucede cuando el dolor es reciente y la ausencia todavía demasiado cruda? ¿Se supone que experimentemos satisfacción al instante? Lee esta oración de acción de gracias que el ministro inglés Matthew Henry (1662-1714) elevó cuando le robaron la billetera:

> En primer lugar te doy gracias porque nunca antes me habían robado; segundo, te agradezco porque se llevaron mi cartera y no mi vida; tercero, porque aunque era todo cuanto llevaba, no era demasiado; y cuarto, porque fui yo el atacado, y no quien atacó.

1. ¿Podrías haber dicho esa oración si hubieras sido tú la víctima? Piensa en algún acontecimiento funesto menor o mayor vivido en este mes (desde la miel que tu bebé derramó sobre el sofá, retroceder el coche hacia una boca de incendios, o si recibiste malas noticias de tu médico) y escribe dos o tres razones por las que podrías haber dado gracias inmediatamente.

_____

_____

_____

2. Describe una situación actual en la que sientas descontento. Puede tratarse de un asunto financiero, social, médico o de autoestima; una inquietud conyugal; una mudanza; una muerte trágica; una adicción dolorosa; o un recuerdo de la infancia. Escribe dos o tres motivos por los que das gracias en dicha situación.

_____

_____

_____

3. ¿Qué experimentas al concentrarte en el lado positivo de esta situación? ¿Es necesario que realices un cambio total en el modo que utilizas para referirte a esta situación, pasando de negativo a positivo?

_____

_____

_____

Oración

Amado Señor:

Transcurrí mis días quejándome de lo que no tengo derecho a reclamar. Me convertí en esclava de ciertas cosas que deseo. Pero tú me has dado mucho. Cubriste mis necesidades físicas y me concediste muchos de mis deseos. Te doy gracias por todo cuanto poseo y te entrego mi ansiedad por lo que no poseo. Asimismo, deseo reconocer mi queja por ciertos aspectos de mi rutina diaria. Me brindaste un trabajo significativo, y sin embargo suelo perder la perspectiva y me enfoco en su lado monótono y pesado. Acrecienta mi satisfacción ayudándome a trabajar como si lo hiciera para ti. Y finalmente, Señor, la situación fue tal que me sentí con el derecho de quejarme. Cúrame del resentimiento y la preocupación en dicha circunstancia, y ayúdame a confiar en ti y a dejar de arrastrarme y hundir a los demás por el modo en que hablo del tema. Revélame nuevos motivos para sentir gratitud en esta situación; y te doy gracias por las cosas que ya pensé en este día.

En el nombre de Jesús, amén.

Satisfacción: Día 5

Pasos hacia la satisfacción

La satisfacción no consiste en el cumplimiento de lo que deseas, sino en la comprensión de todo cuanto ya tienes.

Autor desconocido

SIÉNTATE EN PAZ JUNTO A TU CREADOR

Hoy es un día de reflexión y soledad en la intimidad de tu propio espacio de quietud. Confeccionarás un plan de acción de la satisfacción y te brindaré todo mi apoyo en esta área. ¡Cava profundo! Los pasos de acción de esta semana se construirán sobre tus actitudes, pensamientos y emociones. A saber: ideas para desarrollar una actitud de agradecimiento, ideas para cultivar una mente de paz, e ideas para cosechar un corazón desbordante de alegría.

Reflexiona acerca de cuán capaz eres de concentrarte en el incremento de tu satisfacción durante esta etapa de tu vida. Luego, selecciona cualquiera de los pasos de acción apropiados de las páginas 280-283, que puedas experimentar de manera realista esta semana. Se trata de tu plan, tu vida y tu decisión. ¡Si sientes que Dios te pide con énfasis que te concentres en la satisfacción, encara los ejercicios sin dilación! Cualquiera sea el esfuerzo que puedas dedicar al incremento de tu satisfacción, será recompensado por él en la tierra y en el cielo.

Plan de acción de la satisfacción

ENFOQUE EN LA ORACIÓN: La oración debe convertirse en tu primera actividad de cada mañana al despertar. De inmediato entrégale tu día a Dios, ofrécele tu ser, tus ocupaciones y tus inquietudes. Ora diariamente durante alguna de tus tareas habituales, tales como un viaje en autobús, una caminata, o mientras te maquillas. En ese lapso de tiempo agradece a Dios por todo. Y a diario eleva un salmo de regocijo, como el Salmo 98, 100 o 103, para así concentrarte en el poder, la protección y la provisión de Dios.

ENFOQUE DEVOCIONAL: En las Escrituras, selecciona uno de los pasajes siguientes sobre el tema de la satisfacción: Para enfocarte en *cultivar una actitud de gratitud*, lee los pasajes de «los agradecimientos»: Efesios 5:20, Filipenses 4:6-7, y 1 Tesalonicenses 5:16-18. Para enfocarte en *cultivar una mente de paz*, lee el Salmo 34 a fin de descubrir cómo Dios es todo lo que necesitas. Para enfocarte en *cultivar un corazón de alegría*, lee Filipenses 4:4-19 para profundizar en las prácticas de una persona dichosa.

PERSPECTIVA ADICIONAL: Lee *Don't Sweat the Small Stuff—And It's All Small Stuff*, de Richard Carlson, para alcanzar una perspectiva sobre esas cosas que pueden robar tu gratitud, paz y dicha. ¡O ponte creativa y cuenta la cantidad de veces que has sonreído o reído esta semana!

Ideas para cultivar una actitud de gratitud

Instrucciones: Escoge con devoción de uno a dos pasos de acción que puedas experimentar durante esta semana.

Fecha de inicio

_____ ☐ **Seré agradecida.** Haré un esfuerzo consciente por fijarme en esas cosas por las que sienta gratitud, especialmente en situaciones que normalmente me perturban. Mantendré actualizada mi lista del Día 1 con las cosas que me generan gratitud, y me fijaré en ellas cuando me sienta insatisfecha.

_____ ☐ **Prestaré atención a la satisfacción.** Encontraré a una persona satisfecha y observaré en qué o cómo encuentra satisfacción. *(Identifica a la persona satisfecha con la que te conectarás).*

_____ ☐ **Redefiniré mis «necesidades».** Ganaré satisfacción en mi vida redefiniendo algunas de necesidades «no satisfechas» y considerándolas como lo que son en verdad: «deseos».

_____ ☐ **Tendré una celebración «en casa»** para contrarrestar el síndrome del «compro más pero gozo menos» (mencionado en el Día 1).

> INSTRUCCIONES: *En lugar de salir en busca de recreación, entretenimiento o a cenar, recorre tu casa y busca cosas que no hayas estado usando, libros que no hayas leído, electrodomésticos que nunca utilizaste, juegos que no aprendiste a jugar, manualidades que no hayas concretado, o platos que no hayas intentado cocinar. Inténtalo y disfruta de lo que ya posees.* (Adaptado de la historia de Luci Swindoll, relatada en el libro *Gozo para el alma de la mujer* de Patsy Clairmont, Barbara Johnson, Marilyn Meberg y Luci Swindoll, Editorial Vida, 2009).

_____ ☐ **Iniciaré un «ayuno de gastos»,** durante el cual intentaré pasar una semana entera sin comprar nada, ni siquiera provisiones, y luego daré el dinero que guardé para colaborar en un proyecto especial.

> INSTRUCCIONES: *Arréglatelas con provisiones que tengas en tu casa; ponte creativa y dale nuevos usos a las cosas; y ora por las necesidades que surjan durante la semana. Lleva un registro de las maneras en que Dios cubre tus necesidades, de modo que puedas mirar hacia atrás y echar un vistazo a dichas provisiones cuando te sientas insatisfecha, trayendo a tu mente la nueva satisfacción con aquello que posees.*

_____ ☐ **Cultivaré** una actitud de gratitud por medio de *(agrega aquí tu idea)*

_____

_____

Pasos de acción: Cultivando una mente de paz

Instrucciones: Escoge con devoción de uno a dos pasos de acción que puedas experimentar durante esta semana.

Fecha de Inicio

_____ ☐ **Haré un elogio genuino a alguien** que tengas más que yo.

_____ ☐ **Me desarrollaré.** Expandiré no lo que tengo, sino quién soy, cultivando amistades, disfrutando de las charlas, la música y el arte; gozando de la reflexión y la soledad, o explorando pasatiempos y demás intereses.

_____ ☐ **Me involucraré en recreaciones** que no incluyan un boleto de admisión o sentarme en gradas de estadios. Caminaré, andaré en

Cuarta parte: Entabla una relación adecuada con las cosas

bicicleta, jugaré, iré de campamento, exploraré un sendero o haré una comida al aire libre.

_____ ☐ **Descansaré.** Planearé un tiempo de distracción dentro de cada día. Me daré un breve recreo por lo menos una vez al día en el que pueda tener algo que disfrutar, tal como leer un libro, tejer, o dormir una siesta. Me sentaré afuera para comer el almuerzo siempre que el tiempo lo permita.

_____ ☐ **Cultivaré** una mente de paz por medio de *(agrega tu idea aquí)*

_____

_____

Pasos de acción: Cultivando un corazón de alegría

Instrucciones: Escoge con devoción de uno a dos pasos de acción a experimentar durante esta semana.

Fecha de inicio

_____ ☐ **Haré contacto visual** con cada persona que conozca esta semana, y seré generosa con mis sonrisas.

_____ ☐ **Cuidaré mi vocabulario** y eliminaré las palabras negativas como *lucha, fastidio, exhausta, frustrada, agotador e imposible*. Inyectaré más palabras positivas tales como *aventura, explorar, excitante, potencial, esperanza y celebrar*.

_____ ☐ **Disfrutaré el viaje** entonando canciones cuando me encuentre conduciendo el coche sola, o utilizando un libro de temas de conversación para conocer mejor a mis hijos o a la gente que viaje conmigo. Y, sí, conduciré dentro del límite de velocidad mientras canto o converso.

_____ ☐ **Encontraré un motivo de celebración.** Me daré permiso para regocijarme y estar contenta en este día que el Señor ha creado. No esperaré a que todo esté perfecto para celebrar. *(Identifica alguna pequeña celebración que puedas llevar a cabo hoy mismo)*.

_____

_____ ☐ **Cultivaré** un corazón de dicha por medio de *(agrega aquí tu propia idea)*

_____

_____

Plan Maestro de Acción

Ahora, escoge solo un paso principal de acción de este ejercicio del Día 5 y anótalo en tu Plan Maestro de Acción del Apéndice A en la página 362. Cuando hayas finalizado el libro, vuelve cada tanto a ese paso principal de acción en tu Plan Maestro de Acción (¡así como a este Plan de Acción de la Satisfacción, desde luego, en tanto tus tiempos te lo permitan!). Recuerda que a fin de volverte semejante a Cristo en tu carácter, es necesario que colabores con Dios de tres maneras: preparación, oración y práctica. Ya has realizado la preparación al aprender la verdad de Dios sobre la satisfacción. Ahora, asimila ese conocimiento orando por la ayuda del Espíritu Santo y practicando tus pasos de acción, uno a uno.

Oración de satisfacción

Amado Señor:

Me siento muy cansada de no estar satisfecha y de buscar pastos más verdes. Bríndame calma a fin de que pueda gozar el presente y apreciar tu grandeza. Deseo la paz, la dicha y la calma que veo en los demás que han comprendido que nunca fue tu intención que viviéramos nuestras vidas como si aguardáramos para respirar. Ayúdame no solo a aspirar profundo la belleza y la aventura del día presente, sino también a descansar en tus brazos de amor mientras me ayudas a lidiar con el lado no tan bueno de vivir en un mundo caído. Así como le permitiste a Pablo orar, ayúdame también a hacerlo: estoy satisfecha.

En el nombre de Jesús, amén.

Capítulo 7

La generosidad

Mándales que hagan el bien, que sean ricos en buenas obras, y generosos, dispuestos a compartir lo que tienen.

1 Timoteo 6:18

Generosidad: Día 1

A semejanza de Dios

El mundo se pregunta: «¿Qué posee el hombre?»
Cristo se pregunta: «¿Cómo lo utiliza?»

Andrew Murray, 1828-1917,
evangelista sudafricano

¡Bienvenida a mi hogar!

¡Qué bueno que hoy puedas disfrutar del portal de mi hogar, uno de mis lugares predilectos¡ La razón por la que me gusta tanto, es que le prometí a Dios que no compraría ninguna silla hamaca ni haría renovación alguna hasta tener la certeza de que él deseaba que permaneciera aquí. Tras cuatro años de preguntarle si debía o no vender la propiedad, me convencí de que este es lugar donde debo estar; y así procedí a buscar un banco perfecto para mí. Como las tablillas son de madera y pueden resultar un poco incómodas, cada tanto tomaremos un descanso poniéndonos de pie para tener una mejor vista de las montañas. Ahora, leamos juntas en voz alta la siguiente oración:

Dios de infinita sabiduría:
*   Te doy gracias por acompañarnos este día en el portal. De hecho, te agradezco por amarnos plenamente. No somos merecedoras de tu gracia y piedad, pero sí estamos agradecidas por el modo especial en que nos la brindas. Inspíranos con tu corazón desbordante de generosidad. Asimismo, te damos gracias porque hay mucha alegría en el proceso de volvernos semejantes a ti en esta cualidad. Estamos emocionadas por descubrir todo lo que tienes preparado para instruirnos acerca de la generosidad.*

Amén.

Qué momento más agradable fue compartir esa oración contigo. ¡Gracias! ¿Qué te parece si damos inicio al tema del día? Se trata de la generosidad.

Una asesora que abrigaba motivos impuros de generosidad

Te comento que siempre fui una persona generosa en exceso. Tengo esa tendencia a querer regalar de todo a todo el mundo. Tiempo atrás revisé los motivos de la existencia de la generosidad hacia los demás en relación a mi tiempo, mi dinero y mi energía. Lo que llegué a descubrir sobre mí misma no fue nada encantador. Debo confesar que guardaba una razón algo impura en cuanto a mi faceta de complacer a los demás. Deseaba agradarle a las personas, y por eso respondía a sus deseos obsequiándoles cosas. Ahora, creo que finalmente he podido echar por tierra a ese monstruo, y si no lo logro, ¡al menos tengo la sensatez necesaria para revisar mis motivos en algún punto del recorrido!

De todos los rasgos del carácter que examinamos en este libro, estimo que la generosidad es el que demuestra con mayor claridad el amor apasionado, total, arriesgado y excelso que Dios siente por nosotros. Si quieres escoger una característica sobre la cual poner empeño para alcanzar mayor semejanza con Dios, la generosidad es tu pase seguro. No obstante, lograrás el éxito si antes trabajas con ahínco en la zona de la satisfacción. Ella representa la paz interior que nos dice: «Ya tengo suficiente». La generosidad da un paso más allá y exhibe por fuera aquello que la satisfacción cree interiormente. En otras palabras, la generosidad ve una necesidad y dice: «¡Ya tengo suficiente, ¡déjame compartirlo contigo!».

Dios otorga... en demasía

Si deseas formarte una idea acerca del alcance que tiene la generosidad de Dios, intenta observar el mundo que nos rodea. La creación entera expresa a gritos que Dios es *extravagantemente* generoso. Piensa en ello... Por ejemplo, él no solo nos dio unas cuantas flores con su fragancia para perfumar el ambiente y adornar los centros de mesa. Nos dio miles de variedades como flores silvestres, rosas, orquídeas salvajes y peonías grandes. Dios no nos obsequió tres colores primarios, sino una cantidad inmensa de ellos que ni siquiera utilizando los nombres más tontos llegaríamos a nombrarlos en su totalidad (mi favorito es el Chocolate Regaliz). Tampoco encendió la radio cósmica en la estación de los «ruidos de fondo». Podemos escuchar serenatas interpretadas por aves, ríos cayendo sobres piedras grandes, el crujir de una fogata, y el sonido de la lluvia sobre el techo de nuestra casa.

La creación no solo da testimonio de la extravagancia de Dios, sino que también muestra su generosidad. ¡Él formó el mundo entero para obsequiarlo! En Génesis 1 se relata que, luego de crear la tierra, Dios puso a Adán a cargo del mundo animal y del jardín del Edén. De haber sido yo, no creo que le hubiera dado la tierra a una persona que tenía un par de horas de vida. Sería como comprar un auto deportivo último modelo y arrojarle las llaves a un adolescente que obtuvo su licencia hace un día, diciéndole: «Aquí tienes, ¡ve a dar un paseo! Ah, y por cierto, es tuyo, así que cuídalo». Precisamente, eso fue lo que hizo Dios. Nos lo confió todo.

Al fin y al cabo, ¿de quién es todo esto?

En el ejemplo anterior, nos enfrentamos a una dificultad. Tal vez adquiriste el auto para uso de tu hijo adolescente, sin embargo, eres tú quien conserva el título. Así mismo ocurre con respecto a la generosidad de Dios con el mundo. Sabemos que él creó el mundo y se lo brindó a Adán para alimentarlo y darle una ocupación, pero aun así Dios conserva el señorío sobre la tierra; nosotros somos solo guardianes: «La tierra es mía y ustedes no son aquí más que forasteros y huéspedes» (Levítico 25:23).

Tú puedes decir: «¡Dios no es el dueño de mi casa, yo lo soy! Trabajé duro para comprarla».

A lo que Dios podría responder: «¿En serio? ¿Exactamente en qué sitio adquiriste la habilidad para lograr el sustento que te permitió comprar esa casa?». Te aconsejo repasar Deuteronomio 8:10-20. Este es un pasaje poderoso de las Escrituras en el que Dios nos recuerda que no nos corresponde arrogarnos el mérito por el alimento que ingerimos, la tierra donde se cultivó, las casas que ocupamos o el dinero que hemos obtenido, ya que hasta la capacidad para adquirir todo aquello nos ha sido otorgada por él. Eso es algo bastante humillante solo de pensarlo, ¿no lo crees?

Renuncia

Al igual que otros rasgos de nuestro carácter, la generosidad se basa en la humildad. Es un acto de humillación darle crédito a Dios por todo aquello que adquirimos, pero al hacerlo facilitamos el poder desprendernos de nuestras pertenencias para dejarlas bajo su control. Piensa en ello de la siguiente manera: ¿Cuál es la lección que los bebés aprenden primero a fin de dejar atrás su egocentrismo? Precisamente, la enseñanza de compartir. A alguno de nosotros puede que nos tome toda una vida aprender a compartir, y eso se debe a nuestro ego rebelde que insiste en emplear esa frase de los bebés: *¡Es mío!* Analiza algunos de los pensamientos de *Albert Day*, quien fue un médico del siglo XIX líder en el tratamiento del alcoholismo:

> El ego es persistente en la adquisición y la conservación. Compartir no es una de sus pasiones. Dar no es un rasgo del ego. ¡Poseer sí lo es! «Mío» es su más apreciado adjetivo. «Tener» es su verbo más amado.
>
> El ego es posesivo y en lo material se manifiesta a través de la avaricia, la tacañería, y la codicia. Su posesividad con la gente se expresa en amigos, esposas y padres celosos.
>
> [...] Practicada con devoción, la generosidad debilita la autoridad del ego. (*Disciplina y descubrimiento*, The Upper Room, Nashville, 1947)

Si consideras que no toleras compartir lo que posees, lee el siguiente pasaje de las Escrituras y toma nota de las posesiones que Jesús nos llama a compartir:

> *Porque tuve hambre, y ustedes me dieron de comer; tuve sed, y me dieron de beber; fui forastero, y me dieron alojamiento; necesité ropa, y me vistieron; estuve enfermo, y me atendieron; estuve en la cárcel, y me visitaron [...] Les aseguro que todo lo que hicieron por uno de mis hermanos, aun por el más pequeño, lo hicieron por mí.*
>
> MATEO 25:35-36, 40

Jesús nos habla acerca de compartir cosas sencillas como comida, bebida, refugio, ropa y tiempo. Sí, el tiempo es una posesión. No es necesario tener riquezas o talentos para distribuir esos elementos importantes entre la gente que en realidad los necesita.

DIOS OTORGA... EN ABUNDANCIA

Dios es un dador exagerado, hecho que comprobamos en toda su creación y provisiones. También es un dador *abundante*, y lo demostró al obsequiarnos a su Hijo. Toda persona que recibe a Jesús es dotada automáticamente de un inmenso caudal de regalos, tales como bendiciones espirituales, una herencia segura, un propósito en su vida y esperanza para el futuro.

Esta *fórmula dadora* de Dios difiere bastante del modo en que muchas mujeres se conducen. Ellas hacen regalos costosos a sus amigas, lo presentan con un sonar de tambores, esperan a que lo abran, gozan de su gratitud en espera de agradecimiento, y luego no dan nada más hasta tanto no le retribuyan con otro regalo precioso. En cambio, el procedimiento de Dios es asombroso. Primero, otorga el regalo del sacrificio de su Hijo. Al ser aceptado este presente, de inmediato nos obsequia otro que es la adopción dentro de su familia. A continuación, derrama regalos como vida abundante y obsequios espirituales como el servicio, el valor, el perdón, el liderazgo, las enseñanzas, la ayuda y la generosidad. Todo el tiempo, en tanto nosotros disfrutamos de los presentes, Dios está ocupado en preparar un cielo lleno de regalos gloriosos para nuestra dicha eterna (ver Efesios 1:3-6). ¡En concreto, eso es lo que yo llamo un dador abundante!

Al fin y al cabo, ¿de quién es esta vida?

Esta vida colmada de propósitos es uno de los regalos más preciados que Dios nos ha hecho. Jesús dijo: «Yo he venido para que tengan vida, y la tengan en abundancia» (Juan 10:10). ¿No te sientes feliz al saber que se nos permite vivir al máximo? ¡Independientemente de tu opinión, yo deseo disfrutar cada pizca de energía, dicha, aventura y plenitud en esta vida más de lo que cualquier mujer puede imaginar!

Sin embargo, este maravilloso regalo de la vida viene con una advertencia: «Ustedes no son sus propios dueños; fueron comprados por un precio. Por tanto, honren con su cuerpo a Dios» (1 Corintios 6:19—20). Esto significa que tus posesiones no son tuyas, sino que Dios te las entregó en calidad de préstamo; y tú misma no eres de tu propiedad, sino que Dios pagó un precio por ti.

Entrégalo a otros

Ya que Dios nos obsequió el mayor, mejor, no reembolsable e insuperable presente, ¿cómo hemos de responder? El verso que acabamos de leer nos dice: «Fueron comprados por un precio. Por tanto, honren con su cuerpo a Dios». Dado que somos depositarios de la vida plena que Dios nos otorgó, debemos utilizar nuestro cuerpo con respeto y a su vez dar generosamente los regalos que vinieron junto con la vida plena:

- ¿Te dio gracia? Usa tu voz para pronunciar palabras de confianza en tu amiga, incluso cuando te haya decepcionado.
- ¿Te dio descanso? Utiliza tus manos para ordenar, a fin de brindarle a tu familia un entorno agradable cuando regresa a casa.

- ¿Te dio esperanza? Utiliza tus brazos para abrazar a un anciano que vive solo y necesita ánimo.
- ¿Te dio el perdón? Usa tus labios para besar a tu niño que volvió a tener una conducta inapropiada.

Y he aquí lo más hermoso de todos estos regalos que nos fueron dados: ¡nunca disminuyen al compartirlos; se multiplican! Mira bien la vía en doble sentido que se inicia al entregar aquello que has recibido:

Sean compasivos, así como su Padre es compasivo. No juzguen, y no se les juzgará. No condenen, y no se les condenará. Perdonen, y se les perdonará. Den, y se les dará: se les echará en el regazo una medida llena, apretada, sacudida y desbordante. Porque con la medida que midan a otros, se les medirá a ustedes.

Lucas 6:36-38

¿Cuáles son los regalos magníficos que Dios nos presenta y que a su vez podemos entregar? Ellos son: gracia, esperanza, perdón, compasión, piedad y aceptación. La lista no termina nunca. ¡Es asombroso recibir el obsequio adicional de saber que todos ellos retornarán a nosotros con más abundancia de la que les dimos!

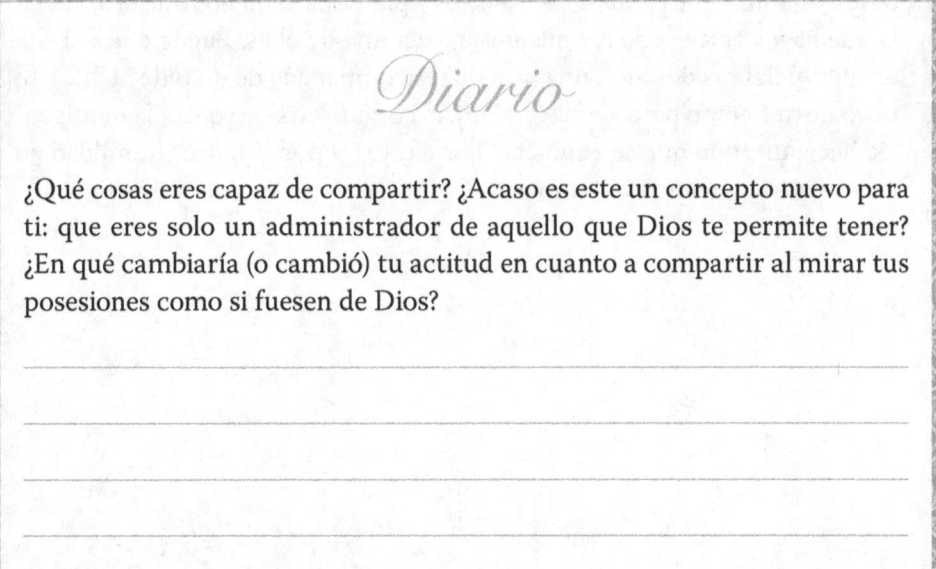

Diario

¿Qué cosas eres capaz de compartir? ¿Acaso es este un concepto nuevo para ti: que eres solo un administrador de aquello que Dios te permite tener? ¿En qué cambiaría (o cambió) tu actitud en cuanto a compartir al mirar tus posesiones como si fuesen de Dios?

_____
_____
_____
_____

Cuarta parte: Entabla una relación adecuada con las cosas

De la siguiente lista, marca los cinco dones que consideres de mayor relevancia en una vida plena, aquellos que más disfrutes o te hagan sentir que eres la persona más rica del mundo:

- ☐ Aceptación
- ☐ Un ministerio
- ☐ Una oración respondida
- ☐ Pertenencia
- ☐ Una vida cambiada
- ☐ Compasión
- ☐ Energía
- ☐ Fe
- ☐ Perdón
- ☐ Libertad
- ☐ La Palabra de Dios
- ☐ La gracia
- ☐ Guía
- ☐ Sanación
- ☐ El cielo
- ☐ Esperanza
- ☐ Dicha
- ☐ Amor
- ☐ Piedad
- ☐ Paz
- ☐ Poder
- ☐ Propósito
- ☐ Alivio
- ☐ Bienestar con Dios
- ☐ El canto
- ☐ Sabiduría
- ☐ Otro: _____

Ahora, en esta semana, ¿cómo podrías obsequiar esos dones? Piensa en dos o tres personas que puedan necesitarlos y planifica al menos una ocasión en la que hagas entrega de los mismos a cada una de ellas. Puede que se trate de unas palabras de valor, una taza de té acompañada de un oído atento, un poco de tu tiempo para ayudar a alguien a organizarse, ¡o quizá la indulgencia hacia un niño que se equivoca! Por cierto, al poner mayor humildad en cada ocasión, mejor resultarán.

_____

_____

_____

_____

ORACIÓN

Amado Señor:

Te doy gracias por tu abundante, pródiga y fastuosa generosidad. Anhelo acercarme a tu corazón por medio de la práctica del estilo de vida de una persona generosa. Ayúdame a poseer mis cosas sin aferrarme a ellas, como si no fueran mías, puesto que no lo son. También ayúdame a compartir algunas cosas que no suelo compartir. Asimismo, ayúdame a vivir como si mi vida no fuera mía, puesto que no lo es. Tú pagaste un precio por mí, y me otorgaste una vida llena de regalos para obsequiar. Te entrego mi cuerpo; úsame para que en esta semana pueda dar esperanza, ayuda, gracia, dicha, piedad y perdón a todas las personas que necesiten estos regalos. Me diste mucho. Es lo menos que puedo hacer.

En el nombre de Jesús, amén.

Generosidad: Día 2

Codicia: Descubre tu Scrooge interior

> Uno de los peligros de la codicia radica en el hecho de que no enciende la alarma que otros pecados sí.
> **Gary Thomas, escritor, orador**

> ¡Tengan cuidado! —advirtió a la gente—. Absténganse de toda avaricia; la vida de una persona no depende de la abundancia de sus bienes.
> **Lucas 12:15**

Un mensaje

 NOTA: Hoy es el Día 2, por lo que tienes que leer el texto que sigue. ¡Que disfrutes este asesoramiento y no olvides comenzar con una oración!

La otra cara de la generosidad

Existen dos películas navideñas clásicas que tal vez mires año tras año y que reflejan ambas caras del tema de la generosidad: *Una vida maravillosa* y *Scrooge*. En *Una vida maravillosa*, un ángel le muestra a George Bailey el modo en que su vida de sacrificio y generosidad transformó para bien su ciudad. En *Scrooge*, un ángel le hace ver a Ebenezer Scrooge cómo su existencia de «presión, avaricia, disputa, egoísmo y codicia» lo llevó a perder a aquellas personas que tuvieron significado en su vida. *Una vida maravillosa* concluye con la escena en que la gente del pueblo de Bedford Falls une fuerzas en torno a la crisis por la que atraviesa George y lo colma de dinero. *Scrooge* finaliza con el despertar de Ebenezer a su necedad y haciendo entrega de su dinero. George Bailey cosechó los beneficios de su generosidad. Scrooge recolectó las consecuencias de su codicia hasta que se enfrentó consigo mismo y conoció la dicha de dar.

Considera los siguientes contrastes:

La generosidad es agradecida.	La codicia es mezquina.
La generosidad toma a Dios como su fuente.	La codicia toma al ser como su fuente.
La generosidad se desprende.	La codicia acumula.
La generosidad brinda.	La codicia obtiene.
La generosidad confía en Dios.	La codicia desconfía de Dios.

Es importante destacar esto último: la codicia desconfía de Dios. Varios años atrás me di cuenta de que lidiaba con la codicia nuevamente y escribí en mi diario: «La codicia golpea a Dios en la cara y le dice: "No obtendrás suficiente para mí, así que juntaré por mí misma"». Castigar a Dios puede resultar inconcebible, sin embargo, cómo te sentirías si tu hijo te dijera algo como: «Tal vez no me des suficiente comida para la cena, así que mejor guardaré este pan del almuerzo, y tomaré un poco del de Johnny también. Saqué algunas conservas de la alacena y las escondí en el cajón de las medias... por si acaso tú no cumplieras conmigo». Eso sería como una bofetada en la mejilla, ¿no crees? Bueno, eso es lo que imagino que le hago a Dios cuando me olvido de su generosidad permanente y comienzo a acumular lo que me dio o quiero obtener más de lo que necesito.

Analicemos la codicia más a fondo y comencemos por sus rostros diversos.

LAS MUCHAS CARAS DE LA CODICIA

La codicia puede asumir numerosas formas. Puede verse como un *deseo desmesurado* de poseer más de lo necesario, como por ejemplo: comida, riquezas, posesiones, sexo, poder, amor, diversión, comodidad, popularidad y control. Esta forma de codicia estuvo en la raíz del pecado original en el Edén. Cuando Adán y Eva se dejaron tentar por el deseo de la fruta prohibida, estaban tomando más de lo que necesitaban, por encima de lo que tan abundantemente Dios les había provisto.

Otra forma de codicia es el acaparamiento. En este caso, la persona protege lo que posee reteniéndolo con fuerza y sin soltarlo. Ahora, intenta realizar la siguiente prueba para comprobar si en verdad eres un acaparador.

> **Autoevaluación de acaparamiento**
>
> *He aquí algunas interesantes categorías del acaparamiento que quizá no hayas considerado. Califícate en una escala del 1 al 5, de acuerdo al grado de frecuencia e intensidad en que vives cada uno de estos tipos de acopio, siendo el 1 «escasamente» y el 5 «con frecuencia».*
>
> 1 2 3 4 5 ¿Te cuesta compartir tus cosas?
>
> 1 2 3 4 5 ¿Por lo general te encuentras demasiado ocupada como para pasar tiempo sirviendo a los demás?
>
> 1 2 3 4 5 ¿Eres tan apegada a tu agenda que te resistes a las interrupciones?
>
> 1 2 3 4 5 ¿Excluyes a las personas por proteger tu espacio personal?

Otra forma de codicia es el *sentido de derecho*. Se trata del tipo de persona que dice: «Yo me merezco esto», «El mundo está en deuda conmigo», o «Todo gira a mi alrededor». Aquí observamos que la mentalidad de derecho justifica el anteponerse a los demás cuando:

- **Considero que sufrí demasiado.** «Mi hijo acaba de mudarse y me siento deprimida, por lo tanto tengo todo el derecho de ser grosera con la mujer que me arrancó a mi hijo».
- **Considero que alguien es inepto.** «Tengo el derecho de ser exigente con esa mesera porque se equivocó con nuestra orden».
- **Considero que mis necesidades sobrepasan las de cualquiera.** «Estoy agobiada y como soy la reina necesito un descanso más que nadie, así que déjame en paz».

La codicia nunca baila sola

La codicia no solo tiene numerosas caras como el deseo desmesurado, el acaparamiento y el sentido de derecho, sino que también va de la mano de varios acompañantes. Por lo general danza con otros pecados. ¡Después de todo, en el jardín del Edén la codicia fue la falta que dio inicio a todas las demás! Ella está en la raíz de otros defectos del carácter como el orgullo, la jactancia, la adicción y la obsesión. También es capaz de promover crisis financieras como el gasto compulsivo, las apuestas, estafas, y robos en las tiendas. La codicia alberga a la glotonería y atrae desórdenes alimentarios; y se encuentra en el centro de los pecados sexuales de la pornografía, el adulterio y el incesto.

Consecuencias de la codicia

¿Consideras que los tentáculos de la codicia invadieron tu vida? ¿Eres consciente de las evidencias de codicia, acaparamiento, mentalidad de derechos y cualquier otra clase de compañeros de la codicia que fueron enumerados en el párrafo anterior? He aquí algunos signos a los que puedes estar atenta para determinar si la codicia hizo nido en ti. Tal vez desees consultar con alguien más que te conozca íntimamente a fin de averiguar si detectó algunas de estas consecuencias de la codicia en tu vida.

La codicia excluye a Dios. En lugar de depender de Dios, la codicia depende del esfuerzo propio. En vez de esperar en el Señor, la codicia atrapa en el momento lo que puede. En lugar de obedecer las sugerencias que Dios hace sobre compartir, la codicia hace acopio de bienes. Cuanto más intentes guardar para ti, menos lugar tendrás para Dios.

La codicia excluye a los demás. La codicia me ubica en primer lugar. La mentalidad de derecho o potestad excluye las necesidades de cualquier otro excepto las propias.

La codicia conlleva inseguridad. La codicia es dirigida por el ego. Si crees que tu valor propio crece con lo que obtienes, la codicia te engaña. Más no significa que te vuelvas más segura. El deseo de adquirir, signo de inseguridad, es revelador de la autofrustración y puede conducirte a otros pecados.

La codicia echa por tierra la paz. La persona codiciosa se caracteriza por la ansiedad y nunca descansa por completo. Siempre se encuentra en la búsqueda de algo más allá de su alcance.

Si en la actualidad te sientes distante de Dios y las personas, con falta de autoestima o paz interior, puede que padezcas los estragos de la codicia.

Diario

¿Qué tipo de codicia padeces en la actualidad o conociste en el pasado: el deseo desenfrenado, el acaparamiento o el sentido de derecho? Describe el efecto que produce en tu vida. ¿Y qué compañeros trajo la codicia a tu vida?

_____

_____

_____

A continuación, señala las dos o tres razones principales por las que sientes codicia:

- ☐ **Miedo:** Mejor procuro mi parte rápido antes que se acabe (¡Síndrome del hijo del medio!).
- ☐ **Egoísmo:** No quiero compartir.
- ☐ **Derecho:** Me lo merezco más que tú.
- ☐ **Control:** Quiero estar a cargo de la situación.
- ☐ **Felicidad:** Mientras más obtenga, más feliz seré.
- ☐ **Máscara:** Las cosas ocultan mi dolor.
- ☐ **Autoestima:** Valdré más si poseo esto o aquello.
- ☐ **Orgullo:** Yo primero. Yo soy más importante.
- ☐ **Vanidad:** Soy la reina del mundo.

Teniendo en cuenta las principales razones de tu codicia, explica el modo en que ellas excluyeron a Dios, a los demás, sacaron a luz tu inseguridad o acabaron con tu paz interior.

_____

_____

Dios será generoso en su perdón, y en respuesta te brindará paz abundante y aceptación. Pídele que te indique el origen de aquellas zonas de tu diario vivir donde la codicia tiende a mostrarse. Luego dile que estás preparada, deseosa y disponible para trabajar en ese punto junto a él.

Oración

Amado Señor:

No quiero volverme como Ebenezer Scrooge, que vivió una vida de «presión, disputa, avaricia, egoísmo y codicia». Ayúdame a ocuparme cada vez menos tener más ropa, armarios grandes; muebles, una casa más enorme; bastante dinero, y una cuenta bancaria gigante. Ayúdame a dejar de acopiar posesiones, tiempo, prestigio, y hasta mi orgullo en relación a cuánto soy capaz de dar. Ayúdame a ver a los demás como tus hijos amados y a deshacerme de mi mentalidad de derecho. Si soy ciega a las formas de la codicia en mi ser, enciende las alarmas para que así se termine en mi vida la tolerancia hacia este pecado.

En el nombre de Jesús, amén.

Generosidad: Día 3

¿Cómo llegar a ser una dadora generosa?

> Eso es lo que considero una generosidad auténtica.
> Lo entregas todo y sin embargo sientes que no te cuesta nada.
> **Simone de Beauvoir, 1908-1986, filósofa francesa**

Tienes correo

Para: «La mujer especial» que hay en ti   Fecha: Día 3
De: Katie Brazelton
Asunto: Generosidad

Llegamos al Día 3, y he aquí el mensaje dedicado para ti. ¡Disfruta de este asesoramiento y no te olvides de iniciar con una oración!

Salón de la fama de la generosidad

La Biblia describe numerosos tipos de dadores. Leímos sobre los *dadores persistentes* de Israel, quienes debieron ser limitados en su colaboración excesiva a los fondos del templo (Éxodo 36:6-7). También nos encontramos con los *dadores pobres* de Macedonia, quienes ofrendaron con sacrificio a la perseguida iglesia de Jerusalén (2 Corintios 8:2-3). Zaqueo, el *dador culpable*, que compensó toda un vida de negocios espurios (Lucas 19:8). O los egipcios, los *dadores aterrados*, quienes prácticamente arrojaron sus donaciones de plata, oro y ropas a los israelitas en fuga para evitar que siguieran sucediéndose las plagas (Éxodo 12:35-36). Sin embargo, algunos de los más destacados dadores del salón de la fama de las Escrituras fueron las *mujeres*:

- **La dadora más abundante:** La reina de Saba. El regalo de oro que le diera a Salomón alcanzó en moneda actual la suma de tres millones y medio de dólares, y sin tener en consideración los numerosos barcos cargados de especias, joyas y caoba (ver 1 Reyes 10:1-13).
- **La dadora más astuta:** Abigail. El obsequio de provisiones que otorgó a David para su ejército evitó un asesinato (ver 1 Samuel 25:14-35).
- **Las dadoras más ignoradas:** Las mujeres que apoyaron a Jesús. No solemos escuchar demasiado acerca de ellas, pero fueron quienes alimentaron y sostuvieron a Jesús y a sus seguidores a lo largo de todo su ministerio (ver Lucas 8:3).
- **La dadora más quebrantada:** La mujer de dudosa reputación que derramando lágrimas ungió los pies de Jesús con fino perfume y los enjugó con su cabello (ver Lucas 7:36-50).
- **La dadora más generosa:** La viuda que dio dos céntimos como ofrenda (ver Lucas 21:1-4). ¿No resulta asombroso que en toda la extensión de las Escrituras Jesús señale a esta mujer como el ejemplo de mayor generosidad que había conocido; y sin embargo, de todas estas dadoras, su obsequio fue el de menor monto imaginable? Esto grafica de modo contundente que Dios no tiene en cuenta cuánto damos, sino cuán sentida es nuestra ofrenda. Dios busca en nosotros una actitud generosa, alegre, sacrificada y llena de gracia al dar. Eso es lo que recibe mayores vítores en el cielo.

La historia de la entrega generosa de Tiffani y Chris

Muchos años atrás, cuando Tiffani y su marido, Chris, eran creyentes nuevos, su pastor desafió a la congregación a colectar un fondo para edificación. Dijo algo que les resultó contrario a toda lógica: «Dios no necesita vuestro dinero». ¡Espera un momento! Ese no es el estilo de frase que cabría oír de alguien que solicita dinero. El pastor continuó y explicó que lo que se da permanece entre la persona y Dios, y el monto que se ofrece no debe quedar establecido por la necesidad del receptor, sino por el deseo de depender del liderazgo de Dios.

Tiffani y Chris oraron por separado durante un mes acerca del monto de sus ofrendas. Tiffani temía contarle a Chris lo que Dios le indicaba que diera, ya que la cifra le resultaba sorprendente. Curiosamente, Chris tenía un temor similar, ya que el monto a dar era mayor de lo que siempre habían ofrendado. Por último, cuando se contaron uno a otro sus respectivas cantidades, resultó ser exactamente el mismo dinero.

Aquella experiencia determinó un patrón de ofrenda que ambos intentaron conservar desde entonces. Al comienzo de cada año, la pareja dedica un tiempo de oración por separado acerca del monto de su donación, más allá del diezmo que ofrecen a la iglesia. Cuando hacen esto, Dios les revela la misma cifra a los dos.

No solo utilizan este proceso con su donación anual para la iglesia, sino durante todo el año al entregar parte de esa cantidad a diferentes causas y personas. En este sentido, lo que ellos hacen primero es evaluar el ministerio y su efectividad. Luego, oran a fin de establecer la cantidad a dar, comparan sus cifras y se regocijan cuando Dios les revela lo mismo a ambos. Si sus números son distintos, continúan en oración hasta sentir la paz de Dios sobre una cantidad, y luego la entregan dichosos.

Chris y Tiffani tratan de dar para las causas más cercanas al corazón de Cristo: primero al evangelismo; luego al discipulado; y por último, para cubrir las necesidades de los más pobres y humildes. Tiffani se maravilla por la veracidad de la expresión: «Donde se encuentre tu tesoro, allí estará también tu corazón» (Mateo 6:21). Ella descubrió que, una vez que comienzan a dar para una causa que Dios puso en sus corazones, ven desarrollar un profundo interés por todo lo que se relaciona con ese ministerio. Sus oraciones y su compromiso le siguen a su dinero. Tiffani dice: «Me siento muy agradecida de poder colaborar con Dios en la atención de las necesidades. No sabía que al dar uno se sintiera tan bien».

Los ocho principios del dar

A continuación presentamos ocho principios que pueden trazarse desde la historia de mis amigos, a fin de guiar tus propias decisiones en cuanto a dar.

1. La suma no importa. Recuerda que Dios no necesita de tu dinero. Él desea que tu corazón sea justo en la manera de dar. A medida que nos volvemos semejantes a Cristo, aprendemos a desprendernos de las cosas, y advertimos que la cantidad que ofrendamos va dirigida a complacer a nuestro Padre, no a los demás.

2. Compara luego de la oración. Ora por cada ofrenda que vayas a realizar. Si tienes esposo o una compañía en la oración, intenta clamar por separado acerca de la cantidad que debes dar y luego compara la suma que Dios puso en ambos corazones. Si no tienes compañía, aun así es importante que consultes cada decisión de dar con el Señor y le preguntes cuál es la cantidad de dinero que deberías donar.

3. La recompensa de Dios. Cuando das, Dios no solo guarda para ti tesoros en el cielo, sino que te otorga una dicha indescriptible en el momento que lo haces, lo cual es como un disfrutar de la eternidad aquí en la tierra. Como consecuencia de esa emoción, puede que te digas a ti misma: «¿Cómo puede ser que no demos?».

4. Demora el pago (predeterminando tu donación del año). Destinar una suma de dinero generosa para donar establece automáticamente un retraso en cualquier otra decisión de gastos que vayas a tomar. Funciona como un contrapeso a la mentalidad impulsiva de consumo que dice: «Yo me lo merezco y puedo pagarlo, así que lo compraré», poniéndote un freno y haciendo que le preguntes al Señor dónde desea que ubiques el dinero que le pertenece.

5. Decide contrario al orgullo. La suma destinada a la entrega puede convertirse en una tentación para el orgullo del dador generoso. La voluntad de Dios no te dirá que destines el dinero a las misiones en lugar de reemplazar tu alfombra desgastada. Poseer una alfombra impresentable puede volverse una insignia de honor y una cuestión de orgullo, sobre todo cuando dices: «Sí, necesito cambiar la alfombra, y en cambio doné el dinero a una misión». Dale tu ofrenda a Dios, y él te ayudará a desarrollar un equilibrio saludable en lo que se refiere a utilizar los recursos para tu familia.

6. Invierte en lo mejor. Piensa en tu ofrenda como una inversión en el reino y procede como lo harías en la adquisición de una propiedad. Investiga el ministerio y determina si utiliza sus fondos de manera efectiva. Si no lo hace, puede que necesites revisar tus pasos y tomar la dura decisión de dejar de apoyar a ese ministerio.

7. Sé sabia y prioriza. Luego de donar a tu iglesia local, tienes que establecer prioridades para tu donación utilizando algún método como Chris y Tiffani hicieron. Por ejemplo, poniendo énfasis en el evangelismo, el discipulado, y cubriendo las necesidades de los más desprotegidos.

8. Entrégate con el corazón. Tu corazón va detrás de tu tesoro. Cuando Dios deposita un ministerio en tu corazón, no solo entregues dinero. Es importante que decidas colaborar donde sea necesario. Puedes escribir cartas, decorar, ayudar en una biblioteca, limpiar, leer a los niños... ¡u orar!

El dar es una aventura en la fe. Obedecer a Dios en cuanto a nuestras ofrendas, significará un crecimiento de tu confianza en él. Tu ofrenda debe ser vista como un acto de obediencia, en especial si todavía no sabes cómo habrás de poder cumplir con el desafío que Dios puso ante ti. Lo más importante es recordar que la generosidad nos retribuye con grandes momentos de dicha.

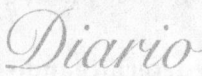

> *Traigan íntegro el diezmo para los fondos del templo, y así habrá alimento en mi casa. Pruébenme en esto —dice el Señor Todopoderoso—, y vean si no abro las compuertas del cielo y derramo sobre ustedes bendición hasta que sobreabunde.*
>
> Malaquías 3:10

¿Qué bendiciones consideras que necesitas y no recibes por desobedecer a Dios en la generosidad? ¿Sabías que este versículo de Malaquías es el único de las Escrituras donde Dios nos invita a ponerlo a prueba? Como un acto de fe, escribe al menos una de las maneras que te agradaría poner a prueba a Dios en cuanto a su dádiva generosa.

_____

_____

Prueba de generosidad

Repasa los ochos principios del dar y comprueba tu desempeño.

1.	**La cantidad no importa.**	¿Das para complacer a Dios más que a los demás?	Sí	No
2.	**Compara luego de la oración.**	¿Elevas una oración antes de dar?	Sí	No
3.	**La recompensa del Señor.**	¿Tienes el hábito de acumular tesoros en el cielo?	Sí	No
4.	**Demora el pago.**	¿Evalúas tus compras a la luz de tus compromisos de dar?	Sí	No

Generosidad: Día 3 • ¿Cómo llegar a ser una dadora generosa?

5.	**Decide contrario al orgullo.**	¿Le has dado a Dios alguna vez solo por darle?	Sí	No
6.	**Invierte en lo mejor.**	¿Haces indagaciones antes de donar?	Sí	No
7.	**Sé sabia y prioriza.**	¿Ofrendas allí donde lo haría Jesús?	Sí	No
8.	**Entrégate con el corazón.**	¿Donas algo más que tu dinero?	Sí	No

Sí 7-8 veces: ¡Eres una superestrella en lo que respecta a ofrendar! Agradece a Dios por la dicha que recibes al dar.

Sí 3-6 veces: Te encuentras bien orientada hacia el camino de convertirte en una dadora generosa. Escoge un área para trabajar.

Sí 1-2 veces: Revisa el capítulo acerca de la codicia y practica un movimiento de apertura de manos. ¿Estás aferrándote a las cosas con fuerza?

ORACIÓN

Amado Señor:

Arde en mi interior un hondo anhelo de apropiarme de tu palabra e iniciar la aventura de fe contigo. Quiero perseguir tu voluntad antes de utilizar mi dinero; y deseo poner atención a tus consejos y dar lo que tú me indiques, en los sitios que me digas. Muéstrame maneras de ser generosa con mi vida así como con mi dinero. Te doy gracias, porque al obedecerte, no solo acumulo recompensas en el cielo, sino que me otorgas gran dicha aquí en la tierra.

En el nombre de Jesús, amén.

Generosidad: Día 4

Tu asesora en la generosidad

> Es una modalidad de la vida moderna
> que muchos consideren que dar es una carga.
> Tales personas omitieron una entrega previa.
> Si uno se entrega antes al Señor, todo otro acto de dar es fácil.
> **John S. Bonnell, 1893-1992, pastor y escritor**

Una excursión que cambiará tu perspectiva

¡En este día recibimos una invitación para ir a la playa! Como era de esperar, vinimos hasta el océano para apreciar uno de los regalos más generosos de Dios, con la extensión del horizonte; olas que azotan el mar; la línea de la costa; las aves y el brillo del sol. Nos quitamos los zapatos y movemos las puntas de los pies en la arena tibia. Conversamos sobre Dios y su conocimiento acerca de la cantidad de granos de arena en todo el mundo, y nos maravillamos por el tiempo que dedicó para hacer cada grano diferente del resto. Permanecemos sentadas en silencio por unos minutos y solo escuchamos el golpe de las olas, miramos el reflejo del sol en el agua, experimentamos la brisa refrescante en nuestros rostros e iniciamos nuestro momento de oración. De algún modo, en este sitio nos sentimos más cerca de Dios. A continuación iniciamos un paseo al borde del agua y hablamos sobre tres aspectos de la generosidad en tu diario vivir. A saber: qué tan generosa eres, la motivación de tu generosidad, y el impacto que tiene tu generosidad.

¿Qué tan generosa eres?

> Generosidad es dar más de lo que puedes.
> **Kahlil Gibran, 1883-1931, escritor líbano-estadounidense.**

Por un minuto piensa qué tan generosa eres. Observa de qué manera, fuerte o suave, te aferras a tus posesiones. Medita sobre lo que sientes al donar dinero. Piensa acerca de tu primera reacción cuando eres interrumpida, cuando alguien te pide ayuda, o cuando una persona te desilusiona. ¿Tienes alguna idea de si eres o no una persona generosa? Ahora sentémonos por un momento y leamos juntas sobre un grupo de macedonios azotados por la pobreza, de quienes podemos aprender algo acerca del tema de la generosidad:

> *En medio de las pruebas más difíciles, su desbordante alegría y su extrema pobreza abundaron en rica generosidad. Soy testigo de que dieron espontáneamente tanto como podían, y aún más de lo que podían, rogándonos con insistencia que les concediéramos el privilegio de tomar parte en esta ayuda para los santos. Incluso hicieron más de lo que esperábamos, ya que se entregaron a sí mismos, primeramente al Señor y después a nosotros, conforme a la voluntad de Dios.*
>
> 2 Corintios 8:2-5

Ahora consideremos ciertos aspectos de la historia de los macedonios a fin de formularte algunas preguntas sobre tu nivel de generosidad.

1. Los macedonios fueron puestos a prueba por los problemas y sufrieron carestías considerables. ¿De qué modo los problemas o temores que padeciste por no disponer del dinero suficiente para gastar te mantuvieron alejada de la generosidad?

_____

_____

2. Los macedonios no se detuvieron por sus problemas. Ellos dieron en abundancia porque el motor que los movilizaba era la alegría. ¿Qué tipo de alegría, emoción o resultados te conducen a ser una persona más generosa?

_____

_____

3. Los macedonios rogaron y suplicaron por recibir el privilegio de compartir con los cristianos de Jerusalén, y dieron más de lo que podían afrontar. ¿Qué causa, ministerio o necesidad te motivan a querer ser una persona más apasionada en la generosidad?

_____

_____

4. Los macedonios sorprendieron a Pablo al dar de sí primero. Más allá de tu dinero, ¿qué es lo que le das al Señor y a los demás?

_____

_____

¿Qué te motiva a la generosidad?

> Puedes dar sin amar.
> Pero no puedes amar sin dar.
> Amy Carmichael, 1867-1951, misionera en la India

Pensemos acerca de lo que te motiva a la generosidad. ¿Se trata del placer que sientes al recibir las gratificaciones de los demás? ¿Haces donaciones con mayor disposición cuando sabes que recibirás algo a cambio? ¿O tu entrega es en realidad una transacción financiera que vives como una obligación?

¿Qué dirías si los motivos principales por los que ofrendas fueran que Dios te ama y tú a él, y que Dios ama a la gente y tú ves sus carencias del mismo modo que Dios? Cuando las necesidades ajenas calan hondo en ti y te rompen el corazón, lo más probable es que descubras que ya no te es posible detenerte y dejar de responder con generosidad. Advierte la conexión inherente entre el pasaje siguiente de Jesús dándose primero a nosotros y nuestra compasión hacia los demás, lo que representa nuestra generosidad.

> *En esto conocemos lo que es el amor: en que Jesucristo entregó su vida por nosotros. Así también nosotros debemos entregar la vida por nuestros hermanos. Si alguien que posee bienes materiales ve que su hermano está pasando necesidad, y no tiene compasión de él, ¿cómo se puede decir que el amor de Dios habita en él? Queridos hijos, no amemos de palabra ni de labios para afuera, sino con hechos y de verdad.*
>
> 1 Juan 3:16-18

1. ¿Cuál es tu motivación verdadera al dar? ¿Cómo cambiaría tu ofrenda si estuvieras en realidad motivada a dar en respuesta al sacrificio que hizo Jesús por ti?

_____

_____

(Para conocer más sobre el sacrificio que Jesús hizo por ti y cómo el mismo puede cambiar tu vida, dirígete al Apéndice C).

2. ¿Quiénes son aquellos necesitados en tu mundo? ¿Cuál es tu respuesta interna hacia ellos, y cuáles tus acciones externas? ¿Cómo cambiaría tu forma de dar si estuvieras motivada por la compasión a los demás?

_____

_____

_____

Tu generosidad desde la perspectiva celestial

Una de las canciones de mayor profundidad acerca del tema del impacto eterno de la generosidad es «Gracias»[1], de Ray Boltz. La letra es una invitación a imaginar que caminas por las calles doradas del cielo, y que la gente se acerca a ti para agradecerte por el sacrificio de tu ofrenda, que produjo un cambio en sus vidas. Por ejemplo, tu antiguo alumno de la Escuela Dominical te dice que se encuentra en el cielo gracias a tu dedicación. Un misionero te agradece por tu pequeña pero sentida ayuda financiera que Dios multiplicó. Una de las estrofas resume el espíritu de la canción:

> *Uno a uno llegaron, de tan lejos como podía verse.*
> *Cada vida que de alguna forma tocó tu generosidad.*
> *Las pequeñas cosas que habías hecho, los sacrificios*
> *Inadvertidos en la tierra, son en el cielo hoy proclamados*
>
> 1988 Gaither MusicASCAP. Todos los derechos reservados.

A continuación de esta larga línea de almas agradecidas, la canción cuenta que Jesús se acerca a ti, toma tu mano, ¡y te habla de la recompensa abundante que te espera allí en el cielo!

1. Mi amiga, cuando Jesús tome tu mano en el cielo, ¿quién hará la fila para contarte sobre el modo en que tu generosidad tocó su vida y por qué?

_____

_____

_____

---

[1] «Thank you» en su nombre original.

2. Cuando piensas acerca de tu generosidad desde una perspectiva celestial, ¿qué sacrificios te mostraste reticente a realizar y deberías reconsiderar?

_____

_____

Oración

Amado Señor:

¿Examinarás mi corazón en este momento? ¿Soy tan generosa como creo? ¿Siento compasión verdadera hacia los demás? ¿En realidad me detengo a mirar a la gente que me rodea y sus necesidades? ¿Respondo a ellas como tú lo harías? Señor, quiero ser semejante a ti. Quiero llenarme de generosidad. Deseo encontrar una causa por la que me sienta comprometida al punto de suplicar para darle apoyo. Anhelo ser consciente de los demás e inconsciente de mis propias limitaciones a fin de poder dar más de lo que me creo capaz, puesto que tú eres mi provisión. Ayúdame a derramar generosidad en el modo en que me conduzco en el trabajo, en la carretera, en un restaurante y con mi familia. Me encantaría que tú, Jesús, pudieras ver una fila de personas en el cielo que hayan sido tocadas por una sonrisa, un acto de bondad, un obsequio o la ayuda amorosa hacia ellos de mi parte aquí en la tierra.

En el nombre de Jesús, amén.

Generosidad: Día 5

Pasos hacia la generosidad

Queridísimo Señor, enséñame a ser generoso.
Enséñame a servirte como lo mereces;
a dar y no calcular el costo;
a luchar y no atender a las heridas;
a trabajar sin procurar descanso;
a esforzarme y no perseguir recompensa,
excepto el saber que estoy haciendo tu voluntad.

**Ignacio de Loyola, 1491-1556,
fundador de la congregación de los jesuitas**

Siéntate en paz junto a tu Creador

En la intimidad de tu propio espacio de quietud, hoy te dedicarás a la tarea de elaborar un plan de acción de la generosidad. Los pasos de acción se encuentran divididos en cuatro zonas: desarrollo de un corazón compasivo, desprendimiento de las posesiones, dádiva generosa y vida de altruismo. Recorre las siguientes opciones y señala aquellas zonas en las que tu desempeño es mejor y qué pasos de acción desearías dar para construir una generosidad superior en tu vida.

Analiza qué tan profundamente eres capaz de concentrarte a fin de incrementar tu generosidad durante esta época de tu vida. Luego, según tu criterio, selecciona los pasos de acción adecuados de las páginas 313-315, que experimentarás esta semana. Este es tu plan, tu vida y tu decisión. Si en este instante percibes que Dios te indica de manera especial que te concentres en la generosidad, realiza los ejercicios sin demora. Confío en que cualquiera sea el esfuerzo que dediques a incrementar tu generosidad, será recompensado por Dios en la tierra y en el cielo.

Cuarta parte: Entabla una relación adecuada con las cosas

Plan de acción de la generosidad

ENFOQUE EN LA ORACION: Ora para que Dios abra tus ojos a los requerimientos de las personas que te rodean y te muestre lo que él desea que hagas con los mismos. Haz una evaluación de todo cuanto posees y pídele a Dios orientación para saber cómo disponer de ello adecuadamente. Ofrécele a Dios cada día de tu vida y considera las interrupciones como si se tratasen de indicaciones divinas. Asimismo, clama para que él te indique el lugar a donde dirigirás tu donación y el monto a entregar.

ENFOQUE DEVOCIONAL: Escoge uno de los siguientes pasajes de las Escrituras sobre el tema de la generosidad: Para concentrarte en *desarrollar un corazón compasivo*, lee Lucas 10:29-37 y evalúa tu compasión a la luz de la historia del buen samaritano. A fin de lograr un *desprendimiento de las cosas*, lee Mateo 6:19-34, y de esa manera aprenderás las actitudes a asumir frente a las posesiones. Para una *entrega generosa*, lee Romanos 12, y descubrirás cómo ofrecer tu cuerpo en sacrificio vivo. Y por último, para *tener una la vida de altruismo*, lee 2 Corintios 9 y te instruirás sobre los principios de dar con generosidad.

PERSPECTIVA ADICIONAL: Es importante que leas *El principio del tesoro*, de Randy Alcorn y aprenderás que la única forma de estar sujeta a un tesoro es enviándolo al cielo haciendo entrega de él en la tierra. También puedes hacer gala de tu creatividad y explorar el sitio web GenerousGiving.com (en inglés) a fin de aprender acerca de otros dadores contemporáneos y antiguos, y la manera en que se condujeron.

Pasos de acción: Desarrollo de un corazón compasivo

Instrucciones: Escoge con devoción uno o dos pasos de acción para experimentar durante esta semana.

Fecha inicio

_____ ☐ **Seré una voluntaria** y serviré en un evento o institución que brinde ayuda a los ancianos. *(Identifica la actividad en la que te apuntarás como voluntaria).*

_____ ☐ **Haré donaciones** primero a mi iglesia; luego a los ministerios que llevan a cabo el evangelismo, el discipulado, y más tarde contribuiré brindando ayuda a quienes más la necesiten. (También puedo diseñar mi propio programa de donación).

_____ ☐ **Ayudaré a los desamparados** mediante la entrega de algo adecuado en el momento que Dios lo indique.

IDEA: *Prepara bolsas con bocadillos saludables, artículos de tocador, una tarjeta de obsequio para comida rápida y un folleto del evangelio, y guarda en tu auto una provisión de las mismas para que cada vez que veas a una persona necesitada puedas ayudarla.*

_____ ☐ **Daré los regalos de mi «vida plena»** (ver ejercicio en Generosidad: Día 1, páginas 291-292) a personas de mi círculo de influencia que los necesiten.

_____ ☐ **Viajaré con un propósito**, y escogeré visitar lugares donde haya gente con necesidades reales. No me hospedaré en un hotel elegante, sino en un sitio económico donde pueda allegarme a los vecinos de la ciudad. Usaré mi tiempo con el firme propósito de mejorar sus vidas y hallaré formas de seguir involucrada con sus necesidades cuando regrese a casa.

_____ ☐ **Cultivaré** un corazón compasivo por medio de *(agrega tu idea aquí)*

_____

_____

Pasos de acción: Desprendimiento de las posesiones

Instrucciones: Escoge uno o dos pasos de acción para experimentar durante esta semana.

Fecha inicio

_____ ☐ **Afirmaré que mis posesiones no son mías** y dejaré de acopiarlas. Las compartiré libremente y las donaré una vez que termine de utilizarlas.

_____ ☐ **Afirmaré que no soy dueña de mí misma.** Dejaré de acaparar mi tiempo, mi energía, mi intimidad y mis derechos.

_____ ☐ **Mantendré mi capacidad de ser responsable.** Permitiré que alguien me pregunte: «¿Qué tal tu lucha contra el materialismo?» y para que me mantenga responsable de ponerme y alcanzar metas en cuanto al dar.

_____ ☐ **Simplificaré mi estilo de vida** a fin de hacerme de más tiempo, energía y dinero de los que pueda hacer entrega. (Escoge una de las siguientes ideas o crea una propia).

IDEAS SIMPLIFADORAS DE TIEMPO: *Abandono actividades. Dejo de pensar que soy indispensable. Entreno a alguien a fin de que pueda tomar mi lugar. Esparzo la bendición de servir.*

Cuarta parte: Entabla una relación adecuada con las cosas

IDEAS SIMPLIFICADORAS DEL CONSUMO: *Reduzco gastos. Vendo bienes pendientes de pago. Implemento medidas de ahorro. Presupuesto. Reduzco necesidades.*

(Agrega tu propia idea simplificadora aquí)

_____ ☐ **Me desprenderé** de las cosas por medio de *(agrega aquí tu idea)*

Pasos de acción: Cultivando una dádiva generosa

Instrucciones: Escoge con devoción de uno a dos pasos de acción para experimentar durante esta semana

Fecha de inicio

_____ ☐ **Daré un diezmo** de la primera parte de mis ingresos y dones al Señor.

_____ ☐ **Investigaré** las políticas fiscales de los ministerios antes de hacer una donación.

_____ ☐ **Daré regalos adicionales** a la obra del Señor con mi excedente. Fijaré un límite sobre lo que necesito para vivir (y estudiaré con prudencia aquello que haya de necesitar para mis años de retiro) y entregaré todo lo que Dios me provea por sobre ese límite.

_____ ☐ **Evaluaré mis compras** más grandes a la luz de mis objetivos de dar.

_____ ☐ **Me volveré** más generosa en mis donaciones por medio de *(agrega aquí tu idea)*

Pasos de acción: Cultivando una vida de altruismo

Instrucciones: Escoge con devoción de uno a dos pasos de acción para experimentar durante esta semana.

Fecha de inicio

_____ ☐ **Alentaré a alguien** con una llamada telefónica, una nota escrita o flores.

Generosidad: Día 5 • Pasos hacia la generosidad

_____ ☐ **Invitaré gente** a mi hogar y compartiré mi alimento y mi techo con ellos, incluso si no he limpiado mi casa ni preparado una comida elaborada.

_____ ☐ **Me entregaré** a mí misma prestándole generosa y amorosa atención a mi familia, así como otorgando el tiempo y la energía que me lleve convertirme en una oyente generosa y amable para mis amigos.

_____ ☐ **Seré voluntaria** y usaré mis talentos para apoyo de un ministerio.

> IDEAS: *Ministerios e iglesias emplean voluntarios en ocupaciones como contabilidad, correos, ingreso de datos, archivos, preparación de sobres, atención telefónica, escritura, planeamiento de eventos, cuidado de niños, costura, cocina y decoración de repostería, etc.*

_____ ☐ **Transformaré mi pasatiempo** en una oportunidad de compartir, y así dejaré de tomarlo como una tarea centrada en mí misma.

> IDEAS: *Los jardineros pueden llevar flores a personas residentes en hogares de asistencia; los ciclistas pueden llevar a un niño que tenga un único padre de paseo al parque; los fisgones (¡tú sabes si eres uno de ellos!) pueden crear una página de recortes recordatoria para conmemorar el logro de un amigo; las tejedoras pueden confeccionar una manta de bebé para el orfanato.*

_____ ☐ **Oraré por alguien que requiera de mi gracia.** Si existe alguna persona que en este momento represente problemas en mi vida, oraré por él o ella con su nombre desde ahora. Luego le otorgaré el obsequio de la piedad, el perdón y la gracia a esta persona, incluso si considero que no lo merece, recordando que yo misma tampoco merezco muchos de los regalos que Dios me hace debido a su enorme generosidad. *(Identifica a la persona por la que vayas a orar).*

_____

_____ ☐ **Me volveré** más generosa en mi vida por medio de *(agrega aquí tu propia idea)*

_____

_____

Cuarta parte: Entabla una relación adecuada con las cosas

Plan Maestro de Acción

Ahora, selecciona un paso de acción principal de este ejercicio del Día 5 y anótalo en tu Plan Maestro de Acción en el Apéndice A de la página 362. Cuando hayas finalizado de leer este libro, continua dirigiéndote a ese paso de acción principal en tu Plan Maestro de Acción (¡así como a este Plan de Acción de la Generosidad, desde luego, siempre que tus tiempos te lo permitan!). Recuerda, a fin de que te vuelvas semejante a Cristo en tu carácter, es necesario que colabores con Dios de tres maneras: preparación, oración y práctica. Ya has realizado el trabajo de preparación al aprender la verdad de Dios sobre la generosidad. Ahora, lo que sigue es asimilarlo orando por la ayuda del Espíritu Santo y poniendo en práctica tus pasos de acción, uno a uno.

Oración de generosidad

Amado Señor:

¿Si no soy generosa, qué soy entonces? A medida que aprendo más y más acerca de tus ideas sobre esta materia, me convenzo de que no soy nada más que la armazón vacía de una mujer. Enséñame a ser escandalosamente generosa, tanto como tú lo eres conmigo. ¿Cómo puede ser que cuanto más doy, más recibo? He ahí una maravillosa verdad bíblica, una verdad que da sentido a la enorme importancia que has puesto sobre este principio. Forja en mi interior un corazón generoso y crea en mí un método calmo y humilde por el cual pueda hacer entrega de mí misma, mis posesiones y mis recursos.

En el nombre de Jesús, amén.

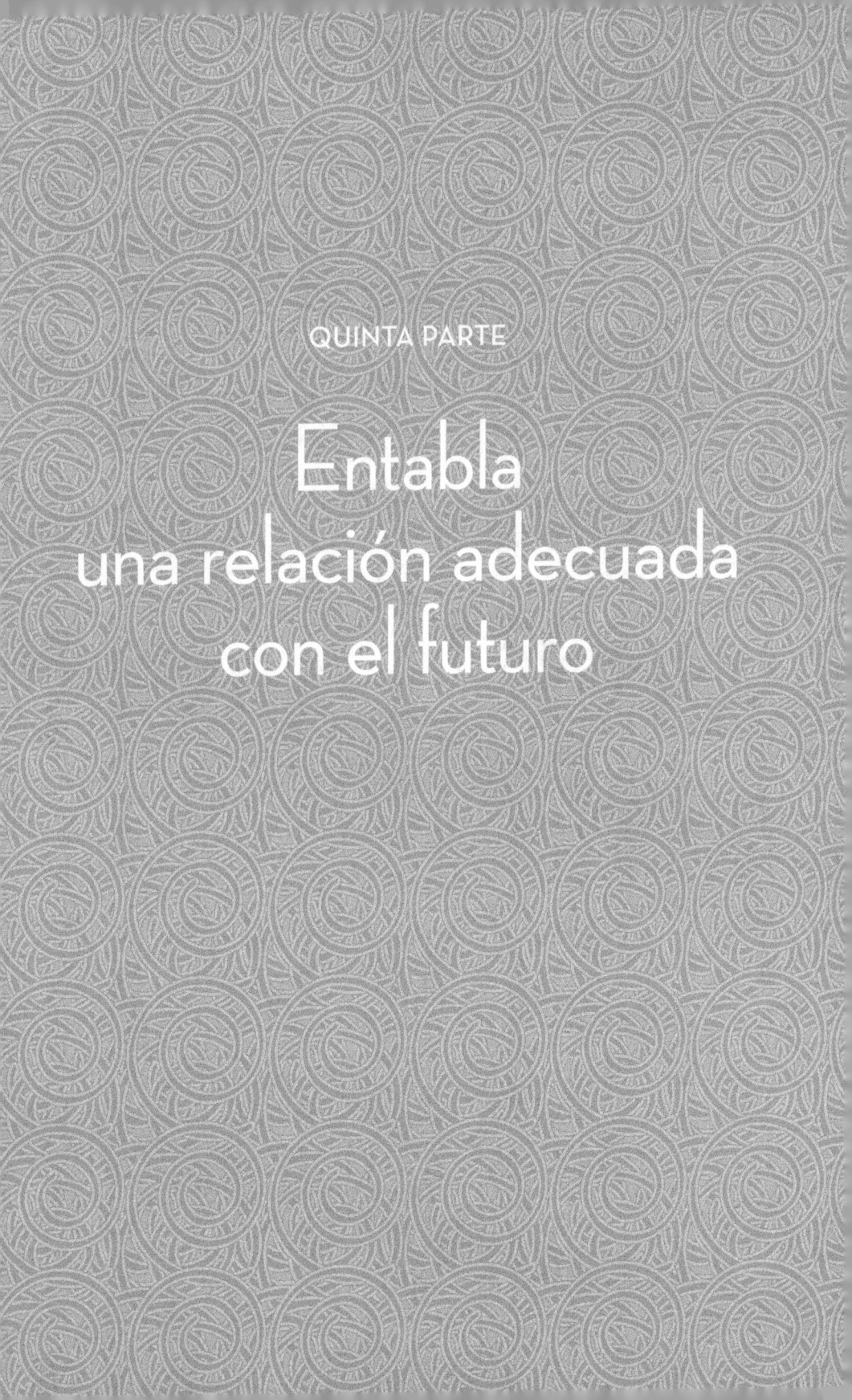

QUINTA PARTE

Entabla una relación adecuada con el futuro

Capítulo 8

La perseverancia

Y la constancia debe llevar a feliz término la obra,
para que sean perfectos e íntegros,
sin que les falte nada.

Santiago 1:4

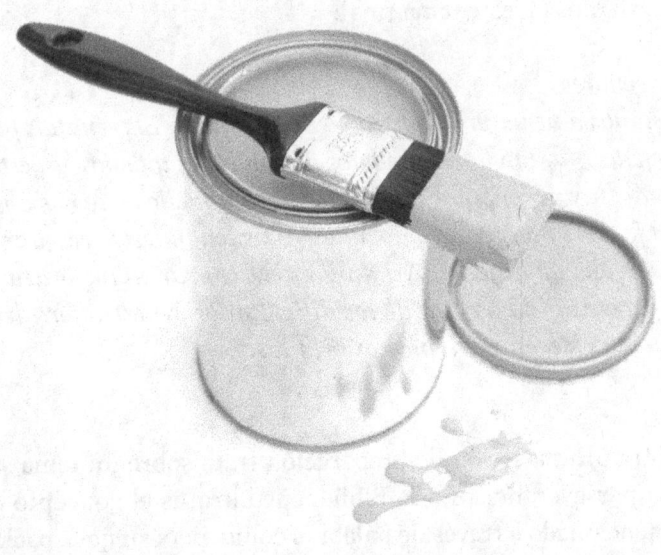

Perseverancia: Día 1

Inspirada por Dios

Permítame revelarle el secreto que me condujo hacia la meta.
Mi única fuerza radica en mi tenacidad.
Louis Pasteur, 1822-1895, inventor de la pasteurización

¡Bienvenida a mi hogar!

Aunque parezca increíble, el tiempo pasó muy rápido, porque ya arribamos a la última semana de permanecer juntas. Me encantaría darte a elegir el lugar donde hoy nos encontraremos para llevar a cabo la gran final de la remodelación del carácter. Puedes escoger entre la sala de estar, el comedor, la oficina y hasta el portal de mi hogar. Antes de dirigirnos a tu sitio favorito, vamos a elevar una oración especial para demostrarle a Dios cuán comprometidas estamos en este tema final:

Señor de señores:

Enséñanos a perseverar contra viento y marea. Entrénanos para intentarlo día tras día. Envíanos modelos de conducta que posean esta fortaleza en su carácter y permítenos modelarla para aquellos que nos observan y viven sin fe. Eres nuestro refugio, nuestro sostén, nuestro resguardo cuando las cosas se tornan difíciles. Ayúdanos a descansar en tus brazos mientras seguimos avanzando a pesar de las dificultades. Nuestra fortaleza radica en ti y en la perseverancia que nos brindas.

Amén

Nuestra última sesión de preparación trata sobre un tema significativo que es la perseverancia. En la Biblia, encontrarás el concepto de perseverancia mencionado a través de palabras como: persistencia, paciencia, resistencia, diligencia e insistencia. ¡Ahora ambas respiremos profundamente y veamos lo que Dios tiene hoy para ofrecernos!

Perseverancia: Día 1 • Inspirada por Dios

Cuando casi me rindo

Tengo en mi poder cuarenta y siete cartas que prueban el rechazo que padecí durante quince años. En el año 1989, comencé con una idea y un sueño a la vez. Mi idea era escribir un libro acerca de cómo ser una persona buena. En cuanto a mi sueño, en realidad quería que el libro fuera un éxito en el mercado secular como la única respuesta que ayudara a las personas a alcanzar su potencial. Después de recibir cuarenta y dos cartas que decían: «No, gracias», dejé mi libro en manos de Dios y renuncié a mi sueño, mi futuro y mi visión, confiándoselo todo a él. Sin embargo, no existió ninguna historia de éxito milagrosa después de eso. ¡De hecho, recibí cinco cartas más de rechazo! Luego, cuando por fin pude conseguir un contrato de edición, la publicación del libro fue cancelada cuatro meses antes de su lanzamiento debido a los ataques terroristas del 11 de septiembre, los cuales causaron ajustes presupuestarios en la industria editorial. Después de ocho años de espera, luego de confiarle mi libro al Señor y rescribir cada oración para reflejar una perspectiva cristiana, mi representante consiguió un contrato que lo convirtió en los cuatro libros de *Camino hacia el propósito*. Mi historia de perseverancia no es única. Nada en este mundo puede conseguirse sin tenacidad. Piensa en las cosas cotidianas que la gente logra debido a su perseverancia. Por ejemplo: organizar el garaje (¡lo cual requiere perseverancia extrema!), restaurar un mueble, escribir una canción, graduarse en la escuela, remodelar la casa, adoptar un hijo, conseguir un ascenso, pintar un cuadro, enseñar en una clase, perder peso, iniciar un ministerio. Cuando tienes una idea, el proceso de búsqueda y cumplimiento de los sueños requiere que te mantengas firme en tu determinación.

Como ejemplo, citamos la historia de Nehemías del Antiguo Testamento, quien fue inspirado por Dios para realizar la reconstrucción de los muros de Jerusalén, una tarea extenuante que requirió de una gran tenacidad para ser llevada a cabo.

Proveedor de sueños

La historia de Nehemías se inicia en un palacio persa donde él estaba al servicio del rey, quien mantenía en cautiverio a los judíos. Nehemías le preguntó a un visitante acerca de la situación en Jerusalén, y lo que recibió como respuesta fueron noticias escalofriantes.

> *Los que se libraron del destierro y se quedaron en la provincia están enfrentando una gran calamidad y humillación. La muralla de Jerusalén sigue derribada, con sus puertas consumidas por el fuego.*
>
> Nehemías 1:3

Dios nos brinda sueños de diversas formas. En el caso particular de Nehemías, Dios abrió sus ojos ante un desastre. Y Nehemías se conmovió al ver la problemática que atravesaba su gente y tuvo que hacer algo al respecto. De la misma manera, Dios nos muestra una necesidad como el caso de las personas sin hogar, los bebés con SIDA o las madres solteras. Él deposita una carga en nosotros que nos inspirará para encontrar una forma de proveerles ayuda. En otros casos, Dios crea un deseo en nuestro interior que nace en lo que hacemos bien, como fotografiar la naturaleza, arreglar computadoras, buscar maneras de emprender un negocio o conseguir un trabajo que se relacione con lo que nos gusta hacer en la vida. Además, muchas de nosotras tenemos sueños relacionados con nuestras penas. De alguna manera todas experimentamos sufrimiento en alguna etapa de nuestra vida. Por ejemplo, si perdimos un hijo, fuimos abusadas, nos divorciamos o resistimos ante dolores crónicos. Desde nuestro sufrimiento nos damos cuenta de que estamos capacitadas para acudir en ayuda de aquel que atraviesa una circunstancia similar.

¿Acaso Dios te entregó una idea, una inspiración, un deseo del corazón, un impulso divino o una carga? Cuando tu sueño se alinea con tus dones, experiencias y formación... ¡es fantástico! Ahí es cuando comienzas a experimentar esa convicción única e inigualable de que Dios esculpió un sueño solo para ti y te eligió y otorgó el poder para que lo cumplas. Sin embargo, algunas veces existen baches inesperados durante nuestro viaje hacia la concreción de los sueños.

Sueños frustrados

¿Qué cosas pueden aparecer y amenazar nuestros sueños? Dos de los «asesinos» de sueños más comunes son los proyectos que parecen demasiado grandes y las personas desalentadoras. ¡Mientras repasas los conceptos relacionados a estos temas, sumérgete en la historia de Nehemías para que tu experiencia parezca más real!

El proyecto parece demasiado grande

Para Nehemías, la primera amenaza a su sueño de reconstruir Jerusalén llegó cuando los muros estaban a medio terminar (ver Nehemías 4:6-9). ¿No fue ese un momento de desmotivación? Esto significa que llegaste muy lejos como para cambiar de idea, pero todavía hay más por hacer y piensas que no puedes seguir. Parece que todo se demora demasiado. El trabajo es muy extenso y gran parte del mismo parece difícil. De igual forma aconteció en la historia de Nehemías, donde su gente comenzó a quejarse.

> *Los cargadores desfallecen, pues son muchos los escombros; ¡no vamos a poder reconstruir esta muralla!*
>
> Nehemías 4:10

Ellos decían: «Trabajamos duro y las cosas están peor que al principio. Da la impresión de que nunca terminaremos». Los proyectos importantes generan desorden y por lo general las cosas empeoran en lugar de mejorar. En momentos como estos, las tareas pueden agotar tu energía. Comienzas a perder la esperanza y te preguntas si tu sueño viene realmente de parte de Dios. Pareciera que las dimensiones del proyecto superan a las del sueño.

Anne Sullivan, una constructora de sueños persistente

Helen Keller, con solo siete años, estaba contenta de que Anne Sullivan no hubiera renunciado. Anne pensó que podía ayudar a Helen, quien era sorda y ciega, utilizando su propia experiencia obtenida al lidiar con su visión reducida. Sin embargo, pronto se encontró sobrepasada por esta niña incontrolable y furiosa. A pesar de recibir algunas mordidas y salpicones de comida, Anne tenía la convicción de permanecer junto a Helen y enseñarle cómo comportarse con corrección. Finalmente, el gran avance ocurrió cuando Helen conectó el agua a la bomba con las letras a-g-u-a que Anne deletreó en su mano. Ese momento no hubiera acontecido si Anne hubiera renunciado cuando la tarea se complicó en extremo.

La gente es desalentadora

El otro gran «asesino» de sueños aparece cuando algunas personas se ven afectadas por tu sueño. Es obvio que no todos estarán de acuerdo contigo y apoyarán tu punto de vista. Detrás de los grandes sueños existen los grandes detractores. Mientras más atrevida sea tu inspiración, más gente negativa se acercará para decirte por qué tu idea nunca funcionará. Ya en el comienzo del proyecto de Nehemías sus motivos fueron cuestionados haciéndolo quedar en ridículo.

> *Cuando lo supieron, Sambalat el horonita, Tobías el oficial amonita y Guesén el árabe se burlaron de nosotros y nos preguntaron de manera despectiva:*
> *—Pero, ¿qué están haciendo? ¿Acaso pretenden revelarse contra el rey?*
>
> Nehemías 2:19

Durante la ejecución del proyecto sus enemigos no cedieron. Intentaban paralizar la construcción del muro por medio de amenazas, rumores y trucos sucios. Cuando te atreves a realizar emprendimientos grandes, algunas personas ya sea por celos, mezquindad o negatividad procurarán hacerte desistir. En estos casos pudiera parecer que la fuerza de la oposición supera a la de tu sueño.

Bill Porter, un vendedor puerta a puerta

La historia de Bill Porter es un registro público y bien documentado llevado al cine por Turner Network Televisión (TNT), cuyo protagonista es el actor William H. Macy, nominado a los premios Oscar. El argumento se centra en el hecho de probar que los detractores están equivocados. Minusválido por una parálisis cerebral, a Bill le dijeron que nunca podría conseguir un trabajo debido a su afección. No obstante, se aseguró un territorio en Pórtland, Oregón, vendiendo productos Watkins puerta a puerta. Además, le informaron que el trabajo requería de largas caminatas y que no podría lograrlo. Aun así, caminó de once a dieciséis kilómetros diarios por más de treinta años. También le hicieron saber que le sería muy difícil repartir los productos sin un automóvil, y diseñó un método para hacerlo. Asimismo, aseguraron que la gente no le compraría por temor o por no poder entender su dicción. Sin embargo, se ganó varios premios de Watkins como el mejor vendedor del año. Persistió frente al ridículo, al robo, a las lesiones, al dolor, al clima de Oregón y a sus propias limitaciones físicas. Estaba decidido a triunfar, sin importar la opinión de las personas, y hoy, con setenta y tres años, lleva a cabo un negocio exitoso por Internet vendiendo Watkins. En 1997 le entregaron el premio «America's Award», el cual honra a los héroes no reconocidos que personifican el carácter y el espíritu norteamericano.

IMPULSORES DE SUEÑOS

Entonces, ¿cómo te sobrepones a las críticas y al desaliento? Simplemente con perseverancia. En el caso de Nehemías, él demostró cómo persistir sobre los «asesinos» de sueños de tres maneras diferentes: orando con efectividad, recordando las bendiciones ya concedidas por Dios y estando preparado para pelear por su sueño.

Cubre tu sueño con una oración

Nehemías protegió su proyecto con una oración. Desde el momento en que tuvo conocimiento de los muros derrumbados, él inició un período de ayuno y oración (Nehemías 1:4-11). Durante la mitad del proyecto, cuando sus esfuerzos fueron amenazados, Nehemías clamó por protección (4:9) y sobre el final del mismo, él junto con Esdras reinstituyeron la confesión pública y la adoración (8:1—9:3). Incluso existe un ejemplo donde Nehemías oró por una respuesta justa ante un requerimiento urgente del rey:

> —¿Qué quieres que haga? —replicó el rey.
> Encomendándome al Dios del cielo, le respondí...
>
> NEHEMÍAS 2:4-5

Como queda demostrado, debes cubrir todo proyecto, de principio a fin, con una oración profunda, el hábito de orar y las oraciones de emergencia..

Recuerda cómo trabajó Dios

Nehemías no se detuvo en su clamor. Emprender un sueño puede constituir un momento angustiante de dudas y miedos. La estrategia de Nehemías consistía en sacar fuerzas de la idea de que Dios lo había guiado antes. En su discurso motivador, animó a la gente a atacar la dificultad relatándoles cómo Dios preparó el corazón del rey para proveerle los materiales a fin de iniciar la construcción.

> —Ustedes son testigos de nuestra desgracia. Jerusalén está en ruinas, y sus puertas han sido consumidas por el fuego. ¡Vamos, anímense! ¡Reconstruyamos la muralla de Jerusalén para que ya nadie se burle de nosotros!
> Entonces les conté cómo la bondadosa mano de Dios había estado conmigo y les relaté lo que el rey me había dicho. Al oír esto, exclamaron:
> —¡Manos a la obra!
>
> NEHEMÍAS 2:17-18

> *Luego de examinar la situación, me levanté y dije a los nobles y gobernantes, y al resto del pueblo: «¡No les tengan miedo! Acuérdense del Señor, que es grande y temible, y peleen por sus hermanos, por sus hijos e hijas, y por sus esposas y sus hogares».*
>
> NEHEMÍAS 4:14

Entonces, sigue a pesar de la dificultad y recuerda cómo Dios lo logró por ti.

Ten valor para pelear por tu sueño

No solo la oración y la remembranza representan una ayudan invalorable cuando los sueños se ven amenazados, sino que mantenerse firme en las convicciones puede ser muy útil. Cuando Nehemías fue atacado, nunca cedió ni se preguntó por qué Dios le dio un sueño. Por el contrario, diseñó un plan para que la gente se protegiera y contraatacara en la fortaleza de Dios.

> *«... peleen por sus hermanos, por sus hijos e hijas, y por sus esposas y sus hogares [...] Tanto los que reconstruían la muralla como los que acarreaban los materiales, no descuidaban ni la obra ni la defensa [...] Por eso, al oír el toque de alarma, cerremos filas. ¡Nuestro Dios peleará por nosotros!»*
>
> NEHEMÍAS 4:14, 17, 20

Dios no te colocará en una burbuja manteniéndote protegida mientras trabajas en tu meta. Prepárate para defender tu sueño e invocar a Dios cuando eres atacada.

Muchas de las cualidades del carácter que observamos en este libro entrarán en juego. A fin de perseverar, piensa en ellas mientras te autoexaminas.

Los factores de la perseverancia

Los siguientes factores juegan un papel fundamental en tu habilidad para perseverar. En una escala del 1 al 10, sin que el 1 represente «mal hecho» y que el 10 signifique «perfecto», considera tu nivel en cada uno de ellos:

_____ 1. **Claridad** (¿Conoces tu propósito en la vida y tienes metas claras?)

_____ 2. **Humildad** (¿Eres honesta contigo acerca de la dependencia de Dios?)

_____ 3. **Confianza** (¿Tienes fe o confianza en Dios?)

_____ 4. **Coraje** (¿Puedes continuar frente a los que se oponen?)

_____ 5. **Auto-control** (¿Tienes hábitos saludables?)

_____ 6. **Paciencia** (¿Puedes esperar en los tiempos de Dios?)

_____ 7. **Finalización** (¿Terminas con los proyectos que comienzas?)

_____ 8. **Resistencia** (¿Puedes recuperarte rápidamente de los percances?)

_____ 9. **Salud** (¿Eres resistente y posees un adecuado nivel de energía?)

_____ 10. **Apoyo** (¿Encuentras apoyo en las personas que te rodean?)

_____ Puntaje total

¿Qué revela tu puntaje?

0-50: Mira con nuevos ojos todo lo que haces bien, y concéntrate en desarrollar esos factores. El deseo de perseverar continuará.

51-60: Necesitas decidir por dónde empezar para trabajar en el incremento de tus puntajes más bajos.

61-80: Estás muy bien. Quizás puedes ajustar algunos detalles sobre el camino.

81-90: Excelente. Trata de no relajarte demasiado.

91-100: Eres una máquina de perseverar. ¡Mantén este trabajo extraordinario!

Diario

¿Qué inspiración te brindó Dios? (puedes describir un sueño a corto plazo, tal como proyectar viajes misioneros al exterior, o un sueño a largo plazo, como establecer un negocio).

_____

_____

¿A qué tipo de «asesinos» de sueños te enfrentaste? Por ejemplo: Llegar a la mitad de un proyecto y querer renunciar cuando las cosas empeoran, cuando la fortaleza se desvanece o ante la presencia de detractores y pesimistas.

_____

_____

Quinta parte: Entabla una relación adecuada con el futuro

Describe tus experiencias en base a los siguientes «impulsores» de sueños. ¿Cuál es el más adecuado para superar cualquier desaliento acerca de tu proyecto?

- *Oración profunda, hábito de orar y las oraciones de emergencia.*

_____

_____

- *Recordar cómo Dios preparó el camino o ayudó en el pasado.*

_____

_____

- *Pelear por tu sueño, defenderlo, y no derrumbarse cuando ese sueño es atacado.*

_____

_____

Oración

Amado Señor:

Eres el proveedor de sueños, y te agradezco por el que me regalas. Gracias por dotarme específica y perfectamente para atravesar este sueño sin escalas hasta el final. Cuando mi fortaleza se desvanezca por sentirme sobrepasada por las dimensiones del mismo, o por el desorden que genera, te pido que renueves mis esperanzas recordándome el motivo por el cual desde el principio me lo obsequiaste. Cuando las personas me desalienten y den sus opiniones acerca de que algo no funcionará, dame la pasión para pelear por mi sueño. Y desde ahora hasta el fin, impúlsame a orar.

En el nombre de Jesús, amén.

Perseverancia: Día 2

El derrotista: Descubre a tu Mowgli interior

> Poseo la habilidad femenina de comprometerme con un trabajo y continuar en él cuando todos los demás lo abandonan.
> **Margaret Thatcher, ex primera ministro británica**

Un mensaje

 NOTA: Hoy es el Día 2, por lo que tienes que leer el texto que sigue. ¡Que disfrutes este asesoramiento y no olvides comenzar con una oración!

La otra cara de la perseverancia

Sin lugar a dudas, Mowgli es un derrotista. En *El libro de la selva*, el cuento clásico de Rudyard Kipling llevado a la pantalla grande por Disney, un joven llamado Mowgli está decidido a permanecer en la selva a pesar de ser el blanco del tigre Shere Khan. A su vez, la pantera Bagheera trata de escoltar a Mowgli para resguardar su integridad en la aldea. Sin embargo, Mowgli desiste de la idea de abandonar el lugar porque se divierte demasiado. Y es así que se asocia con el oso Baloo, cuya naturaleza despreocupada está acorde con su forma de ser, pero luego renuncia a esa amistad porque piensa que Baloo lo traicionó. Mowgli solo se sintió tentado a apartarse de la selva cuando vio a una muchacha bella de la aldea.

Con frecuencia, el pensamiento de Mowgli se manifiesta en la sociedad actual. Si existe un compromiso real para llevar a cabo un curso de acciones y te encuentras con algo que aparenta ser más divertido, lo abandonas todo. Si en una amistad tienes un malentendido, dejas todo. Si hay incompatibilidad de caracteres con tu esposo, concluyes ese vínculo en tu vida. Si una asignatura complicada amenaza con bajar tu promedio, te apartas. Si un trabajo determinado desaprovecha tus talentos, simplemente renuncias. Si tu equipo atraviesa una temporada de derrotas, lo dejas. Si te encuentras en el tercer día de dieta y te ofrecen un postre especial, la abandonas (¡y no te burles del último ejemplo!).

¿Cómo ser un derrotista?

Debido a que el abandono es un pasatiempo popular y moderno, analicemos a continuación algunos indicadores de este mal desde la óptica del profeta Elías, un derrotista famoso de la Biblia.

Cuando continuar se torna difícil, los derrotistas escapan.

En 1 Reyes 19, Elías acababa de obtener un gran triunfo sobre cuatrocientos cincuenta profetas de Baal, el dios de la fertilidad. Este hecho molestó a la reina Jezabel, quien adoraba a Baal, y por medio de su mensajero le envió una carta donde amenazaba asesinarlo a la misma hora del día siguiente. Como consecuencia de ello, Elías renunció de manera precipitada como profeta de Dios.

Puedes estar soportando un mensaje desagradable en este instante, quizás una orden de desalojo, una carta de despido en el trabajo, formularios de divorcio, una nota preocupante del director de la escuela de tu hijo, una cuenta vencida o un contrato rescindido. Estas situaciones perjudican la confianza en nosotras mismas haciéndonos sentir fracasadas. Nuestro primer impulso es escapar, dejar de lado las promesas y no concluir con nuestros compromisos. Así proceden los derrotistas. Es decir, cuando los problemas se acumulan, no permanecen en el lugar haciéndoles frente, sino que se desligan de los mismos.

Los derrotistas se menosprecian luego de un fracaso.

Mientras aprendemos de Elías luego de su extensa maratón escapando de Jezabel, vemos que él se desplomó debajo de un árbol quejándose de que quería morirse.

> *Llegó adonde había un arbusto y se sentó a su sombra con ganas de morirse. ¡Estoy harto, Señor! —protestó—. Quítame la vida, pues no soy mejor que mis antepasados.*
>
> 1 Reyes 19:4

Elías se comparó con sus ancestros propensos al fracaso, y admitió que al igual que ellos no pudo lograrlo. Dejando de lado esta historia, recordemos que hasta las personas más competentes del mundo son susceptibles a la autorecriminación. Cuando Rafael, probablemente uno de los mejores pintores de la historia, trabajaba en su obra «La Transfiguración», de súbito rompió en llanto y dijo: «No soy pintor, no puedo completarla».

Algunas veces perseveramos en un área, y renunciamos en otra. Por ejemplo, si eres cantante, ¿dejarías el canto por no calificar correctamente en una audición? Tal vez no. Sin embargo, si tratas de tener un momento diario de tranquilidad, pero pierdes tres días continuos, podrías pensar: «No puedo ser constante. Voy a renunciar». Si eres una abogada, ¿renunciarías a tu profesión por perder tu primer caso? Eso sería insólito. Ahora, si hubiese un período de tiempo en el que te alejas de Dios, podrías decir: «Es demasiado tarde. Perdí tanto tiempo en mi vida que ahora no tengo oportunidad de serle útil a Dios de alguna forma». En realidad, eso resume el pensamiento de una persona derrotista.

Solo por fracasar una o varias veces no significa que debes darte por vencida. Dios se especializa en rescatar fracasos para convertirlos en obras de arte. «Porque somos hechura de Dios, creados en Cristo Jesús para buenas obras, las cuales Dios dispuso de antemano a fin de que las pongamos en práctica» (Efesios 2:10). ¡Si no le pides a Dios que te levante y te ayude a seguir, podrías privar al mundo de un nuevo Rafael!

Los derrotistas se vuelven paranoicos al exagerar sus problemas.

Sentir lástima de sí mismos y considerar sus problemas como insalvables son algunas de las formas que los derrotistas utilizan para justificarse. Esto es lo que hizo Elías:

> *Me consume mi amor por ti, Señor Dios Todopoderoso* —respondió él—. *Los israelitas han rechazado tu pacto, han derribado tus altares, y a tus profetas los han matado a filo de espada. Yo soy el único que ha quedado con vida, ¡y ahora quieren matarme a mí también!*
>
> 1 Reyes 19:10

Saquen los violines. Elías canta deprimido en forma autocompasiva: «Trabajé tan arduamente para limpiar este pueblo. Ahora soy todo lo que Dios posee y quieren atraparme». ¿Alguna vez te sentiste con mucho trabajo, subestimado y solo? Si es así, esa es precisamente la situación donde Satanás quiere que permanezcas. Le encanta usar el desánimo para desarmar y vencer a los cristianos. El famoso evangelista D. L. Moody dijo: «Nunca vi a Dios utilizar a una persona desalentada». No estoy seguro de compartir por completo esta declaración. Sí estoy de acuerdo en que Satanás «atrapa» a un cristiano capaz, exitoso y provechoso para hacerlo rendir ante el desánimo. Es decir, Satanás se apodera de un derrotista más y a su vez borra de su agenda para el mundo lo que él considera una amenaza.

Plan de la perseverancia de Dios

El hecho a destacar en la historia de Elías es que no elige continuar como un derrotista más. Dios no se lo permite y lo salva de su caída brindándole un plan de cuatro pasos para seguir con el juego.

Paso 1: Cuando estás agotada, Dios te brinda descanso y alimentos.

> *Luego se acostó debajo del arbusto y se quedó dormido. De repente, un ángel lo tocó y le dijo: «Levántate y come». Elías miró a su alrededor, y vio a su cabecera un panecillo cocido sobre carbones calientes, y un jarro de agua. Comió y bebió, y volvió a acostarse. El ángel del Señor regresó y, tocándolo, le dijo: «Levántate y come, porque te espera un largo viaje». Elías se levantó, y comió y bebió. Una vez fortalecido por aquella comida, viajó cuarenta días y cuarenta noches hasta que llegó a Horeb, el monte de Dios.*
>
> 1 Reyes 19:5-8

Me encanta la ternura con que el ángel del Señor se dirige a Elías al decirle: «Aliméntate, porque te espera un largo viaje». Cuando trabajas en tu sueño de sol a sol sin descanso ni alimentos, sin lugar a dudas te agotarás y sentirás deseos de renunciar. En este sentido, permítanme promover el descanso obligatorio semanal del Sabbat que ayudará a aliviar el problema. Algunas veces, Dios te forzará a detenerte y descansar por medio de una enfermedad, una lesión, un despido o cualquier otro método. De esa manera, te calmará lo suficiente como para reponerte física, emocional y espiritualmente. Él nos protege al usar formas prácticas. Observa cómo Dios lleva a Elías hacia el paso 2 del plan de la perseverancia.

Paso 2: Cuando estás desanimado, Dios te permitirá desahogarte.

Elías pudo descansar y alimentarse, y aun así, experimentaba emociones de pánico, desesperación, soledad, autocompasión y desaliento. Entonces, Dios se encontró con él para que se desahogara.

> *Más tarde, la palabra del Señor vino a él.*
> *—¿Qué haces aquí, Elías? —le preguntó.*
>
> 1 Reyes 19:9

Elías le respondió a Dios manifestando todos sus pensamientos y sentimientos. ¿Le confías a Dios tus sentimientos? Si bien Dios ya los conoce, existe algo terapéutico en el hecho de confiarle tus preocupaciones, tus miedos y tus desalientos. A pesar de que Elías exageraba sus problemas, Dios no se frustró ni se apartó de Elías. Por el contrario, lo incluyó en el tercer paso de su plan de perseverancia.

Paso 3: Cuando quieres renunciar, Dios te recuerda quién es él.

Dios escuchó los argumentos de la renuncia del profeta, y luego le brindó una experiencia que hizo que Elías viera en realidad quién es Dios.

> *El Señor le ordenó: —Sal y preséntate ante mí en la montaña, porque estoy a punto de pasar por allí.*
>
> 1 Reyes 19:11

Dios no hizo más que demostrar su poder a través del viento, el terremoto y el fuego. Cuando piensas que tienes grandes dificultades, Dios te hará saber de un modo inconfundible que él es más grande que tus problemas. Si piensas que eres el único que puede resolver cada inconveniente, Dios te recordará que su trabajo es solucionarlo todo. Es decir, lo que Dios quería era que Elías dejara de imitarlo.

Paso 4: Cuando estás lleno de autocompasión, Dios te brinda amigos y una tarea.

La última terapia de Dios para este derrotista consistía en hacer que cambiara su actitud egocéntrica.

> *El Señor le dijo:*
> *—Regresa por el mismo camino, y ve al desierto de Damasco. Cuando llegues allá, unge a Jazael como rey de Siria, y a Jehú hijo de Nimsi como rey de Israel; unge también a Eliseo hijo de Safat, de Abel Mejolá, para que te suceda como profeta [...] Sin embargo, yo preservaré a siete mil israelitas que no se han arrodillado ante Baal ni lo han besado.*
>
> 1 Reyes 19:15-16, 18

Queda demostrado que Dios le asignó a Elías una tarea y algunos amigos. Le dio un nuevo e importante compañero llamado Eliseo, en quién su manto de liderazgo recaería algún día. ¡Sin embargo, Dios fue más allá y le brindó a Elías, que se sentía solo, una multitud de siete mil personas para integrarse! Cuando la autocompasión te rodea, la solución que Dios propone es distraer tu mirada brindándote una labor y gente para que la realices. Él te devolverá tu sueño original, o puede asignarte otra tarea.

En 2 Corintios 4:7-10 se hace referencia a la perseverancia bajo situaciones de presión intensa. El texto completo fue insertado en el cuadro siguiente en pares de frases contrastantes. Por cada parte del pasaje, piensa en el área en la cual te sientes con deseos de renunciar y escribe tu propia paráfrasis del texto comenzando en el versículo 8.

Pero tenemos este tesoro... **Ejemplo:** *Tengo el tesoro del Espíritu Santo...*	en vasijas de barro... **Ejemplo:** *En la jarra de arcilla que es mi cuerpo deteriorado. No merezco abrazar el espíritu de Dios, aun así, él elige vivir en mí...*
para que se vea que tan sublime poder viene de Dios... **Ejemplo:** *Sé que el poder de Dios no se equipara con la deuda en mi tarjeta de crédito.*	y no de nosotros... **Ejemplo:** *y reducir esa deuda no dependerá de mi poder o fuerzas.*
Nos vemos atribulados en todo...	pero no abatidos...
perplejos...	pero no desesperados...

perseguidos...	pero no abandonados...
derribados...	pero no destruidos...
Dondequiera que vamos, siempre llevamos en nuestro cuerpo la muerte de Jesús...	para que también su vida se manifieste en nuestro cuerpo.

¿Qué te reveló este ejercicio acerca de cómo perseverar?

_____
_____
_____
_____
_____

Oración

Amado Señor:

   Muchas gracias por buscarme cuando deseo renunciar. Gracias por asegurarte de que no me falte el descanso y el alimento que necesito para vivir. Gracias por tu inmensa misericordia y por permitirme desahogar mis sensaciones de desaliento y autocompasión. Gracias por ser más inmenso que cualquiera de mis problemas, los cuales me agobian y hacen que quiera renunciar. Y muchas gracias porque me brindarás, en el momento adecuado, más misiones benditas para realizar y alguien con quién pueda realizarlas.

En el nombre de Jesús, amén.

Perseverancia: Día 3

¿Cómo continuar hasta el final?

*Eternidad... piensa en ella
cuando estés duramente presionada.*
Elizabeth Ann Seton, 1774-1821,
formó la asociación para el alivio de las viudas

Tienes correo

Para:	«La mujer especial» que hay en ti	Fecha: Día 3
De:	Katie Brazelton	
Asunto:	Perseverancia	

Llegamos al Día 3, y he aquí el mensaje dedicado para ti. ¡Disfruta de este asesoramiento y no te olvides de iniciar con una oración!

La persistencia de Gladys Aylward

Gladys Aylward (1902-1970) fue la protagonista de una de las historias más sorprendentes sobre la perseverancia. En el año 1930, cuando era una criada de veintiocho años, fue rechazada por la Misión del Interior de China para servir como misionera en ese país. Ella había reprobado sus cursos preparatorios en teología y aptitud lingüística. Además consideraban que por su edad no podía capacitarse por medio de un entrenamiento para colaborar en los servicios en el exterior. Si bien se sintió abatida, Gladys no renunció a su sueño. Presta atención a esta letanía dramática de determinación mostrada por esta joven soltera.

- En China se contactó con una misionera anciana que necesitaba una asistente, y fue a su encuentro por sus propios medios. ¡No pases por alto que hablamos de los años 30!
- Como viajar en barco era muy caro, reservó un pasaje en tren a pesar de las advertencias del agente de viajes, quien le informó que la travesía por tierra a través de Rusia y Siberia sería muy complicada debido a la guerra entre Rusia y China.
- En este viaje arriesgado de seis semanas soportó los peligros de la guerra, los arrestos, los interrogatorios, el robo del pasaporte y su dinero. Asimismo, durmió en las vías nevadas del tren en Siberia, sufrió el acecho de lobos, intentaron secuestrarla para enviarla a un campo de trabajo y luego fue rescatada por el capitán de un barco japonés.
- Finalmente llegó a destino, solo para que le arrojasen lodo por ser un «diablo extranjero». Transcurrieron semanas hasta que se atrevió a salir de su casa sin tener que esquivar el lodo, las agresiones y los insultos.
- ¡Se sobrepuso a esos percances ganándose la confianza de la gente, adquiriendo fluidez en los cinco dialectos de la provincia en que se encontraba!
- Cuando la guerra con Japón amenazó su aldea, emprendió una caminata con cien huérfanos entre tres y dieciséis años a través de una zona peligrosa por encima de la montaña en búsqueda de seguridad. No contaba con provisiones de alimentos, frazadas y muchos de ellos no tenían zapatos. Además, debía cargar con al menos un niño durante todo el camino.

Gladys tenía la convicción de lograrlo porque podía visualizar la recompensa a largo plazo: salvar las vidas de los niños, tener la oportunidad de conocer a Jesús y vivir eternamente con él en el cielo. La recompensa a largo plazo, en este caso una recompensa eterna, sirve para motivarnos y nos impulsa a perseverar.

La historia acerca de la perseverancia de Linda

Linda, quien es mi colega, trabajó durante muchos años con adolescentes. Por lo tanto, es una experta en perseverancia. Después de encabezar el ministerio para los jóvenes durante quince años, como si eso no fuese desafiante, decidió trabajar en una escuela secundaria pública, y su tarea era dar clases a estudiantes en riesgo social en la sala de suspensiones del establecimiento. Ninguna de sus antecesoras había durado más de un año. Eran tratadas como niñeras especiales por tener a cargo a los «chicos malos», quienes copiaban páginas enteras de los diccionarios durante sus horas de castigo. Sin embargo, Linda consideró que su función en el ministerio estaba dirigida a un tipo de estudiantes en particular en las cuales no había pensado mucho antes.

Aunque el director sabía que Linda era la esposa de un ministro y ex directora juvenil de una iglesia, le concedió total libertad de criterio con su alumnado. Así que ella colocó diferentes afiches cristianos y en su escritorio puso una Biblia a disposición de los estudiantes. Desarrolló una serie de actividades enriquecedoras con el fin de ayudar a los jóvenes a descubrir las razones de sus conflictos para luego contribuir a corregir sus comportamientos.

En muchos aspectos, Linda debió ser perseverante en el desempeño de sus actividades. Necesitó aprender a querer a esos adolescentes obstinados, testarudos y groseros. Además, tuvo que soportar la crítica de otros profesores que cuestionaban sus métodos didácticos. Asimismo, necesitó de la colaboración de voluntarios capacitados para que trabajaran con cada uno de sus estudiantes, y como resultado, reclutó a madres cristianas. En cierta oportunidad, invitó a sus estudiantes a la iglesia para, más tarde, tener que contender con los ujieres que en la puerta de ingreso no los habían aceptado por haber llegado en patinetas o tener olor a cigarrillos. Un domingo, tuvo que perseguir a uno de sus estudiantes que se había escapado de la iglesia cuando reconoció al hombre que en ese momento entonaba una canción. En realidad, un día antes, el cantante lo había echado bruscamente de su propiedad. El Señor le enseñó a Linda a demostrarles amor, piedad, compasión, gracia y paciencia a estos adolescentes problemáticos. Muchos de ellos recibieron a Cristo y comenzaron a asistir a la iglesia gracias a los métodos de enseñanza de Linda. Permanecer cinco años en esa posición fue un récord, ¡nunca antes alguien había permanecido tanto tiempo en ese «tristemente célebre» salón!

Mantener la fe para obtener recompensas eternas

Algunas veces, cuando Linda tenía días complicados en la escuela, se complacía solo con pensar en el baño caliente de burbujas que disfrutaría en la tarde. En otras oportunidades, imaginar de antemano ese baño de lujo no era suficiente. En ciertos momentos, la única retribución que necesitamos para permanecer firmes en situaciones complicadas es la promesa de la recompensa de Dios. Por lo tanto, cuando percibas que quieres renunciar, aquí tienes dos principios sobre la recompensa que te ayudarán a resistir.

La vida es una carrera y existe una recompensa al final.

El apóstol Pablo ilustra la vida como una carrera donde al final se entregarán los premios. El hecho de que existan las recompensas que tú deseas te incentivará a desarrollar un mejor desempeño.

> *¿No saben que en una carrera todos los corredores compiten, pero solo uno obtiene el premio? Corran, pues, de tal modo que lo obtengan.*
>
> 1 Corintios 9:24

La calidad del premio contribuye a determinar nuestro grado de perseverancia. Pablo declara que el legado es eterno, y esta perspectiva nos motivará a llevar a cabo un entrenamiento con excelencia.

> *Todos los deportistas se entrenan con mucha disciplina. Ellos lo hacen para obtener un premio que se echa a perder; nosotros, en cambio, por uno que dura para siempre.*
>
> 1 Corintios 9:25

Es precisamente esa perspectiva eterna, es decir, el conocimiento de que la aventura real permanecerá eternamente en el cielo, lo que nos posibilitará continuar perseverando sin tener en cuenta el rigor del entrenamiento aquí en la tierra.

Las ganadoras *siempre* se concentran en la recompensa.

A fin de mantener niveles óptimos de dedicación, no solo en el entrenamiento sino en la competencia misma, las ganadoras siempre se concentran en el premio. Por ejemplo: perder peso, una medalla de oro, prestigio, un récord mundial, o el beneficio de un patrocinio. Cuando hay una recompensa considerable en juego, una campeona verdadera no dejará que su concentración se disperse al recordar fracasos pasados, lo cual es paralizante, o victorias anteriores, lo que genera falta de atención.

> *Hermanos, no pienso que yo mismo lo haya logrado ya. Más bien, una cosa hago: olvidando lo que queda atrás y esforzándome por alcanzar lo que está delante, sigo avanzando hacia la meta para ganar el premio que Dios ofrece mediante su llamamiento celestial en Cristo Jesús.*
>
> Filipenses 3:13-14

Entrenar bien y abrirse paso hasta el fin

Si tuviste la oportunidad de leer mi libro *Conversaciones con propósito para mujeres*, te habrás reído de la historia que hace referencia a mi empeño lastimoso de entrenar para una maratón. Debo reconocer que esos días me enseñaron dos lecciones muy importantes que se relacionan entre sí. Primero: las corredoras de verdad siguen un régimen, y segundo, ellas finalizan la carrera.

Las corredoras de verdad siguen un régimen.

Cualquier corredora profesional sabe que mientras menos peso lleve consigo, mayor será su resistencia. Ella está dispuesta a ser disciplinada para realizar la dieta y los ejercicios que su entrenador establezca. En nuestra vida cristiana el régimen de entrenamiento que seguimos consiste en deshacernos de cualquier complicación que nos haga disminuir el paso.

> *Por tanto, también nosotros, que estamos rodeados de una multitud tan grande de testigos, despojémonos del lastre que nos estorba, en especial del pecado que nos asedia, y corramos con perseverancia la carrera que tenemos por delante.*
>
> Hebreos 12:1

Existen dos clases de impedimentos que deberás borrar de tu vida. Los obstáculos y el pecado. Como es sabido, el pecado evita que compitas en la carrera espiritual de la vida. Sería como tratar de correr en las olimpíadas siendo fumadora. Entonces, ¿a qué obstáculos se hace referencia? ¿Qué detiene tu vida? ¿Tus bienes? ¿Un vínculo? ¿Un hábito? ¿Una preocupación? ¿Culpa? Esta carrera no es rápida. Es una maratón. Esto significa que debemos despojarnos de todo lo que limita y agota nuestra resistencia.

Las corredoras de verdad finalizan la carrera.

Debes mantener el esmero hasta el final de la competencia. Si te relajas cuando piensas que ya vas a llegar, puedes perder todo lo que con cuidado especial conseguiste. Si consideras que lo mucho que trabajaste te da el derecho de disminuir la velocidad y «apagar el motor», piénsalo de nuevo.

> *Deseamos, sin embargo, que cada uno de ustedes siga mostrando ese mismo empeño hasta la realización final y completa de su esperanza. No sean perezosos; más bien, imiten a quienes por su fe y paciencia heredan las promesas.*
>
> Hebreos 6:11-12

Se requiere diligencia, compromiso y persistencia hasta el último suspiro; tengas ganas o no. Esto es un rasgo del carácter. Es la perseverancia.

Robertson McQuilkin, un héroe perseverante

En el año 1990 la revista «Cristianismo Hoy» (Christianity Today) publicó la historia memorable de Robertson McQuilkin llamada «La decisión de vivir por votos» (Living by Vows). El relato llamó mi atención. Robertson dejó perplejo al mundo académico cuando renunció a la dirección del Seminario e Instituto Bíblico de Columbia para dedicarse al cuidado de su esposa Muriel a tiempo completo, quien padecía del mal de Alzheimer. Varias personas le recomendaron internarla o contratar los servicios de una enfermera, pero Robertson consideró que no era una decisión adecuada. En su discurso de despedida declaró que la determinación de cuidarla la había adoptado cuarenta y dos años antes cuando prometió ante Dios «cuidar a Muriel tanto en la salud como en la enfermedad... hasta que la muerte los separe». Si bien Robertson cedió ante la opción de la enfermera a domicilio por varios meses, la angustia de Muriel iba en aumento cuando notaba que su esposo no permanecía a su lado. Cada vez que Roberstson partía hacia su trabajo, ella lo seguía, incluso caminando más de un kilómetro y medio hasta diez veces por día. Su médico de cabecera supuso que el amor que Muriel sentía por su marido era el único pensamiento que podía retener a pesar de su enfermedad mental. «Cuando el momento llegó, la decisión fue firme», dijo Robertson. «No requirió demasiado análisis. Fue un asunto de integridad, de no renunciar a mi compromiso. Sin embargo, no resultó una tarea triste a la que me resigné estoicamente. Fue lo que consideré justo. Al fin y al cabo, Muriel me cuidó con una devoción total por casi cuatro décadas y sentí que era el momento de retribuírse. Si tuviese que cuidarla por cuarenta años, ella nunca estaría en deuda conmigo. No tengo que cuidarla. Simplemente la cuido».

Diario

Gladys, Linda y Robertson demostraron perseverancia no obstante haber sufrido golpes a su resistencia. ¿Cuáles de los siguientes temas afectan tu resistencia?

- ☐ Prioridades conflictivas
- ☐ Críticas
- ☐ Peligros
- ☐ Una difícil curva de aprendizaje
- ☐ Gente conflictiva
- ☐ Esfuerzo excesivo
- ☐ Fracaso
- ☐ Una tarea desesperanzadora
- ☐ Mantener un compromiso
- ☐ Falta de recursos (dinero u otros)
- ☐ Soledad
- ☐ Amar sin ser correspondido
- ☐ Sobrecargas
- ☐ Persecuciones
- ☐ Prejuicios
- ☐ Autosacrificio

Basándote en Filipenses 3:13-14, escribe con tus propias palabras cualquier motivo que debilite tu resistencia.

Hermanos, no pienso que yo mismo lo haya logrado ya. Más bien, una cosa hago: olvidando lo que queda atrás y esforzándome por alcanzar lo que está delante, sigo avanzando hacia la meta para ganar el premio que Dios ofrece mediante su llamamiento celestial en Cristo Jesús.

Filipenses 3:13-14

Oración

Amado Señor:

Te alabo por tus recompensas divinas que hacen que mis acciones en la tierra perduren. Gracias por enseñarme que los compromisos difíciles y hasta los sacrificios más extremos pueden soportarse debido a tus promesas de cuidado y recompensa. Necesito tu fortaleza para no perder de vista el camino. Concentrarme en el pasado es desalentador, pensar en los fracasos es debilitante. Si fijo mi mente en la recompensa eterna será vigorizante. Ayúdame a vivir en forma disciplinada como un corredor de verdad. Enséñame a despojarme de los impedimentos que me agobian. Necesito terminar bien, mantener los compromisos y no perder las esperanzas en el final, aun habiendo agotado la última gota de energía. Mi personalidad no se mide por la manera en que doy los primeros pasos, sino por cómo corro la carrera y cruzo la línea de llegada. Dame el poder para perseverar hasta el final con honor, integridad y amor.

En el nombre de Jesús, amén.

Perseverancia: Día 4

Tu asesora en la perseverancia

Nada en este mundo puede ocupar el lugar de la persistencia.
El talento no lo hará; nada es más común que la gente con talento y sin éxito.
El genio no lo hará; la genialidad no recompensada es casi un proverbio.
La preparación no lo hará; el mundo está lleno de fracasados educados.
La persistencia y la determinación por sí solas son omnipotentes. El lema «perseverancia», resolvió y resolverá siempre los problemas de la especie humana.

Calvin Coolidge, trigésimo presidente de los EE.UU.

UNA SALIDA AL CAMBIO DE PERSPECTIVA

Sé que tienes una sorpresa para mí en nuestra última conversación. Me invitaste a un lugar abierto donde estuviste construyendo algo desde que comenzamos este viaje de entrenamiento para el carácter. Me mostraste con orgullo un muro de contención de noventa centímetros de longitud y treinta de altura escondido entre el sendero transitado que preparaste con rocas del río. Escogiste las más hermosas y las colocaste en su lugar con lodo. También me enseñaste unas pocas rocas significativas que pusiste en el muro. Esas son «las rocas de los recuerdos»: una roca marrón pequeña que representa la humildad, una roca brillante como la cuarcita para la confianza en ti misma, y otra que sobresale y sujeta el extremo del muro para la valentía. El muro de contención completo significa el autocontrol. La roca agrietada te recuerda que debes ser paciente. Una roca con una hendidura en forma de sonrisa representa la satisfacción. La roca que brilla con el oro de los tontos o pirita te habla de la generosidad verdadera. Y la última, que situaste al finalizar el muro, significa la perseverancia. Ahora, nos sentaremos juntas bajo la sombra de un árbol, haremos una oración inicial, y hablaremos acerca de lo mucho que perseveras ante los retos, las oraciones y tu concentración en las recompensas a largo plazo.

Perseverar ante los retos

> El noventa y nueve por ciento de los fracasos provienen de las personas que tienen como hábito poner excusas.
> George Washington, primer. presidente de EE.UU

En nuestra cultura, la firmeza es un concepto pasado de moda. Se dice que es preferible ser flexible. Ya no podemos expresar nuestras *convicciones* porque nos catalogan de intolerantes. Aquellos que emplean la *disciplina* son considerados maniáticos del control. El problema es que sin firmeza, convicción y disciplina, nos envolveríamos en el aburrimiento y la desesperación. Cuando anulas cada reto, reduces los niveles y suavizas cada obstáculo, no existirá ninguna recompensa significativa que puedas obtener.

Cuando Shelley vio cómo las personas necesitan un desafío

Cuando era adolescente yo, Shelley, tuve la oportunidad de presenciar uno de los llamados al altar más fascinantes. El orador no describió la típica vida cristiana optimista, donde todos los problemas se solucionan mientras esperamos la dicha del cielo. En cambio, dedicó todo el tiempo para decirle a los jóvenes que la vida cristiana es la más difícil que se pueda escoger. Expresó cosas tales como: «Tendrán que padecer sufrimientos. Si viven correctamente, serán acosados. El desarrollo del carácter duele». También manifestó que no existe una vida más desafiante, más frustrante, más demandante y más provechosa en el mundo entero. Incluso si no existiera la promesa del cielo, la vida cristiana seguiría siendo la forma más satisfactoria de vivir. En realidad, nunca vi un llamado al altar fuera de un estadio con un porcentaje tan alto de personas yendo a recibir a Dios. El frente de la sala estaba abarrotado de muchachos que respondían a este llamado desafiante. Ahora bien, ¿por qué ese mensaje cautivó a los estudiantes? Simplemente porque las personas necesitan poseer en su vida algo más grande que ellas mismas.

Santiago habla de los retos y la perseverancia en el cristianismo de la siguiente forma:

Hermanos míos, considérense muy dichosos cuando tengan que enfrentarse con diversas pruebas, pues ya saben que la prueba de su fe produce

Quinta parte: Entabla una relación adecuada con el futuro

constancia. Y la constancia debe llevar a feliz término la obra, para que sean perfectos e íntegros, sin que les falte nada.

Santiago 1:2-4

Piensa en las pruebas, dificultades y retos a los que te enfrentas ahora mismo en tu vida. En este sentido, realiza una lista de al menos tres habilidades que desarrollas como resultado de tu fortaleza.

Ejemplos:

1. *Los tratamientos para el cáncer de mi madre hicieron que estudiara su caso en profundidad a fin de tratar de comprenderla cada vez más y no solo proyectar mis sentimientos en ella.*
2. *Trato de encontrar nuevas formas para hacerla reír.*
3. *Aprendo cada día a manifestar mis propias expectativas de cómo debe ser mi vida ahora.*

1. _____
2. _____
3. _____

Perseverar en la oración

> Debemos ser sinceros cuando nos arrodillamos ante el Señor. Con frecuencia nos cansamos y renunciamos a la oración en el momento de iniciarla. Abandonamos en el preciso instante en que debemos ser fuertes. Nuestro clamor es débil porque no está impulsado por un deseo constante e insuperable.
>
> **E. M. Bounds, 1835-1913,**
> ministro metodista y escritor.

Ahora intenta recordar algo por lo que oraste mucho tiempo. Quizás clamaste ocasionalmente durante años, o renunciaste porque Dios no brindaba una respuesta. Jesús contó una parábola acerca de una viuda que se impuso sobre un juez injusto y le pidió que cumpliera con su petición (ver Lucas 18:1-8). En este caso la viuda representa a cada uno de nosotros como personas impotentes, indefensas, desesperadas y tratadas injustamente, contando con la persistencia como única herramienta. ¿Y cuál es la enseñanza de Jesús? Si un juez injusto concede las peticiones de una persona insistente, ¿cuántas promesas más sobre la confianza en él cumplirá nuestro amado Padre celestial?

Entonces, si Dios responde tus oraciones, ¿por qué algunas veces debemos insistir con ellas? Existen cuatro principios acerca de la persistencia en la oración que debemos entender y evaluar en nuestras vidas.

1. Dios atrae tu atención mediante las oraciones sin responder.

¿Agotas todos los recursos antes de acudir a Dios? El Salmo 105:4 dice: «Recurran al Señor y a su fuerza; busquen siempre su rostro». Si oras por algo en forma superficial y poco sincera, y luego procuras la «ayuda real» en los grupos de apoyo, tu madre o la Internet, Dios puede demorar su respuesta hasta que sienta que posee tu atención plena.

Es importante saber qué recursos utilizar cuando tienes problemas. Confecciona una lista con las personas o los lugares a los cuales acudes generalmente en búsqueda de soluciones. Luego coloca la «oración persistente» en el orden en que habitualmente lo harías.

1. _____
2. _____
3. _____
4. _____
5. _____

2. Perseverar en la oración profundiza tus deseos.

Algunas veces, Dios utiliza un tiempo prolongado de oración en un área determinada para probar la intensidad de nuestros deseos o ayudar a profundizar nuestras peticiones.

> *Pero a esa parte restante la pasaré por el fuego; la refinaré como se refina la plata, la probaré como se prueba el oro. Entonces ellos me invocarán y yo les responderé. Yo diré: «Ellos son mi pueblo», y ellos dirán: «El Señor es nuestro Dios».*
>
> Zacarías 13:9

¿Por qué motivo oraste para luego darte cuenta de que en realidad no querías lo que buscabas?

¿Por qué motivo clamaste y mientras el tiempo transcurría, modificaste tu petición, hiciste que fuera más específica, o cambiaste su sentido?

3. Perseverar en la oración te cambia.

La oración eficaz significa mantener una comunicación significativa con el Señor. Te conecta y te lleva a un vínculo estrecho con Dios. Orar con el tiempo le revela a Dios tu *ser* más íntimo. Es clamar y derramar tus sentimientos desde lo más profundo de tu alma. Asimismo, puede significar una lucha con él durante tiempos difíciles. La oración persistente no es un chantaje, en la que amenazamos a Dios con una u otra declaración. La oración no cambia a Dios. Nos cambia a nosotras.

¿Por qué motivo oraste tratando de negociar, convencer o chantajear a Dios?

¿Cómo Dios cambió las cosas en ti y de alguna manera también lo hizo en el transcurso de tu oración por algo?

4. Perseverar en la oración es un ejercicio de fe.

Cuando perseveras en la oración, Dios acrecienta tu carácter, tu fe y tu esperanza. La persistencia en la oración te prepara para la respuesta de Dios, que puede ser superior a lo que esperabas.

> [Dios] puede hacer muchísimo más que todo lo que podamos imaginarnos o pedir, por el poder que obra eficazmente en nosotros.
>
> Efesios 3:20

La grandeza de Dios determina la magnitud de tu oración. ¿Por qué cosas oras que no pueden realizarse mediante tu propio esfuerzo?

> ### Confianza constante
>
> Dios confía en que acudamos a él hasta que nuestra oración sea respondida. Santiago 5:16 nos dice: «Por eso, confiésense unos a otros sus pecados, y oren unos por otros, para que sean sanados. La oración del justo es poderosa y eficaz». Sin embargo, Dios quiere nuestra confianza ferviente y sincera, no nuestra insistencia. Ante un pedido determinado, él puede responder a nuestra oración o convencernos de que clamemos por un tiempo más acerca de ese pedido.

PERSEVERAR PARA OBTENER RECOMPENSAS A LARGO PLAZO

Todo aquel que recibe a Cristo se asegurará un lugar en el cielo otorgado por la gracia de Dios. Además, somos portadores de recompensas que harán que el cielo sea un lugar de ensueño. Esto significa que todo lo que haga en la tierra *con fe* será recompensado: cada oración que hago con fe, cada acto que realizo con fe, cada palabra que pronuncio con fe. Algunas veces, lo único que nos ayuda a perseverar es la motivación de recibir un premio por lo que realizamos. A fin de que estas recompensas sean un incentivo para perseverar, necesitamos entenderlas en su funcionamiento.

En las páginas 305-351 veamos las cinco clases de recompensas o coronas mencionadas en las Sagradas Escrituras. Evalúa cómo te conduces en la vida para recibirlas en el cielo.

Quinta parte: Entabla una relación adecuada con el futuro

Recompensa divina	¿A quién se le concedió?	¿De qué manera la obtienes?
Corona de alegría 1 Tesalonicenses 2:19 *En resumidas cuentas, ¿cuál es nuestra esperanza, alegría o motivo de orgullo delante de nuestro Señor Jesús para cuando él venga? ¿Quién más sino ustedes?*	*A las personas que guían a otros hacia Cristo.*	¿Cómo influyes sobre otros para que conozcan a Cristo? **Ejemplo:** *Invité a mi vecina a concurrir al grupo de apoyo para madres jóvenes.* **Tu respuesta:**
Corona de justicia 2 Timoteo 4:7-8 *He peleado la buena batalla, he terminado la carrera, me he mantenido en la fe. Por lo demás me espera la corona de justicia que el Señor, el juez justo, me otorgará en aquel día; y no solo a mí, sino también a todos los que con amor hayan esperado su venida.*		¿En qué forma (grande o pequeña) mantienes la fe?
Corona de la vida Santiago 1:12 *Dichoso el que resiste la tentación porque, al salir aprobado, recibirá la corona de la vida que Dios ha prometido a quienes lo aman.*		¿En qué perseveras?
Corona de gloria 1 Pedro 5:2-4 *Cuiden como pastores el rebaño de Dios que está a su cargo, no por obligación ni por ambición de dinero, sino con afán de servir, como Dios quiere. No sean tiranos con los que están a su cuidado, sino sean ejemplos para el rebaño. Así, cuando aparezca el Pastor supremo, ustedes recibirán la inmarcesible corona de gloria.*		¿De qué manera eres un ejemplo para los demás?

Recompensa divina	¿A quién se le concedió?	¿De qué manera la obtienes?
Corona eterna 1 Corintios 9:24-25 *¿No saben que en una carrera todos los corredores compiten, pero solo uno obtiene el premio? Corran, pues, de tal modo que lo obtengan. Todos los deportistas se entrenan con mucha disciplina. Ellos lo hacen para obtener un premio que se echa a perder; nosotros, en cambio, por uno que dura para siempre.*		¿Cómo ejercitas tu autocontrol?

Si tienes en cuenta las coronas prometidas en el cielo, ¿cómo te animas a perseverar hoy?

Oración

Amado Señor:
Gracias por la alegría verdadera en las dificultades, las pruebas y al completar mi viaje de perseverancia. Estos no son conceptos vacíos, sino la realidad auténtica como hija tuya. Gracias por permitir que existan en mi vida cosas más grandes que yo, cosas que no puedo manejar. Son los motivadores que utilizas para mostrarme la alegría en los problemas y la perseverancia en las pruebas. Continúa instruyéndome para entender que tú me estás completando y me recompensarás. Gracias por traer situaciones a mi vida por las cuales tuve que orar con persistencia. Te agradezco por ser un juez recto que impartirá justicia dentro de tus increíbles tiempos. Tus demoras me forzaron a clamar cuando mi grupo de apoyo no tenía respuesta a mis preguntas. Acudo a ti para presentarte una vez más el pedido, que llevo durante un tiempo en mi corazón. Quiero que me cambies, y estoy preparada para tu respuesta. Dame perseverancia para continuar orando hasta que recibir tu respuesta, la perspicacia de saber cuándo me respondiste y la fe para aceptar tu respuesta. Ajusta mis deseos y ayúdame a ver las peticiones en mis oraciones del mismo modo en que tú lo haces.

Quinta parte: Entabla una relación adecuada con el futuro

Gracias por las recompensas que me prometiste simplemente por transitar la vida con fe. Ayúdame a brillar por ti para que los demás puedan conocerte. Ayúdame a permanecer fiel, a perseverar, a ser un buen ejemplo y a vivir de una manera disciplinada para ganarme la recompensa suprema y tu recibimiento: «¡Hiciste bien, siervo bueno y fiel! En lo poco has sido fiel; te pondré a cargo de mucho más. ¡Ven a compartir la felicidad de tu señor!».

En el nombre de Jesús, amén

Perseverancia: Día 5

Pasos hacia la perseverancia

Persistiré hasta alcanzar el éxito.
De aquí en adelante consideraré el esfuerzo de cada día
como un golpe de la hoja del hacha contra un roble poderoso.
El primer golpe quizá ni cause temblor en el árbol, ni el segundo ni el tercero.
Cada acción en sí misma tal vez sea insignificante y al parecer sin consecuencia.
Sin embargo, como resultado de golpes endebles, el roble finalmente se caerá.
Y así será con mis esfuerzos de hoy.
Seré como la gota de lluvia que se lleva la montaña; la hormiga que devora al tigre;
la estrella que ilumina la tierra; el esclavo que construye una pirámide.
Edificaré mi castillo y usaré un ladrillo por vez,
porque sé que los pequeños intentos, repetidos, completarán cualquier empresa.

Og Mandino, 1923-1996, el vendedor más grande del mundo

Siéntate en paz junto a tu Creador

Hoy es el día para que en la privacidad de tu propio espacio, reflexiones en soledad. ¡Mientras confeccionas un Plan de Acción de la Perseverancia, en realidad puedes decir que perseveraste hasta el final porque estás próxima a finalizar este libro! Los pasos que necesitas dar en esta semana consisten en desarrollar diligencia, finalizar las cosas bien y proponerte metas. En cuanto al camino hacia la perseverancia... solo necesitas gritar este último ¡viva! y habrás terminado.

Pregúntate si eres capaz de concentrarte en el incremento de tu perseverancia durante este momento de tu vida. Luego escoge los pasos a seguir en las páginas 354-357, cualquiera que sientas que puedes experimentar durante esta semana. Es tu plan, tu vida y tu decisión. Si sientes que Dios ahora mismo te anima a concentrarte en tu perseverancia, realiza con entusiasmo estos ejercicios sin demora. Estoy segura de que cualquier esfuerzo que puedas hacer para mejorar tu perseverancia será recompensado por Dios tanto en la tierra como en el cielo.

Plan de acción de la perseverancia

ENFOQUE EN LA ORACIÓN: Ora por la perspectiva de Dios en tu trabajo y para que te muestre los caminos para ser más aplicada. Pídele a Dios que te ayude a perseverar hasta la línea de llegada y vivir para complacerlo. Persevera en la oración, mientras le solicitas que comparta contigo su punto de vista con respecto a la *diligencia* en tu vida para continuar realizando lo que te asignó en este día.

ENFOQUE DEVOCIONAL: Escoge uno de los siguientes pasajes de las Sagradas Escrituras sobre la perseverancia: para desarrollar más *diligencia*, lee 2 Timoteo 4:1-5 con respecto a los beneficios de la *diligencia* espiritual. Para concentrarte en *finalizar bien*, lee 2 Timoteo 4:6-8 en referencia al incentivo para finalizar bien nuestra vida. *Para proponerte metas*, lee 1 Corintios 9:24-27 y aplica los principios para una carrera en la propuesta de metas.

PERSPECTIVA ADICIONAL: A fin de alcanzar los objetivos, debes leer *Nine Things You Simply Must Do: To Succeed in Love and Life* de Henry Cloud. También puedes hacer gala de tu creatividad y unirte a una amiga en oración para que te ayude a entender más claramente tu llamado por medio de la lectura de *Conversaciones con propósito* de Katie Brazelton.

Pasos a seguir: Desarrolla diligencia

Instrucciones: Cuidadosamente escoge uno o dos pasos a seguir para llevar a cabo en esta semana.

Fecha de Inicio

_____ ☐ **Mejoraré mi calidad.** Escogeré una tarea que por lo general me da pereza realizar, y mejoraré la calidad con la que la llevo a cabo (por ejemplo: preparar la cena y arreglar con cuidado la mesa para mis invitados o trabajar en la guardería de la iglesia). *(Identifica la tarea y la forma en la que quieres mejorar esa calidad).*

_____ ☐ **Seré puntual.** Escogeré un área en la cual tiendo a eludir plazos (por ejemplo: pagar facturas, entregar formularios, responder la correspondencia, completar proyectos), y haré los cambios necesarios para ser puntual. *(Identifica un área para ser puntual).*

_____ ☐ **Recibiré buenos consejos.** Si inicio un negocio, corro una maratón, o cultivo un jardín, buscaré consejos de alguien que lo haya logrado. *(Identifica el área de tu interés y la persona a quién le solicitarás asesoramiento).*

_____ ☐ **Tendré responsabilidad.** Me ocuparé de las cosas y seré responsable de mis actos. Dejaré de actuar como si las responsabilidades fuesen de otra persona (por ejemplo: disciplinar a los niños, reparar el auto, pagar impuestos, conseguir un trabajo). *(Identifica el área en la que te harás cargo de ahora en adelante).*

_____ ☐ **Manejaré el éxito con cuidado.** Cuando triunfe en algo, haré una autoevaluación como si hubiese fracasado. (Naturalmente, el fracaso hace que quiera ver en qué me equivoqué para poder corregirlo; mientras que los éxitos no analizados pueden llevarme a una satisfacción engañosa, haciendo que pueda ignorar problemas potenciales). *(Identifica un éxito obtenido para analizarlo con más detalle).*

_____ ☐ **Desarrollaré** diligencia para *(agrega aquí tu idea)*

Pasos a seguir: Finalizar las cosas bien

Instrucciones: Cuidadosamente elige uno o dos pasos a seguir para llevar a cabo esta semana.

Fecha de inicio

_____ ☐ **Finalizaré el proyecto.** Elegiré un proyecto no concluido en mi casa y lo completaré. *(Nombra el proyecto a concluir).*

_____ ☐ **Evaluaré y luego me olvidaré.** Libraré mi mente de cada proyecto que no valga la pena finalizar, ya sea porque no me interesa más o dejó de ser beneficioso o consume mis energías. ¡Oraré para alcanzar la sabiduría de distinguir si renuncio a algo o actúo con inteligencia! *(Nombra un proyecto para eliminarlo).*

———————————————————————————

_____ ☐ **Mantendré mi promesa.** Si existe un juramento, una promesa o un compromiso, voy a reformular la intención de mantener mi palabra, y con la ayuda de Dios comenzaré a honrar mi voto nuevamente. *(Escribe el voto que comenzarás a honrar).*

———————————————————————————

_____ ☐ **Memorizaré la promesa.** Memorizaré las promesas bíblicas para que me ayuden a perseverar y esperar con ansias la recompensa divina. Las promesas bíblicas a considerar son: Romanos 8:37-39; Hebreos 7:25-26; 1 Pedro 1:6-8. *(Elige un versículo para memorizar).*

———————————————————————————

_____ ☐ **Terminaré** bien *(agrega aquí tu idea).*

———————————————————————————

Pasos a seguir: Proponte metas

Instrucciones: Con cuidado elige uno o dos pasos a seguir para llevarlo a cabo esta semana.

Fecha de inicio

_____ ☐ **Evaluaré las responsabilidades.** Determinaré y definiré mis responsabilidades con respecto a las personas, organizaciones y cualquier otro propósito. Me ocuparé de mis propias obligaciones, sin hacerme cargo de las ajenas.

_____ ☐ **Propondré metas para promover la responsabilidad.** Algunos propósitos en la vida se relacionan con la influencia que se ejerce en los demás. Propondré metas basadas en aquellas responsabilidades que enseñarán, influirán y ayudarán a otros. Por ejemplo: transmitir conocimientos valiosos a mis hijos; fomentar el espíritu deportivo en mi equipo o ayudar a mis padres ya mayores a mudarse a una casa más pequeña. *(Identifica un área de responsabilidad para la cual propondrás metas).*

Perseverancia: Día 5 • Pasos hacia la perseverancia

_____ ☐ **Entenderé mis aptitudes.** Tendré en claro cuáles son mis habilidades y cuáles no. Encontraré la manera de realizar las tareas sobre las que tengo conocimiento y pediré ayuda en aquellas que no me siento capacitada.

_____ ☐ **Propondré metas para perfeccionarme.** Definiré en qué habilidades o áreas de especialización desearía poner mayor énfasis, y estableceré una meta y un plan para capacitarme. Me esforzaré para aprender cosas nuevas. *(Elige alguna actividad en la cual te perfeccionarás).*

_____ ☐ **Encontraré mi pasión.** Daré los pasos necesarios para descubrir en qué soy apasionada. A qué causas o actividades regreso una y otra vez por placer, interés, preocupación u obligación?

_____ ☐ **Escribiré una declaración de la misión de mi vida.** Con mucho cuidado elaboraré una declaración acerca de la misión que resumirá la clase de persona que deseo ser (mis características), lo que creo que Dios quiere que haga (mis propósitos), la impresión que deseo causar (mi influencia en otros), y la fuente de poder para lograrlo (Dios).

_____ ☐ **Propondré metas** en las áreas siguientes *(agrega aquí tus ideas).*

_____

_____

_____

_____

_____

Plan Maestro de Acción

A continuación selecciona un paso importante a seguir de este ejercicio del Día 5. Luego anótalo en el Plan Maestro de Acción del Apéndice A en la página 362. Una vez terminada la lectura de este libro, continúa dirigiéndote a ese paso importante a seguir en tu Plan Maestro de Acción (¡así como a este Plan de Acción de la Perseverancia, desde luego, siempre que te lo permita ese momento de tu vida!). Recuerda que para que tu naturaleza se asemeje a la de Cristo, necesitarás colaborar con él a través de tres formas fundamentales: la preparación, la oración y la práctica. El trabajo de preparación lo realizaste al aprender la verdad de Dios acerca de la perseverancia. Ahora, clama a Dios para que el Espíritu Santo te ayude a practicar cada uno de los pasos de acción.

Oración de perseverancia

Amado Señor:

¡Llegamos al final de este tema y del libro juntos! Gracias por permanecer conmigo brindándome aliento durante todo el camino. Sin ti no hubiese podido llegar hasta el último renglón. Eres maravilloso y te mereces todos los elogios, especialmente los míos. Finalizas lo que comienzas, y continúas vertiendo tu gracia y amor en esta buena obra que comenzaste en mí. Gracias por perseverar por mí, incluso ante la muerte en la cruz. Te agradezco por no dejarme sola. Gracias porque la remodelación de mi carácter fue, es y será una prioridad para ti.

En el nombre de Jesús, amén.

Epílogo

El buen carácter representa algo más que ser elogiado por un talento excepcional. En cierta medida, la mayoría de los talentos son un obsequio. Por el contrario, el buen carácter no nos es otorgado, sino que debemos construirlo pieza por pieza por medio de los pensamientos, las elecciones, la valentía y la resolución.

John Luther

PFSPDNTCA

Tal vez ya comprobaste que ingresas a la parte final de este libro, pero también te has percatado de que el viaje para remodelar tu carácter recién comienza. Soy consciente de que ya no me necesitarán más aquí. Sin embargo, ¿se acuerdan cuando hace algunos años hubo una proliferación de prendedores y calcomanías para autos que decían: «PFSPDNTCA»? Bien, si no te acuerdas, no te alarmes. El teclado no está roto. El acrónimo quiere decir: «Por favor, sé paciente. Dios no terminó conmigo aún». Solíamos usar este lema hace muchos años atrás como forma de comunicarles a los demás acerca del trabajo de Dios en nosotros. Sin embargo, quiero modificar el mensaje de este lema y pedirte que en lugar de decírselo a otra persona, te lo digas a ti misma: «Soy paciente conmigo». De todas maneras, no esperes tener aprendidas tan pronto todas las cualidades de tu carácter, porque Dios trabaja en ti y todavía no terminó. Ten en cuenta que, según las Sagradas Escrituras, todo lo que Dios comienza, lo finaliza:

> Estoy convencido de esto: el que comenzó tan buena obra en ustedes la irá perfeccionando hasta el día de Cristo Jesús.
>
> FILIPENSES 1:6

La remodelación del carácter establecida por Dios es un proceso que dura toda la vida. La inició con su plan de salvación y no le pondrá término hasta que estemos unidos en el cielo con Jesús. Mientras tanto, la tarea de transformar nuestro carácter es un esfuerzo de colaboración que incluye tanto la fuerza de Dios como nuestras elecciones.

¿QUÉ HACER LUEGO DE TERMINAR LA ÚLTIMA PÁGINA?

Cuando concluyas la lectura de este libro, aquí te ofrecemos algunas sugerencias para tener en cuenta en tu plan:

1. Revisa tus apuntes. Retrocede y lee las respuestas que escribiste a lo largo del libro. ¿Dónde detectas un crecimiento? ¿En qué área realizaste cambios? ¿Qué relaciones mejoraron como resultado de acciones tomadas? ¿De qué manera cambió tu vida espiritual desde que comenzaste a leer este libro?

2. Identifica tres prioridades. Dirígete a tu Plan Maestro, coloca un asterisco en los tres pasos a dar más urgentes y comienza a trabajar en ellos. El hecho de llevar a cabo estas prioridades dará inicio a una cadena positiva para seguir concretando el resto del plan, y a su vez te impulsará a trabajar sobre el Plan de Acción del Día 5 para cada rasgo del carácter.

3. Mantente en oración. Mientras practicas las disciplinas para cada rasgo del carácter y las incluyes en tus hábitos, asegúrate de realizar las oraciones diarias sobre el carácter. Pide la guía al Espíritu Santo para que haga realidad en tu vida cada cualidad del carácter.

Gracias por concederme el privilegio de ser tu entrenadora a lo largo de la lectura de este libro. ¡Felicitaciones por tu tenacidad! Concluiré con algo que a menudo hacía el apóstol Pablo durante la apertura de sus epístolas. Él oraba por el carácter de sus lectores. La siguiente es una oración extraída de la oración de Pablo para los colosenses:

Amado Señor:
Te ruego que llenes la vida de mi hermana con tu conocimiento especial. Ella requerirá de un carácter profundo y parecido al de Cristo para poder realizar sus sueños divinos. Además, necesitará sabiduría y perspicacia espiritual para todo el proceso de remodelación del carácter en el cual ella se encuentra. Modela su caracter a fin de equiparla para vivir el tipo de vida que esparce tu luz en el mundo. Haz que sea cada vez más parecida a Cristo, utilizando tu capacidad de expansión y crecimiento en la realización de cualquier buen trabajo debido a tu influencia. Te pido que esta hermana preciosa se vea fortalecida por tu incomparable amor, contando con la alegría y la convicción necesarias para seguir su Plan de Acción Maestro. ¡Bendícela abundantemente por haber encontrado el coraje, la humildad y la perseverancia para llevar a cabo la remodelación del carácter que tanto te glorifica!

En el nombre de Jesús, amén.

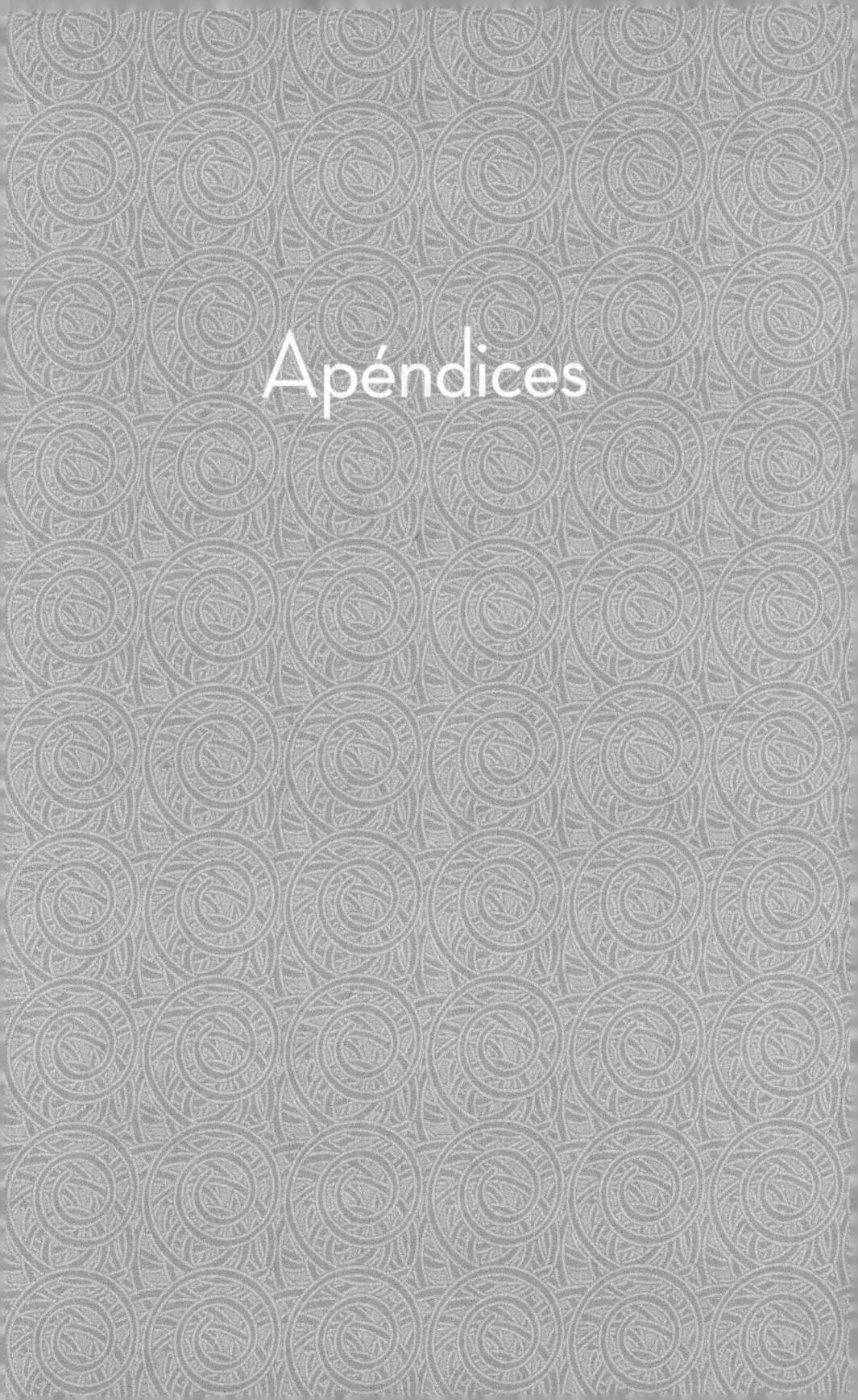

Apéndice A

Plan Maestro de Acción

Este es el Plan Maestro para que construyas cualidades divinas en tu carácter. Puede ser abrumador el hecho de procesar durante cada semana información abundante acerca de cómo construir los rasgos variados del carácter. Este Plan Maestro de Acción está diseñado para resumir el trabajo de los pasos de cada semana en las ocho metas más importantes, es decir, una para cada cualidad del carácter. Selecciona los pasos a seguir más significativos de los ejercicios del Día 5. A continuación, completa los espacios e indica una fecha tentativa para dar inicio a este plan.

¿Para cuándo?

Humildad _____

Confianza _____

Valentía _____

Paciencia _____

Autocontrol _____

Satisfacción _____

Generosidad _____

Perseverancia _____

Tres prioridades: ¡Ahora coloca un asterisco en aquellas tres características en las que sientas que debes poner mayor énfasis y concéntrate en ellas! Revisa y actualiza tu Plan Maestro de Acción junto a tu compañera (o nuevo entrenador) utilizando cualquiera de las respuestas correspondientes al Día 5, o quizás nuevas ideas que Dios trajo a tu mente.

Apéndice B

Oraciones enriquecedoras para cada rasgo del carácter

Disfruta de estas oraciones profundas y enriquecedoras tomadas de las Sagradas Escrituras para cada uno de los rasgos del carácter que estudiamos en este libro. Asimismo, puedes escoger la oración más beneficiosa según el criterio de tu Plan Maestro. Todas ellas representan un resumen de la enseñanza bíblica relacionada con el capítulo correspondiente en el libro. Deja que el Señor te guíe mientras le pides que te muestre los pasajes bíblicos que él quiere que repases y medites con mayor profundidad. ¡No te sientas obligada a revisar todas las referencias! Simplemente las incluimos para ahorrarte tiempo. Sin embargo, si tienes interés en ahondar sobre un tema determinado, puedes hacerlo. Dios te indicará en cuáles deberás detenerte y reflexionar. La idea es disfrutar de la oración mientras nos renovamos con la Palabra de Dios.

Oración de la humildad

Señor, quiero humillarme bajo tu mano poderosa. Cuando me concentro en ti, ¿cómo puedo evitar humillarme? Cuando veo tu creación y la obra de tus manos, soy consciente, no de mi carencia de valor, sino de mi falta de mérito (Salmo 8:3-4). Eres poderoso para sanar, amable para rescatarme de la destrucción, misericordioso para bendecirme, generoso para proveerme, paciente para aplazar el juicio que merezco, afable para perdonarme y paternal para permitir mi inmadurez (Salmo 103:1-18) Ayúdame a enfocarme cada ves más en ti para reflejar tu gloria (2 Corintios 3:18). Ayúdame a desear de todo corazón descubrir cosas sobre ti que no conozco. (Deuteronomio 4:29).

Perdóname por el orgullo de la autosuficiencia, cuando vivo de acuerdo a mis habilidades en lugar de vivir bajo tu Palabra (Lucas 4:3-4). Perdóname por el orgullo de ser ostentoso, cuando con arrogancia me hago destacar sin darte a ti la gloria (Lucas 4:5-8) Perdóname por el orgullo de la desobediencia, cuando parece demasiado humillante hacer las cosas a tu modo (2 Reyes 5:11-13) Perdóname por el orgullo de la autocompasión, cuando necesito sentirme un héroe, pero en realidad me siento no reconocido e ignorado (Ester 6:6-12) Perdóname por el orgullo de la notoriedad, sirviendo donde seré reconocido y tratando de parecer santo (Mateo 6:16) Perdóname por juzgar, ignorando mis propias deficiencias cuando critico a los otros (Mateo 7:1-5). Cuando el desastre arremete o algo que quiero se destruye, enséñame si quizás fue mi propio orgullo el que lo ocasionó (Proverbios 16:18)

Esforzarme para ser humilde solo conlleva a la cohibición y al orgullo. Pero depositar mi atención en ti disminuye mi cohibición y a su vez me hace más humilde (Juan 3:30). Señor, ayúdame a concentrarme en tu voluntad y renunciar a la mía para obedecerte (Lucas 22:42). Ayúdame a concentrarme en mis metas, planes, actividades y opciones y morir a mí misma (Gálatas 2:20). Ayúdame a concentrarme en tu poder y autosuficiencia, liberando mi necesidad de ser cada vez más capaz (2 Corintios 12:19-10). Ayúdame a concentrarme en tu ejemplo de abandonar el cielo para rendirte ante la muerte y ayúdame a renunciar a mis derechos mientras sea necesario (Filipenses 2:5-10).

Centrarme en ti hace que pueda ver a otros del mismo modo en que tú lo haces. Me ayuda a darle más importancia a las necesidades de los demás que a las propias (Filipenses 2:3). Permite que pueda interesarme más en los otros que lo que hablo de mí misma (Filipenses 2:4). Ayúdame a ver las necesidades de los demás. Luego hazme lo suficientemente humilde como para comprometerme con esas necesidades, incluso si no están a mi alcance (Juan 13:3-5). Permíteme tratar a los demás con gentileza, teniendo el espíritu genuino y agradable que solo una persona humilde emana (Mateo 11:29). Amén.

ORACIÓN DE LA CONFIANZA

Señor, saber que me has amado eternamente eleva mi confianza (Jeremías 31:3); me elegiste antes de crear al mundo haciéndome perfecta (Efesios 1:4); me hiciste aceptable (Efesios 1:6); soy valiosa para ti (Lucas 12:24); que tus pensamientos sobre mí superan en número a todos los granos de arena (Salmo 139:17-18); siempre puedo acudir a ti y recibir gracia (Hebreos 4:16); y que siempre puedo orar y ser escuchada (1 Juan 5:14).

Perdóname por aquellas veces en las que deposité mi confianza en lugares equivocados (Job 15:31): mi propia fortaleza (Salmo 33:16), mi aspecto

(1 Pedro 3:3-4), mis logros (Jeremías 48:7), mis posesiones (Salmo 49:6-7), mi bondad (Ezequiel 33:13), mi sabiduría (Jeremías 9:23-24), lo que otras personas pueden hacer por mí (Jeremías 17:5), las opiniones de los otros (Job 19:1-3). Quieres que deposite mi confianza en ti (Salmo 38:15). Perdóname por haber permitido que mi autoestima se dañe por la gente que vive sin Dios (Proverbios 11:9) y por el tiempo que he perdido debido a las heridas de sus palabras irreflexivas (Proverbios 12:18). Quieres construir mi autoestima sobre tus firmes cimientos (1 Corintios 3:9-11). Perdóname por haberme comparado imprudentemente con otros (2 Corintios 10:12). Quieres que acuda a ti para la aprobación (2 Corintios 10:17-18). Perdóname por confundir mis sentimientos con los hechos. Quieres decirme la verdad porque esa verdad me liberará (Juan 8:32). Perdóname por mi diálogo interior negativo. Tú quieres que me concentre en lo que es auténtico, noble, correcto, puro, encantador, admirable y elogiable, aun tratándose de mí (Filipenses 4:8).

Gracias por preservar mi confianza cuando puede ser sacudida por mis circunstancias (Isaías 54:10), por ser abandonada (Salmo 27:10), por un problema repentino (Proverbios 3:25), por lo que la gente me pueda hacer (Hebreos 13:6), o por ser arrastrada a una situación para la cual no estoy bien preparada (Hechos 4:13). Gracias porque cuando mantengo mis ojos en ti, mi rostro no se cubrirá con vergüenza (Salmo 34:5).

Le has dado sentido a mi vida con tus frutos (Juan 15:16), el desempeño de mi única función en el cuerpo de Cristo (Romanos 12:4-6) y el hecho de ser tu templo (1 Corintios 3:16) y tu embajadora (2 Corintios 5:20). Me das confianza y seguridad cuando te honro (Proverbios 14:26), te respeto (Job 4:6), y vivo con tu compañía (1 Juan 2:28). Tengo la fuerza para todas las cosas en ti, Cristo, que me otorgas el poder. Estoy lista y a la altura de cualquier cosa a través de ti, quien me infunde fuerza interior, es decir: ¡Soy suficiente en tu suficiencia (Filipenses 4:13)! Amén.

Oración de la valentía

Señor, gracias por querer que mi vida sea una aventura enriquecedora y alegre (Juan 10:10). Saber que estarás conmigo a donde sea que vaya me llena de valor (Josué 1:9), que me escuchas cuando tengo problemas y pido ayuda (Salmo 34:6) y que has colocado tus ángeles a mi alrededor para defenderme de cualquier daño (Salmo 34:7). Cuando siento miedo, me digo a mí misma «Si Dios está conmigo, ¿quién puede estar en mi contra?» (Romanos 8:31b).

Te confieso que me preocupo cuando permanezco en el pasado (Filipenses 3:13) y cuando imagino qué puede suceder en el futuro (Mateo 6:34). Mi espíritu miedoso agota mi energía y juega trucos con mi mente (2 Timoteo 1:7). Mi ansiedad destruye mi paz y me hace sentir vulnerable (Filipenses 4:6-7). Pero tu amor perfecto me despoja de todo miedo (1 Juan 4:18). Cuando temo no tener lo suficiente, tú me lo brindas (Mateo 6:33). Cuando me siento empobrecida y cobarde, me devuelves las energías (Isaías 40:31). Y cuando transformo mis ansiedades en oración y acciones de gracia, reemplazas mi malestar con una paz sorpresiva (Juan 14:27). Ayúdame a reunir el valor para desplazar a la falsedad y decirle la verdad a mi vecino (Efesios 4:25). Dame la valentía de asumir una tarea de enormes proporciones sabiendo que estás junto a mí y la verás finalizada (1 Crónicas 28:20). Cuando me siento amenazada por algunas personas, ayúdame a confiar en ti para no tener miedo, porque, ¿qué me puede hacer otro mortal? (Salmo 56:3-4). Cuando el mundo se desmorona a mis pies y siento que mi seguridad se desvanece, ayúdame a encontrar el valor para refugiarme en ti (Salmo 46:1-2).

No me has brindado un espíritu de miedo, sino de poder, de amor y de dominio propio (2 Timoteo 1:7). Y, Señor, gracias por el don del valor que me das cuando acepto el poder de tu presencia, lo cual es más inmenso que cualquier amenaza en este mundo (1 Juan 4:4). Amén.

Oración del autocontrol

Señor, muchas gracias por el poder con que, a través de ti, puedo contar para ejercer el autocontrol (Filipenses 4:13). A pesar de que poseo tu poder en mí, te necesito para desconectarme de mi antigua fuente de poder («considerarme muerto al pecado») para luego conectarme a la fuente de poder correcta («considerarme vivo para Dios») (Romanos 6:11). Ayúdame a eliminar lo pecaminoso y terrenal (Colosenses 3:5) y tomar posesión de tu poder, el cual ya trabaja en mí (Efesios 3:20).

Señor, controla mis palabras porque ellas tienen la facultad de dañar o de sanar (Proverbios 12:18). Pueden traer muerte (Mateo 5:22) o vida (Proverbios 15:4). Pueden provocar chismes o generar confianza (Proverbios 11:13). Pueden ser rápidas y precipitadas (Eclesiastés 5:2) o bien conceptuadas y sabias (Proverbios 3:21). Pueden provocar exasperación (Efesios 6:4), o estímulo (Proverbios 12:25). Pueden ser desagradables o beneficiosas para el que las oye (Efesios 4:29). Pueden explotar con enojo (Eclesiastés 7:9) o mostrar una sorprendente paciencia (Proverbios 14:29; 15:18). Pueden estar llenas de veneno o ricas en bondad (Efesios 4:31-32). Pueden ser sentenciosas (Romanos 14:13) o comprensivas (Marcos 11:25). ¡Ayúdame a recordar que el autocontrol significa resguardar mi lengua! (Proverbios 13:3).

Señor, controla mis impulsos y hazme una mujer autodisciplinada (1 Corintios 9:24-27). Ayúdame a realizar esas acciones positivas que desembocarán en buenos hábitos (Gálatas 6:7-10) y a evadir las que me pueden tentar (Proverbios 4:14-15). Ayúdame a estudiar habitualmente tu Palabra (Salmo 1:2). Ayúdame a tomar buenas decisiones en cuanto a con quiénes paso mi tiempo (Salmo 1:1). Siempre provéeme de un compañero responsable (Eclesiastés 4:9-10). Señor, sé que quieres que me detenga cada semana para aprovechar la alegría y la paz que surge de tu adoración, tal como le has enseñado a la gente en el Antiguo Testamento (Éxodo 20:8-11). Cansada y rendida, a la gente le fue muy difícil emplear el autocontrol, por eso me invitas a entrar en tu descanso (Mateo 11:28-29), para que pueda estar rejuvenecida y renovada a fin de apreciar tu trabajo (Isaías 40:31). Gracias. Amén.

Oración de la paciencia

Me gustaría adoptar esta oración para tener paciencia: Señor, dame paciencia y dámela a mí... cuando tu quieras. Yo esperaré.

Confieso mi egocentrismo, el cual me hace olvidar cuánta misericordia e infinita paciencia me demostraste (1 Timoteo 1:16). Ayúdame a evidenciar más amor siendo más paciente (1 Corintios 13:4). Bríndame un conocimiento más profundo sobre las personas, así podré superar mi impaciencia con ellas (Proverbios 14:29). Ayúdame a escuchar antes de responder (Proverbios 18:13). Deseo ser conocida por mostrar gentileza disculpando sabiamente las faltas de los demás (Efesios 4:2) y por ignorar los agravios (Proverbios 12:16). Pido la fortaleza para seguir tu ejemplo, Jesús, y no forzar a la gente al cambio (Marcos 10:21-22). Bríndame la sabiduría de no reprimir a la gente, saber cuándo abrazar y cuándo abstenerme de hacerlo (Eclesiastés 3:5b).

Mientras atravieso el día, enséñame a calmarme, a permanecer quieta, a esperar pacientemente por ti y dejar de preocuparme (Salmo 37:7-8). Perdóname por ser arrogante, grosera, irritable, susceptible y por mantener un registro de las cosas malas cuando mis pequeñas molestias afloran (1 Corintios 13:5). Ayúdame a reemplazar esas reacciones con la belleza interior permanente proveniente de un espíritu apacible y cálido (1 Pedro 3:4) Cuando siento que algunas cosas tardan mucho, recuérdame que nunca llegas tarde (Eclesiastés 3:11), y que si confío en ti, actuarás en mi nombre (Salmo 37:5).

Ayúdame a no precipitarme, sino a calcular los gastos (Lucas 14:28), y ser positiva hasta que me des paz (1 Corintios 14:33).

Cuando me encuentro en momentos de incertidumbre, permíteme utilizarlos para conocerte mejor (Filipenses 3:10). Renuévame a través de la espera (Isaías 40:31). Recuérdame que no estás siendo lento, sino que estás siendo graciosamente paciente conmigo, esperando junto a mí para encontrarme preparada a fin de dar el siguiente paso (2 Pedro 3:9). Dame paciencia para confiar en tus tiempos, aun cuando no concuerden con los míos (Isaías 55:8-9) Amén.

Oración de la satisfacción

Señor, gracias, gracias, gracias. Te agradezco por todo lo que tengo y por todo lo que no tengo (Efesios 5:20). Te agradezco por lo que hago en el día, por lo que disfruto y por lo que no disfruto (Colosenses 3:17). Gracias por algunas circunstancias placenteras y gracias por algunas otras que no llego a entender (1 Tesalonicenses 5:18). Te agradezco en la fe (Salmo 37:5).

Te pido perdón, Señor, por haber permitido que la envidia entre en mi vida. Cuando empiezo a parecerme a Saúl, envidiando los logros y reconocimientos ajenos (1 Samuel 18) ayúdame a alegrarme por los demás y a elogiarlos sinceramente (Romanos 12:16). Cuando me siento tan insegura como los hermanos de José, desearía tener el vínculo o el reconocimiento de otras familias (Génesis 37), ayúdame a poder querer a quien me desestabiliza (1 Corintios 13:4). Cuando me pongo ansiosa como Eva acerca de lo que no tengo y empiezo a codiciar lo que me dañará (Génesis 3), recuérdame todo lo que ya poseo y lléname de gratitud (Efesios 5:20). Ayúdame a pensar y obrar sin codicia, a estar satisfecha con lo que poseo (Hebreos 13:5). Puedo vivir sin envidiar porque me has prometido estar a mi lado para no decepcionarme y ayudarme a combatir mis miedos, y a no ser vulnerable ante los desaires de los demás (Hebreos 13:6).

Gracias por el don de encontrar satisfacción en mi trabajo (Eclesiastés 2:24). Puedo manejar con entusiasmo aún desde las tareas más rutinarias hasta el más difícil de los retos, porque el trabajo adquiere significado cuando me imagino sirviéndote a ti en lugar de a mi jefe, mi pastor, mi marido y hasta mis hijos (Efesios 6:7).

Gracias por el don de encontrar la felicidad aun en las circunstancias difíciles (Santiago 1:2). Por la fe, obedezco tus órdenes para llenarme de alegría en el Señor (Filipenses 4:4), y agradecer sin importar lo que suceda

(1 Tesalonicenses 5:18). Puedo obedecer cuando oro continuamente (1 Tesalonicenses 5:17), lo cual me recuerda que siempre estás junto a mí, protegiéndome del desconcierto por cualquier circunstancia, y manteniendo mi paz interior con un sentido abrumador de seguridad. No es de extrañar que mi corazón pueda llenarse de felicidad, no importa cómo (Salmo 16:8-9).

Gracias por el don de encontrar paz en mi mente confiando en ti (Isaías 26:3). Sé que si siento malestar, insatisfacción, ansiedad, envidia o preocupación, eso será un aviso de que no estoy confiando en ti lo suficiente (Filipenses 4:6-7; 1 Pedro 5:7). Tú suplirás todas mis necesidades y puedo confiar en ti cuando trato de sentirme satisfecha (Salmo 34:9-10). Enséñame, Señor, a estar satisfecha con las cosas que poseo (Filipenses 4:11). Enséñame a vivir verdaderamente aun sintiéndome pobre, y a disfrutar plenamente de la abundancia cuando me la brindas (Filipenses 4:12). Solo puedo vivir contenta a través de ti, porque me das la fortaleza sobrenatural para poder hacerlo (Filipenses 4:13). Amén.

Oración de la generosidad

Señor, te doy las gracias por ser un Dios generoso. Estoy dichosa al descubrir las delicias de la creación, y agradecida por tu abundante provisión (Génesis 1). Señor, no permitas que piense que todo lo que poseo me pertenece. La tierra y toda su creación es tuya (Salmo 24:1). No puedo atribuirme los méritos por la inteligencia que emplee para conseguir mis alimentos, mi hogar, mi ropa y mis posesiones (Deuteronomio 8:17-18). Tampoco puedo decir que mi propio ser me pertenece, porque tú pagaste el precio final para comprarme (1 Corintios 6:20). Soy tuya. Mis cosas son tuyas. Te las entrego todas porque nunca fueron mías.

Perdóname por aferrarme a mis posesiones. Perdóname por las veces que las acumulé por miedo a no obtener tus provisiones (Éxodo 16:19-20). Perdóname por pensar que tengo derecho a decir: «Es todo sobre mí» (1 Reyes 21:1-16). Perdóname por los momentos en los cuales me obsesioné en tener más de lo que necesito porque, al final de cuentas, no me hace feliz (Eclesiastés 2:26b). Perdóname por el pensamiento de ser rica, porque el dinero no representa la satisfacción (Eclesiastés 5:10). Perdóname por medir mi vida en base a mis posesiones (Lucas 12:15).

En cambio, Señor, quiero medir mi vida en base a cuánto doy. Oro junto con Jabés: «¡Bendíceme y extiende mi territorio» (1 Crónicas 4:10), pero hoy clamo en especial para que extiendas el territorio de mi bondad. Me enriqueciste en todo sentido, entonces, en lugar de ser arrogante o autosuficiente con respecto a mi abundancia (Timoteo 6:17), por el contrario, ayúdame a encontrar cualquier excusa para ser generosa con lo que me brindaste (2 Corintios 9:11). Señor, por momentos no me siento tan rica; algunas veces me siento empobrecida, inepta y agotada. Cuando estoy así, ayúdame a recordar que tu especialidad es tomar algo pequeño y transformarlo en inmenso. Ese niño (en la historia que alimentas a cinco mil personas) al ver a la multitud debió sentir que su almuerzo era escaso, y cuando con generosidad te dio todo lo que tenía, tú lo multiplicaste y lo utilizaste para alimentar a muchas personas (Juan 6:1-14).

Renuncio a mi necesidad de dar una cierta cantidad. Al igual que la viuda pobre que dio dos centavos (Marcos 12:42), mi todo puede ser pequeño, pero si te lo brindo con amor, sacrificio y devoción, lo bendecirás, lo multiplicarás y lo utilizarás más allá de lo imaginable. Gracias porque mientras más doy, más acciones de gracia ocurren. En primer lugar, las persona a quienes ayudo te dan las gracias a ti (2 Corintios 9:12); y en segundo lugar, ¡te doy las gracias por la alegría que me brindas al dar!

Por último, Señor, quiero llevar a cabo muchas buenas obras, ser generosa y estar dispuesta a compartir (1 Timoteo 6:18). Quiero compartir los dones espirituales que me enseñaste, tales como servir, alentar, perdonar, guiar, enseñar, ayudar y dar (Romanos 12:7-8). Ayúdame a ser generosa aun con la gente que no se deja amar. Ayúdame a bendecir a aquellos que me acosan (Romanos 12:14), a alimentar a mis enemigos si tienen hambre (Romanos 12:20), a ser amigable con la gente de bajos recursos (Romanos 12:16), y ¡a invitar a desconocidos a mi casa, porque puedes enviarme ángeles disfrazados! (Hebreos 13:2). Dijiste que si tengo recursos y veo a alguien que necesita y no demuestro compasión, ¡no tengo tu amor en mi corazón! También ayúdame Señor, a invertir mi dinero, mis posesiones y mi persona de acuerdo a lo que digo, según tus mandamientos (1 Juan 3:17-18). Amén.

Oración de la perseverancia

¡Señor, gracias por darme la perseverancia para terminar este libro! Perdóname por la veces en que fui una derrotista porque me olvidé de que no estaba sola (Hebreos 12:1), me cansé (2 Tesalonicenses 3:13), perdí la valentía (Gálatas 6:9), o perdí de vista el sentido de mi trabajo (1 Corintios 15:58). Debido a que tu poder está en mi corazón (2 Corintios 4:7), no soy más una derrotista, sino que me sobrepuse a las presiones, confusiones, acosos y dolores (2 Corintios 4:8-9). Puedo mantener la alegría aun cuando estas pruebas se presentan, al saber que las utilizas para hacerme sentir más madura y completa (Santiago 1:2-4).

Ayúdame a conducirme como lo hacen los que perseveran: manteniéndome firme (Gálatas 5:1), permaneciendo en lo que aprendí (2 Timoteo 3:14), practicando con provecho las virtudes cristianas (2 Pedro 1:10), olvidando los impedimentos (Hebreos 12:1), no pensando en lo que quedó atrás (Filipenses 3:13b), aferrándome a mi confianza (Hebreos 3:6), afianzándome en lo que hago bien (1 Tesalonicenses 5:21) y obrando con entereza (Hebreos 12:1)

Luego, ayúdame a finalizar correctamente (Mateo 24:13). Ayúdame a planear y proponer metas (Proverbios 21:5), a esmerarme hasta el último momento (Hebreos 6:11), a mantener mi esperanza en Dios (1 Pedro 1:13), a esforzarme para ganar el premio (Filipenses 3:14). Ayúdame, además, a manejarme con sabiduría para ganar las coronas que prometes por vivir una vida cristiana (1 Corintios 9:24-25), como la corona de la alegría por llevarme al cielo a otras personas (1 Tesalonicenses 2:19), la corona de la justicia por vivir en forma obediente (2 Timoteo 4:8), la corona de la vida por resistir la tentación (Santiago 1:12), y la corona de la gloria por predicar con el ejemplo (1 Pedro 5:2-4). Por tu gracia, perseveraré hasta que digas: «Bien hecho, sierva buena y fiel. ¡Ven a compartir la felicidad de tu Señor! (Mateo 25:21) Amén.

Apéndice C

Empezar de nuevo con Jesús

> Por eso Dios lo exaltó hasta lo sumo
> y le otorgó el nombre que está sobre todo nombre,
> para que ante el nombre de Jesús
> se doble toda rodilla en el cielo y en la tierra y debajo de la tierra,
> y toda lengua confiese que Jesucristo es el Señor,
> para la gloria de Dios Padre.
>
> **Filipenses 2:9-11**

Mientras has leído este libro, ¿has estado de acuerdo en que Jesús sea tu Salvador? Si estás lista para dar el primer paso en este viaje de transformación del carácter, aquí te ofrecemos la siguiente oración:

Jesús:

Creo fervientemente que has muerto por nosotros y que Dios te ha resucitado. Por favor, perdona mis pecados. Tú eres mi salvador. Mi única esperanza. Quiero seguir tu voluntad de por vida. Creo y confieso que tú, Jesucristo, eres el Señor.

Amén.

Si recién decidiste aceptar a Jesús como tu Señor y Salvador, te habrás asegurado la salvación eterna. Ahora nadie podrá separarte de la mano de Dios. Por favor, cuéntale a alguien sobre tu decisión. De esta forma, él o ella podrá incentivarte y agradecerle a Dios por el plan lleno de gracia y utilidad diseñado para tu vida.

Si determinaste no decir la oración, te pido que marques esta página y continúes en búsqueda de la verdad con el corazón y la mente abierta. Si necesitas ayuda, puedes preguntarle a un pastor o a un amigo cristiano. Recomiendo que a continuación leas algunos versículos de las Sagradas Escrituras que resumí:

Romanos 3:23	Todos pecaron
Romanos 6:23	El cielo es un regalo
Romanos 5:8	Jesús, debido al amor que te tiene, ya pagó con su muerte en la cruz la penalidad por tus pecados.
Romanos 10:9-10	Si confiesas que Jesús es el Señor, y si crees que resucitó de entre los muertos, encontrarás la salvación.
Romanos 10:13	Pídele a Dios que te salve con su gracia. ¡Él lo hará!

Agradecimientos

Sin la presencia maravillosa de este equipo fiel que nos rodea, este libro nunca podría haberse escrito. Gracias a quienes creyeron en nuestro mensaje en el sentido de que Dios tiene cuidado de nuestra personalidad y que la santidad es aún más importante que el logro de innumerables metas.

- A nuestras queridas familias, que siempre han sido nuestras inspiradoras más fieles y que continuaron amándonos durante el proceso de escritura, ¡aun cuando nuestros caracteres se vieron afectados por el estrés y casi comenzamos a reflejar nuestras cualidades negativas en el libro!
- A nuestros amigos que compartieron sus historias con tal autenticidad y vulnerabilidad, en especial a los intuitivos colaboradores de Life Purpose Coach: Chris Crowley, Linda Graber, Bette Hamby, Lisa Kindermann, Kathryn McColskey, Jan Stanish y Geri Swingle. (Podrán contactarlos a través de nuestro sitio en Internet)
- A nuestro grupo ferviente de revisión: Bill y Jackie Ogdon, los supervisores más incisivos y exigentes quienes se aseguraron nuestra fidelidad en las Sagradas Escrituras. Andria Panchal, quien pensó en nuevos enfoques desafiantes para cada cualidad del carácter. Ginny Caldwell, quien nos inspiró con su expedición de valentía. Miriam Mohler, quien siempre brindaba una perspectiva reflexiva y equilibrada. Robin Breakey, cuyo cumplido significó MUCHÍSIMO para nosotros. Tiffani, quien comenzó con una historia célebre y terminó ocupándose de los ejercicios; Alf y Marilyn Paul, quienes leyeron las páginas con devoción y respondieron con convicción. Shannon y Heather Leith, quienes brindaron su perspectiva joven y su estímulo insustituible. A nuestros amigos especiales: Fern, Marti, Merle, Allie, Vonette, Tina, y Lisa, quienes nos animaron maravillosamente durante todo el proceso. Y Bob Kelly, quien contribuyó con sus excelentes citas. Debemos hacer especial mención de Greg Leith, quien expuso la *paciencia* como cualidad del carácter al soportar las extravagancias de vivir con una autora y esposa, la *generosidad* por su aporte infinito para que este libro fuera una realidad. Por último, la *perseverancia* por mantenerse animándonos hasta el final con su alegría.
- A nuestra incomparable agente literaria, Nancy Jernigan, quien hizo que todo esto fuese posible a través de su visión piadosa y su sabiduría.
- A nuestro entusiasta y lleno de gracia equipo de expertos de Zondervan: Greg Clouse, editor general. Cindy Davis, diseñadora de portada. Beth Shagene, diseñadora interior. Scott Heagle, gerente de marketing. Y la increíble Sandy Vander Zicht, editora asociada y ejecutiva de Zondervan quien guió el proceso devotamente.

¡Gracias a cada uno de ustedes por la contribución inmensa a este manuscrito! Que Dios les devuelva todas las energías que emplearon ayudándonos.

Katie Brazelton

Para conocer más de Katie Brazelton: Doctora en filosofía y letras, autora reconocida, asesora profesional y fundadora de Life Purpose Coaching Centers International®, así como de su sueño de establecer globalmente 200 Centros de Asesoría «Life Purpose»...

Ingresa a su Sitio de Internet:

>www.LifePurposeCoachingCenters.com

O envíale un correo electrónico a:

>WomensInfo@LifePurposeCoachingCenters.com o
>MensInfo@LifePurposeCoachingCenters.com

O escríbele a:

>Life Purpose Coaching Centers Intl
>P.O. Box 80550-0550
>Rancho Santa Margarita, CA 92688

También puedes invitar a Katie para que ofrezca una conferencia acerca del cambio de vida en tu organización (¡con un toque especial de humor!). Contacta a la oficina *Ambassador Speakers Bureau* en Tennessee:

>(615) 370-4700
>Naomi@AmbassadorSpeakers.com

Katie asistió como invitada especial a varios programas de radio y televisión, como: *Midday Connection* y *100 Huntley Street*. Fue entrevistada y publicó artículos para las siguientes publicaciones: *Today's Christian Woman, Extraordinary Women*, y *Alive!*, y tuvo el honor de disertar en la conferencia mundial de la Sociedad Americana de Consejeros Cristianos, siendo además instructora de dicha sociedad (AACC). Asimismo, sacó al mercado una serie de DVDs llamada «Life Coaching». Además, dicta planes intensivos y personales de dos días para mujeres líderes.

Shelley Leith

Conozca más acerca de Shelley Leith, quien forma parte como escritora del personal de la iglesia de Saddleback. Se especializa en dar conferencias sobre la remodelación del carácter, la autoestima, las declaraciones de la misión de la vida, la crianza de los hijos y el matrimonio. Además ofrece un plan intensivo e individual de dos días de duración denominado «Your Life on a Movie Screen» [Tu vida en una pantalla de cine]. Visite su sitio en Internet: *www.ShelleyLeith.com*.

Shelley está casada con Greg desde hace veintiocho años y juntos compartieron a través de esos años el plan eterno de Dios para el matrimonio y la familia; principalmente a través del estudio de la Biblia. Formaron parte de un programa de televisión llamado *Marriage UnCensored*, y les hablaron a las personas por medio de las conferencias sobre el matrimonio *FamilyLife*™.

Ambos son asesores en el propósito de la vida con *Life Purpose Coaching Centers International*®. Greg y Shelley disfrutan comunicando individualmente o en equipo acerca de cómo las verdades de Dios pueden cambiar las vidas, los negocios, los matrimonios y las familias mientras ayudan a la gente a conocer y cumplir su propósito en la vida. Ellos viven en el sur de California con sus cinco hijos, cuyas edades van desde quince a veintiún años.

Para contactarse con cualquiera de ellos, escribe una carta o un correo electrónico a:

Shelley o Greg Leith
P.O. Box 80903
Rancho Santa Margarita, CA 92688-0903
Shelley@shelleyleith.com
GregoryLeith@msn.com

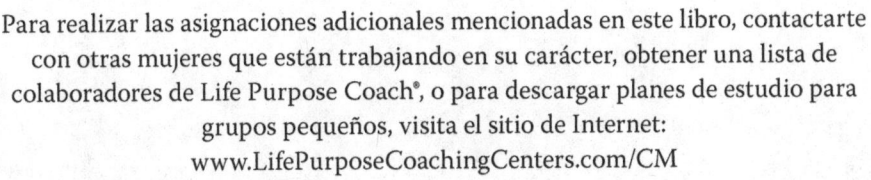

Para realizar las asignaciones adicionales mencionadas en este libro, contactarte con otras mujeres que están trabajando en su carácter, obtener una lista de colaboradores de Life Purpose Coach®, o para descargar planes de estudio para grupos pequeños, visita el sitio de Internet:
www.LifePurposeCoachingCenters.com/CM

Nos agradaría recibir noticias suyas.
Por favor, envíe sus comentarios sobre este libro
a la dirección que aparece a continuación.
Muchas gracias.

Vida@zondervan.com
www.editorialvida.com

www.ingramcontent.com/pod-product-compliance
Lightning Source LLC
LaVergne TN
LVHW031629070426
835507LV00024B/3389